T0028894

JESÚS *Primero*

PARA MUJERES

365
DEVOCIONES PARA COMENZAR TU DÍA

BroadStreet Publishing Group, LLC
Savage, Minnesota, E.U.A.
BroadStreetPublishing.com

Jesús primero para mujeres
Edición en español © 2024 por BroadStreet Publishing®
Publicado originalmente en inglés con el título *Jesus First for Women*,
© 2022 por BroadStreet Publishing®
Todos los derechos reservados

ISBN: 978-1-4245-6803-1 (piel símil)
e-ISBN: 978-1-4245-6804-8 (libro electrónico)

Devociones escritas por Sara Perry

Diseño por Chris Garborg | garborgdesign.com
Traducción, adaptación del diseño y corrección en español por LM Editorial
Services | lmeditorial.com | lydia@lmeditorial.com con la colaboración
de Belmonte Traductores (traducción) y www.produccioneditorial.com
(tipografía)

Impreso en China / Printed in China

24 25 26 27 28 * 6 5 4 3 2 1

Busquen el reino de Dios por encima de
todo lo demás y lleven una vida justa,
y él les dará todo lo que necesiten.

MATEO 6:33

INTRODUCCIÓN

¿Cuándo sacas tiempo para tener comunión íntima con Dios? Aunque intentemos ser intencionales al respecto, las actividades y responsabilidades diarias suelen buscar la manera de tener prioridad sobre nuestro tiempo con Jesús. Podemos orar en cualquier momento, y así debería ser, pero apartar un tiempo específico para comunicarnos con el Señor tiene mucho valor. Jesús mismo, con su ejemplo, ¡nos anima a buscar tiempo a solas con Dios para comenzar bien el día! Él se levantaba antes del amanecer para orar en un lugar solitario. No sabemos por qué o por quién oraba, pero sí sabemos que era su modo de tener comunión con el Padre antes de hacer cualquier otra cosa.

Al quedarte en silencio delante de Él y meditar en estas escrituras, devociones y oraciones, disfruta de la bondad de su presencia y deja que su perfecta paz refresque tu ser. Cuando pones a Jesús como prioridad sobre todo lo demás, cualquier otra preocupación se desvanece. Con el inicio de un nuevo día encontrarás esperanza y nuevas misericordias. Verás que un gozo infinito brotará de tu interior, y obtendrás la fuerza necesaria para vivir cada día mostrándote gracia a ti misma y a los demás.

ENERO

Gracias a la tierna misericordia de Dios,
la luz matinal del cielo está a punto
de brillar entre nosotros.

LUCAS 1:78

HAZ EL TRABAJO

«Sé fuerte y valiente y haz el trabajo.
No tengas miedo ni te desanimes, porque el Señor Dios,
mi Dios, está contigo. Él no te fallará ni te abandonará.
Él se asegurará de que todo el trabajo relacionado con
el templo del Señor se termine correctamente».

1 Crónicas 28:20

La constancia y la perseverancia son factores importantes
en nuestro desarrollo espiritual. Nos preparan para el
crecimiento firme y desarrollan los músculos de la fe.
Tener miedo no significa que debamos rendirnos, y estar
ansiosas por algún resultado no es motivo de retirarse o
abandonar el camino.

Pon la mirada en Jesús; Él está contigo. Sé fuerte y valiente
en Él, y haz lo que te ha puesto a la mano para hacer. Él
promete estar contigo y no abandonarte nunca. Haz todo
lo que hagas como para Él, y Él bendecirá el trabajo de tus
manos. Sigue adelante pase lo que pase, y confía en que Él
hará lo que solo Él puede hacer.

*Jesús, cuando tenga miedo confiaré en ti. Seguiré
avanzando en lo que me corresponde hacer y confiaré
en que tú me guiarás y redirigirás mis pasos. Bendice
mis esfuerzos mientras te lo entrego todo en sacrificio
vivo a ti.*

TRANQUILIDAD Y CONFIANZA

En el arrepentimiento y la calma está su salvación,
en la serenidad y la confianza está su fuerza.

ISAÍAS 30:15 NVI

¿Cuán a menudo descansas en tu salvación? Cuando llevas tus cargas a los pies de la cruz de Cristo, ¿las dejas allí? Cuando quieres dejar atrás las cosas que sabes que no te benefician a ti ni a los demás, ¿buscas ayuda en el Señor?

Jesús es un fiel Salvador y amigo. Que puedas conocer la profunda paz de su presencia y también la fuerza que obtenemos al confiar en su amor eterno. Él lucha por ti, y siempre lo hará. Desarrollará en ti su amor para que puedas vivir en Él con serenidad y confianza. Permite hoy que tu corazón encuentre su hogar en su misericordia.

Jesús, quiero sumergirme en el amor que abunda en tu presencia. Quiero conocer tu paz que sobrepasa todo entendimiento. Te entrego mis cargas pesadas y renuevo hoy en ti mis fuerzas. Trae alivio y aliento a mi alma cuando confío en ti.

MEDITACIÓN GLORIOSA

Meditaré en la gloria y la majestad de tu esplendor,
y en tus maravillosos milagros.

SALMOS 145:5

Cuando nos tomamos el tiempo para meditar en la bondad
tangible de Dios, nuestros corazones se expanden en
su increíble misericordia. El Señor es más glorioso de
lo que nuestras mentes pueden llegar a comprender.
Es tan grande que nuestras pequeñas vidas no pueden
contenerlo. Es más puro que el acto de amor más sincero
que hayamos conocido.

Tomemos el tiempo para meditar en sus maravillosas
obras. Al recordar quién es Él, lo que ha hecho y lo que
ha prometido hacer, que en nuestros corazones florezca
la esperanza. Él es increíblemente bueno y siempre
merecedor de nuestra alabanza, nuestro tiempo y nuestra
atención.

*Jesús, hoy medito en tu gloriosa bondad. Recuerdo lo que
dijiste y dirijo mis pensamientos a lo que nos enseñaste
sobre el Padre. Llena mi mente, mi corazón y todo mi ser
con tu amor eterno que desprende paz, gozo y esperanza
a medida que mi fe crece.*

CORAZÓN AGRADECIDO

Ya que estamos recibiendo un reino inconmovible,
seamos agradecidos y agrademos a Dios
adorándolo con santo temor y reverencia.

HEBREOS 12:28

La gratitud nos dirige al trono de Dios y prepara el camino
para que nuestra esperanza, ya debilitada, sea fortalecida.
Nos guía hacia una fe en permanente expansión y pone los
cimientos de una confianza sagrada. Cuando no sabemos
por dónde comenzar cuando nos acercamos al Señor,
siempre podemos iniciar con agradecimiento.

¿Por qué cosas estás agradecida hoy? ¿Qué cosas,
pequeñas o grandes, enriquecen tu vida? Comienza con
un corazón dispuesto a encontrar destellos de la bondad
de Dios en cosas cotidianas, y permite que la gratitud
crezca hasta que la adoración sea la respuesta natural de
tu corazón.

*Jesús, tengo muchas razones por las que estar agradecida:
el aire que respiro, la casa en la que vivo, las personas
y los animales a mi alrededor que me apoyan. Estoy
agradecida por el cumplimiento de aquellos deseos que
siempre tuve y la fidelidad de tu amor. Por todas estas
cosas y más, ¡te adoro!*

ALÁBALE

Alábenlo por sus obras poderosas;
¡alaben su grandeza sin igual!

SALMOS 150:2

¿Recuerdas algún momento en el que una respuesta a tus oraciones te dejó atónita? ¿Alguna vez ha ocurrido algo en tu vida o en la de algún ser querido que no tenía explicación terrenal? Dios es un Dios de milagros. Él restaura lo que fue robado y redime lo que parece perdido para siempre. En su ministerio terrenal, Jesús sanó a los enfermos, expulsó espíritus que atormentaban a las personas y resucitó a los muertos. Todavía sigue haciendo estas cosas hoy en día.

Jesús está vivo y sigue actuando. Está sentado a la diestra del Padre y vive para interceder por ti y por mí. Sigue siendo el Dios que defiende a los vulnerables, traspasa las barreras de la religión, y ama perfectamente y poderosamente. ¡Adorémoslo!

Señor Jesús, si tuviera que adorarte por todo lo que has hecho, ¿por dónde podría comenzar? Tu gloriosa bondad es tan extensa, que ni todas las librerías de la tierra podrían contar sus historias. Eres mejor de lo que he sido capaz de reconocer, y hoy te alabo por eso.

ELEGIDA

«Antes de formarte en el vientre, ya te había elegido;
antes de que nacieras, ya te había apartado».

JEREMÍAS 1:5 NVI

¿Alguna vez te has sentido sola en este mundo? Incluso
estando rodeadas de personas podemos sentirnos
solas. Incluso cuando nos hemos sentido especiales, los
cambios de etapa ponen nuestras vidas patas arriba
y nos dejan con la sensación de que nuestro mundo
está quedando en pedazos. Pero hay alguien que nos
entiende. Hay alguien que ve el fin desde el principio,
y todo lo que hay en medio.

Toma un momento para meditar en el versículo del día.
Antes de formarte en el vientre materno, Él ya te conocía.
Te apartó y te eligió antes de que nacieras, y todo lo que
hace es con amor y con intención. Te imaginó y te creó
con cariño y propósito, así que cuando te sientas lejos de
estar conectada, recuerda que estás ligada íntimamente a
su corazón.

*Jesús, gracias por el recordatorio de que me conoces
completamente. Me creaste con amor, y con amor me
persigues. En tu amor he encontrado aceptación y
un verdadero hogar que no desaparece ni puede ser
destruido. ¡Te amo!*

TANTA BONDAD

Qué grande es la bondad que has reservado
para los que te temen.
La derramas en abundancia sobre los que acuden a ti
en busca de protección, y los bendices
ante la mirada del mundo.

<small>Salmos 31:19</small>

Al margen de lo que esté pasando en el mundo, la misericordia y la fidelidad de Dios no cambian. Él derrama su amor sobre aquellos que acuden a Él, y entrega sus bendiciones a aquellos que se refugian en Él. Él es un lugar seguro para resguardarse de las tormentas de la vida, y está lleno de redención, gracia y comprensión.

Cuando vivamos con el corazón rendido a la misericordia de Dios, conoceremos la bondad con la que nos cuida. ¡Hay más bondad de la que podamos imaginar! Hay plenitud de vida, amor, paz, gozo, poder y gracia. Hay mucho más de lo que alcanzamos a comprender disponible para nosotras si pasamos tiempo con Él. Acudamos a Él cuando tengamos miedo, y acudamos a Él también cuando estemos confiadas. Él está lleno de bondad en todas las temporadas del alma.

Jesús, no hay nadie como tú en toda la tierra. Nadie puede decir que ama más que tú. Te entrego mi corazón, mi vida, y a mis seres queridos. Confío en ti más de lo que confío en mí misma o en mis mejores amigas. Confío en ti.

EN CADA OPORTUNIDAD

Siempre que tengamos la oportunidad, hagamos el bien a todos, en especial a los de la familia de la fe.

GÁLATAS 6:10

Cada día tiene un sinfín de oportunidades para responder con o sin amor. Cuando escogemos la compasión por encima del juicio, buscamos maneras prácticas de ser de bendición para los demás. Una respuesta amable, una palabra de ánimo, echar una mano a alguien que está pasando por un momento complicado... todas estas son formas de bendecir a otros de manera eficaz pero sencilla.

El amor tiene un precio. Es arriesgado mostrar misericordia cuando nuestros instintos y el temor nos gritan que nos protejamos a nosotras mismas. El temor no promueve el amor; más bien nos limita mientras que el amor nos impulsa a expandirnos. Que podamos aprovechar cada oportunidad que se nos presente hoy de ser de bendición para otros; a quienes conocemos y amamos y también a los que no. Vale la pena.

Jesús, dame gracia para mostrar compasión y misericordia a otros cuando preferiría seguir con mi día. Dame ojos para ver las cosas en las que puedo ayudar. Llena mi corazón con tu amor que me anima a acercarme a otros. Quiero colaborar contigo en tus propósitos hoy.

A LA GENEROSIDAD LE VA BIEN

Les va bien a los que prestan dinero con generosidad
y manejan sus negocios equitativamente.

SALMOS 112:5

¿Tiene un lugar la generosidad en tu vida diaria? ¿Has
hecho espacio para practicar dar a otros del exceso que tú
ya tienes? Aunque tenemos necesidades, probablemente
hay maneras en que podemos dar a otros sin temor a
quedarnos destituidos. No necesitamos engañar (a un
sistema o a otra persona) a fin de acumular más para
nosotras. Al dar, encontramos una recompensa mayor:
satisfacción.

Jesús nos enseñó que quienes dan, recibirán. Quienes
confían en que el Padre proveerá no tienen necesidad de
preocuparse, porque Él se ocupa incluso de las aves y de
las flores. Encontremos maneras de ser más generosas de lo
que hemos sido hasta ahora. Busquemos oportunidades para
hacer que el dar sea una prioridad. Incluso nos beneficiará a
nosotras igual que beneficia a otros.

*Jesús, tú eres el líder más generoso. En tu reino tienes
disponible abundancia de todo lo que necesitamos. Sigo
tu dirección y decido ser generosa en lugar de tacaña.
Quiero conocerte más a medida que doy generosamente
a otros.*

BAJO SU ESTANDARTE

Él me ha traído a la sala del banquete,
y su estandarte sobre mí es el amor.

CANTAR DE LOS CANTARES 2:4 LBLA

En este día hay un gran banquete a tu disposición en el inmenso reino de tu Dios. Jesús te ha dado entrada al salón del trono del Padre, donde habita su abundancia. Por medio de Cristo puedes entrar libremente en la plenitud de la presencia del Rey de reyes.

¿Cuándo fue la última vez que te deleitaste en el amor extravagante de Dios? ¿Cuándo probaste por última vez la satisfacción de su bondad hacia ti? ¿Te has llenado últimamente de su gloriosa bondad? En este momento, hay una invitación abierta para ti. Acércate y festeja bajo el estandarte de su amor.

Jesús, hoy acudo a ti con un corazón abierto que anhela tener un encuentro con tu Espíritu. Quiero deleitarme en tu misericordia y llenarme de tu gracia. Lléname de la plenitud gloriosa de tu presencia, y reavívame en tu amor. Tú eres mi Salvador.

FE HUMILDE

Por la gracia que se me ha dado, digo a todos ustedes:
Nadie tenga un concepto de sí más alto que el que
debe tener, sino más bien piense de sí mismo
con moderación, según la medida de fe que Dios
le haya dado.

ROMANOS 12:3 NVI

Proverbios 16:18 dice: «El orgullo va delante de la destrucción, y la arrogancia antes de la caída». Tenemos tendencia a hinchar nuestro propio carácter y nuestras motivaciones a la vez que simultáneamente devaluamos a otros y dudamos de ellos. Eso es orgullo. El orgullo nos impide tener la flexibilidad que es necesaria en la vida, y nos aleja de la compasión.

Que seamos personas que deciden humillarse en nuestra mente y también en nuestras interacciones con los demás. Eso no significa que no deberíamos estar seguras de nosotras mismas o que deberíamos fingir no ser buenas en lo que se nos da bien. Seamos amables con nosotras mismas y con los demás, y edifiquémonos los unos a los otros en amor.

Jesús, quiero seguir la senda de tu amor y no buscar mi propio beneficio por encima de los demás. Quiero ser humilde como tú fuiste humilde. Ayúdame a mantener la perspectiva adecuada de mí misma y de los demás. Revísteme de compasión en todas las cosas.

HISTORIAS GENERACIONALES

Que cada generación cuente a sus hijos
de tus poderosos actos
y que proclame tu poder.

La misericordia de Dios no sigue un calendario, ni tampoco es un recurso finito. Es fiel a lo largo de las generaciones. Cuando leemos la Escritura, encontramos muchos ejemplos de los poderosos actos de misericordia de Dios por su pueblo. Cuando miramos la vida de Jesús, hay muchas historias de su bondad milagrosa. Él se sigue moviendo con poder hoy día.

Podemos cobrar aliento en nuestra fe al observar la fidelidad de Dios hacia otros. Que tomemos tiempo para escuchar las historias de la bondad tangible de Dios hacia personas de todas las generaciones. Nadie es demasiado joven ni demasiado viejo para tener un testimonio de la bondad de Dios. Tomemos el tiempo para compartir unos con otros en amor, aliento y esperanza.

Jesús, gracias por tu fidelidad de generación a generación. Sé que no has dejado de hacer milagros de misericordia en nuestras vidas hoy día, y anhelo un nuevo avivamiento de mi fe. Aliéntame por medio de los testimonios de otros.

MARAVILLOSAMENTE COMPLEJA

¡Gracias por hacerme tan maravillosamente complejo!
Tu fino trabajo es maravilloso, lo sé muy bien.

SALMOS 139:14

Fuiste creada a imagen del Dios todopoderoso. Eres maravillosamente compleja. No fuiste hecha para encajar en un pequeño molde que demanda que mires, actúes o hables de cierta manera. Las peculiaridades de tu personalidad y tus preferencias son parte de lo que hace que seas tú misma. Dios es creativo, y te formó de un modo maravilloso.

Cuando seas tentada a encogerte para cumplir expectativas de otras personas, o cuando te sientas forzada a fingir que eres otra persona, recuerda que fuiste creada perfecta, maravillosa y amorosamente. Dios ama tu persona, y se deleita en tu singularidad.

Jesús, me alegra que te deleites en mí y que me aceptes amorosamente tal como soy. Al mismo tiempo, estoy agradecida por tu amor que me transforma a tu imagen. Puedo desechar las mentiras del enemigo que busca limitarme y controlarme, y puedo aceptar cómo me creaste tú. ¡Gracias!

LEVÁNTATE Y ORA

Muy de madrugada, cuando todavía estaba oscuro,
Jesús se levantó, salió de la casa y se fue
a un lugar solitario donde se puso a orar.

SALMOS 139:14

Jesús no se apoyaba en sus propias fuerzas para vivir el día; hacía que fuera una prioridad pasar tiempo con su Padre antes de hacer ninguna otra cosa. Él no lo hacía por obligación, sino por una relación viva. Él vino del Padre, y sabía que necesitaba la perspectiva del Padre para ayudarlo en todas las cosas.

Podemos seguir el ejemplo de Jesús y comenzar nuestros días con oración. Cualquier cosa que haya en nuestros corazones, nuestras mentes o nuestros horarios es una invitación abierta para la perspectiva de Dios, su ayuda y su poder cuando se lo comunicamos. El dar y recibir de la oración, tanto al derramar nuestro corazón como al tomar tiempo para escuchar su respuesta, está lleno de oportunidades para que crezcamos en compasión, sanidad y sabiduría.

Jesús, sé que necesito al Padre incluso más de lo que lo necesitabas tú cuando estabas en la tierra. Estoy agradecida, porque tú eres la puerta abierta al Padre. Acudo a ti con todo lo que cargo en mi corazón y mi mente. Dame tu perspectiva y quita de mis hombros las pesadas cargas cuando te las comunico. Gracias.

INMUTABLE

No quebrantaré mi pacto,
ni cambiaré la palabra de mis labios.

SALMOS 89:34 LBLA

Dios no quebranta ni una sola promesa que hace. Lo que dice que hará, lo hará. Aunque su tiempo no es como el nuestro, Él siempre cumple su palabra. ¿Hay áreas de tu vida en las que te has retractado de tus palabras? Nosotras inevitablemente cambiaremos de opinión, pero tomemos el consejo de Jesús y dejemos que nuestro sí sea sí. No hagamos promesas que no podemos cumplir.

La gracia de Dios es lo bastante grande para cubrir nuestros errores e imperfecciones. Él es maravillosamente consistente, y tiene el poder suficiente para tomar nuestros errores más grandes y hacer que surja de ellos algo hermoso cuando nos entregamos a Él. Su misericordia es suficiente. Nunca seremos perfectas, pero Él sí lo es. Él siempre lo será.

Jesús, gracias por ser consistente en todo lo que haces. Tú eres perfecto en amor, y nunca cambias de opinión acerca de mí. Gracias por tu consistencia. Vivo en tu misericordia, y tu fidelidad alienta mi corazón. Gracias porque nunca me dejas sola.

PERFECTA PAZ

¡Tú guardarás en perfecta paz a todos
los que confían en ti, a todos los que concentran
en ti sus pensamientos!

ISAÍAS 26:3

¿Cuándo fue la última vez que experimentaste la paz
tangible de Dios cuando calmó tus pensamientos
angustiosos? Hoy tienes delante una invitación, al igual que
está disponible para todo aquel que mire al Señor, y es la
de encontrar perfecta paz en la presencia del Dios que está
contigo. Dirige tu atención a su fidelidad. Recuerda lo que
Él ha dicho y lo que ha hecho ya.

Que la confianza en la fidelidad de Dios sea el puente
que te conduzca a una fe más fuerte. Él puede hacer
infinitamente más de lo que podrías incluso pensar en
pedirle. Que tu imaginación quede consumida por quién es
Él, e invita a que su perspectiva transforme la tuya en este
día. Si batallas para saber dónde comenzar, mira la vida y
las palabras de Jesús. Él es muy bueno.

*Príncipe de paz, hoy te busco a ti para mis necesidades,
mi esperanza y mi descanso. Necesito que tu perfecta paz
me rodee y me calme. No quiero desperdiciar energía en
preocupaciones que no tienen fundamento en tu amor.
Derrama sobre mí el poder de tu presencia, y calma mi
corazón angustiado.*

ALIÉNTATE EN ÉL

Espera al Señor;
esfuérzate y aliéntese tu corazón.
Sí, espera al Señor.

Salmos 27:14

Dios no abandona a quienes acuden a Él en busca de ayuda. Él no deja al destituido a su suerte, ni se aleja del vulnerable. Él es el Dios que se acerca a los marginados y sana a aquellos que la sociedad descarta. Mira la vida de Jesús, y descubrirás que esto es verdad. Él no da más favor a quienes tienen educación académica y menos a quienes realizan trabajos sin calificación. Él es el Dios cuyo amor apasionado es el mismo por todos los que creó a su imagen.

Espera en Él en este día. Aliéntate en su amor, porque Él te persigue con el poder de su misericordia incluso ahora mismo. Está a tu alcance; no abandones la esperanza. No dejes de hacer el bien hacia el que has trabajado. Sigue esperándolo a Él incluso al dar los pasos que se te han mostrado. Confía en Él. Él no te decepcionará.

Jesús, espero en ti hoy. Inúndame con el poder de tu presencia y alienta mi corazón en la fidelidad que prometiste. Dependo de ti más que de nadie. Esperaré en ti y no abandonaré. Tú eres mi valentía.

CORAZONES COMPASIVOS

Entonces, como escogidos de Dios, santos y amados,
revestíos de tierna compasión, bondad, humildad,
mansedumbre y paciencia.

COLOSENSES 3:12

La dureza de corazón no tiene lugar en el reino de
Dios. Jesús no nos enseñó que amemos a algunos y
aborrezcamos a otros. Él nos enseñó a amarnos unos a
otros como a nosotros mismos, y eso incluye a nuestros
enemigos. Él nos enseñó a mostrar misericordia en lugar
de venganza. La justicia es de Él, y no tenemos derecho
como sus herederas a juzgar a otros con más dureza de la
que nos juzgamos a nosotras mismas.

Tomemos en serio las instrucciones de Pablo en este día.
Revistámonos de «tierna compasión, bondad, humildad,
mansedumbre y paciencia». Estos son frutos del Espíritu,
y el Espíritu siempre está preparado para ayudarnos
cuando se lo pedimos. Aunque por naturaleza podemos
tener tendencia al orgullo, a la autoprotección y llegar a
conclusiones apresuradas, el camino de Cristo es diferente.
Sigamos su camino de amor; cuando lo hagamos, seremos
transformadas a su semejanza.

*Jesús, tú estás lleno de compasión, misericordia, honor,
paciencia y gozo. Tu paz sobrepasa todo entendimiento.
Anhelo reflejar tu amor generoso en mi vida. Elijo tu
camino en lugar del mío. Me revisto de tu compasión.*

ORACIÓN POR MÁS

Haz bien, Señor, a los buenos,
y a los rectos de corazón.

SALMOS 125:4

Podemos contar con que la bondad del Señor estará con nosotras en la tierra de los vivientes cuando entregamos nuestras vidas a Él. Al rendirnos a los caminos de su reino, servimos a sus propósitos en primer lugar y sobre todo. Él es nuestra bondad y el premio que perseguimos en esta vida. Su misericordia es nuestra porción hoy y para siempre.

¿Se ha sentido tu corazón desconectado del Señor? ¿No sientes su amor extraordinario? Lo único necesario es acercarte a Él para entender que está más cerca de lo que creías. Él se apresura hacia ti siempre que tú acudes a Él. Actúa y observa cómo se acerca Él. Él es tu diapasón, y seguirá a tu lado transformándote y amándote una y otra vez.

Jesús, necesito un toque fresco de tu misericordia en mi vida. Creo que tú estás conmigo, pero mi corazón anhela que tu verdad me aliente. Revélate a mí de un modo nuevo y reaviva mi esperanza, valentía y fortaleza en las aguas vivas de tu presencia.

DULCE DESCANSO

En paz me acostaré y dormiré,
porque solo tú, oh Señor, me mantendrás a salvo.

SALMOS 4:8

A pesar de lo que suceda, podemos confiar en que el Señor nos mantendrá seguras en su amor. Él es nuestro fiel fundamento, nuestro escudo y nuestro refugio en tiempos de angustia. Podemos conocer su perfecta paz incluso en medio de nuestras mayores tormentas. Jesús sabía eso. Él dormía tranquilamente en medio de una terrible tormenta cuando sus discípulos y Él navegaban en el mar.

Igual que Jesús dormía tranquilamente en su tormenta, también nosotras podemos dormir tranquilamente en la nuestra. Su fiel amor no nos ha dejado solas. El temor no nos domina. Con la presencia de su Espíritu para guardarnos, sostenernos y consolarnos, podemos acostarnos y dormir mientras confiamos en que Él nos cuida y nos mantiene a salvo.

Jesús, quiero encontrar descanso en ti hoy. Ayúdame a soltar lo que no puedo controlar. Que la preocupación no consuma mi corazón; que la ansiedad no lance mis pensamientos en una vorágine improductiva en mi mente. Al entregar mis afanes, lléname de tu paz que sobrepasa todo entendimiento.

EL TRABAJO DE DIOS

Pues Dios trabaja en ustedes y les da el deseo
y el poder para que hagan lo que a él le agrada.

FILIPENSES 2:13

Cuando estamos en guerra con nosotras mismas, que
podamos acudir al Señor en busca de ayuda. Tenemos
necesidades que tal vez no se hayan satisfecho en
relaciones importantes en nuestras vidas. En Cristo, son
satisfechas esas necesidades. Aunque tal vez respuestas
al trauma o ciclos autoderrotistas de vergüenza han sido
nuestro pasado, no son nuestro futuro. Podemos encoger
en cualquier momento qué haremos con nuestros deseos
y esperanzas.

¿Hay algún deseo de hacer el bien por el Señor? ¿Hay
algún anhelo de conocerlo? Ese es el trabajo que Él ya
está haciendo en tu interior. Él es fiel y lleno de gracia para
empoderarte a medida que le sigues rindiendo tu vida.
Sigue adelante, sigue escogiendo los caminos de su reino,
y sigue permitiendo que su amor trabaje en tu vida.

*Jesús, gracias por el trabajo que ya estás haciendo en mi
corazón. Anhelo más de tu paz, poder, gozo y bondad.
Quiero vivir en la libertad de tu amor tal como prometiste
a tu pueblo que lo haría. Transfórmame y sigue haciendo
tu buen trabajo en mi vida.*

AMOR EXTRAVAGANTE

Porque tanto amó Dios al mundo que dio a su Hijo único, para que todo el que cree en él no se pierda, sino que tenga vida eterna.

JUAN 3:16 NVI

La expresión viviente del amor vino a nosotros en Jesucristo, el Hijo de Dios. Él es la imagen de Dios el Padre en forma humana, y nos fue dado para que pudiéramos acercarnos al Padre por medio de Él. Jesús nos mostró el camino, y nos lo sigue revelando hoy por medio de su Espíritu.

Jesús habló sobre el Padre con términos abundantes y maravillosos. En una parábola habló de un padre que corrió alegremente para encontrarse con su hijo cuando éste regresó tras haber vagado y haber malgastado su herencia. El hijo regresó completamente humillado y desesperado, pero el padre solo tenía en su mente amor, redención y restauración. ¡Lo mismo que nuestro Padre con nosotras! Acudamos libremente a Él, sin importar en qué estado estemos, porque Él está lleno de bondad y misericordia, y nos recibe con los brazos abiertos.

Jesús, gracias por tomar la humilde senda de la humanidad para mostrarnos cómo es verdaderamente el Padre. Acudo a ti hoy con un corazón lleno de entrega y sin nada que ofrecer excepto a mí misma. Por favor, avívame y restáurame en tu amor.

COLMADA DE AMOR

Quien libra mi vida del sepulcro,
quien me colma de amor y ternura.

SALMOS 103:4 DHH

Como nos dice Lucas 19:10, Jesús vino a buscar y a salvar a los perdidos. No consideró su vida demasiado valiosa aunque es el Hijo de Dios. Dejó su glorioso trono en los cielos para abrir un camino donde pudiéramos llegar al Padre. Él experimentó degradación, humillación y derrota. Se burlaron de Él y lo mataron.

Afortunadamente, ese no es el final de la historia. Él resucitó del sepulcro tres días después y rompió la maldición del pecado y la muerte en el proceso. Su poder de resurrección es nuestra salvación; su gracia es nuestra porción más que suficiente en todo momento. Él nos ha colmado de amor y misericordia, y continúa haciéndolo hoy. Regocijémonos en Él, porque Él es nuestra salvación y nuestra esperanza transformadora.

Jesús, gracias por salvar mi vida del sepulcro y por la promesa de la vida eterna en tu reino glorioso. Haz que esa esperanza sea más real para mi hoy a medida que sigo entregándote mi corazón. Cólmame de tu amor y misericordia.

ACUDE A SU CORAZÓN

Así que Dios ha hecho ambas cosas: la promesa y el juramento. Estas dos cosas no pueden cambiar, porque es imposible que Dios mienta. Por lo tanto, los que hemos acudido a él en busca de refugio podemos estar bien confiados aferrándonos a la esperanza que está delante de nosotros.

HEBREOS 6:18

Siempre que tengamos dudas de cualquier tipo, podemos acudir al corazón del Señor porque Él es fiel. Nunca dejará de ser leal a sus promesas, y no quebrantará ni un solo juramento que haya hecho. Incluso cuando nosotras somos infieles, Dios sigue siendo fiel. No puede cambiar su carácter. ¡Su amor llega hasta todos los límites! Qué gran paciencia tiene con nosotras.

Cuando necesitemos fuerzas y consuelo, podemos encontrarlos en el corazón de Dios. Él es nuestra esperanza inconmovible, la piedra angular de nuestra fe que nunca se agrietará ni se moverá. El poder de su amor es más fuerte que cualquier fuerza que conocerá jamás el temor. Podemos descansar en su paz y su poder sin igual.

Jesús, estoy muy agradecida porque tú nunca cambias. Estás tan lleno de milagros de misericordia hoy como siempre lo has estado. Alienta y fortalece mi corazón en tu esperanza. Avívame y renueva mi valentía en tu presencia. Corro hacia tu corazón en este día.

TRABAJO ENTUSIASTA

Trabajen con entusiasmo, como si lo hicieran
para el Señor y no para la gente.

EFESIOS 6:7

Cuando hacemos lo correcto (no solo cuando otros están
mirando sino en todo momento), nuestras vidas se alinean
con la integridad. Esto agrada a Cristo, y sigue los caminos
de su reino. Deberíamos buscar siempre hacer lo correcto,
y hacerlo incluso con entusiasmo, porque refleja la bondad
y la constancia del Señor.

Cuando seamos tentadas a tomar atajos en el trabajo
necesario porque no vemos el valor que tiene la integridad,
que no hagamos concesiones. Todos son tentados, pero
Dios nos da la fortaleza para ofrecerle a Él todo lo que
hacemos, recibamos o no los elogios que deseamos por
parte de otras personas. Que podamos encontrar nuestra
fortaleza, nuestra motivación y nuestro gozo en hacer todo
para el Señor.

*Jesús, gracias por tu ejemplo de trabajo duro. Sé que
debo incluir ritmos de descanso, de modo que no
me sentiré mal por tomar los recesos que necesite.
Sin embargo, no intentaré librarme de lo que me
corresponde hacer. Dame fortaleza y gozo en el proceso,
porque sé que el trabajo es tan sagrado como la
adoración.*

EL CLAMOR DEL CORAZÓN

¡Oh, cuánto deseo que mis acciones
sean un vivo reflejo de tus decretos!

SALMOS 119:5

Al inicio del Salmo 119, el poeta explica que la verdadera felicidad viene de caminar en integridad total. El gozo viene de seguir los caminos de Dios y buscarlo a Él con todo nuestro corazón. Cuando escogemos los caminos del Señor, cosechamos los beneficios de su presencia. Su ley del amor es nuestro estandarte, y cuando vivimos de acuerdo a ella, cobramos vida en Él.

¿Clama tu corazón para ser más semejante a Jesús? ¿Anhelas reflejar sus decretos en tu vida? A medida que lo sigues a Él y todo lo que Él enseñó, irás de gloria en gloria. Serás transformada a imagen del amor a medida que te sometas a sus caminos. Busca los caminos de Dios y alinea hoy tus decisiones con Cristo. Observa lo que sucede en tu corazón como respuesta.

Jesús, tú eres el clamor de mi corazón. Cuánto deseo conocerte más, ser más como tú, y reflejar tu amor en mi vida. Glorifícate en mí a medida que sigo el camino de tu amor abnegado.

VIVIR PARA CRISTO

Él murió por todos para que los que reciben
la nueva vida de Cristo ya no vivan más para sí mismos.
Más bien, vivirán para Cristo, quien murió
y resucitó por ellos.

2 Corintios 5:15

Hemos sido hechas libres en la libertad del amor de Cristo
para vivir por algo mayor que nosotras mismas. Su amor
es mayor de lo que nuestras vidas pueden contener, y
nos empuja constantemente a salir de nuestra zona de
confort a una mayor compasión hacia otros. Si eso no
sucede, consideremos qué motivaciones están impulsando
nuestras vidas.

Cuando vivimos para Cristo, permitimos que su enseñanza
amplíe nuestros horizontes. Somos guiadas por el amor
para acercarnos a otros de los que puede que nos hayamos
mantenido alejadas. Buscamos marcar una diferencia en las
vidas de otros y recibir y servir a quienes están en nuestras
comunidades. Vivimos con corazones abiertos y vidas
arraigadas y establecidas en el amor de Cristo.

*Jesús, tu amor no solo cambia mi vida; ¡también cambia
el mundo entero! Quiero seguirte cuando me dirijas a
salir de mí misma y mi comodidad. Dame un corazón de
compasión, fortaleza y valentía para seguirte pase lo
que pase.*

HIJAS DE DIOS

¡Fíjense qué gran amor nos ha dado el Padre,
que se nos llame hijos de Dios! ¡Y lo somos!
El mundo no nos conoce, precisamente,
porque no lo conoció a él.

1 Juan 3:1 nvi

No tenemos mayor identidad que la de hijas de Dios. Como seguidoras de Cristo, hemos sido adoptadas en el reino de nuestro Padre celestial, y somos coherederas con Jesús. Nuestra identidad está arraigada y cimentada en su amor, y nadie nos la puede arrebatar.

¿Has estado viviendo en esa seguridad compasiva de una hija de Dios? ¿Cómo tu vida refleja la casa de a quien perteneces? Pasa tiempo en comunión con el Espíritu y busca aliento y sabiduría en las Escrituras. Adora al Señor y descubre que su poder y su aliento se integran en tu interior a medida que contemplas cuán grande es Él. Le perteneces a Él, y nadie puede arrebatarte eso.

Jesús, cobro vida en el amor infalible de tu presencia. Me abruma el hecho de ser una hija del Dios viviente. Declara tus palabras de verdad sobre mi identidad hoy, y que pueda vivir con compasión valiente y bondad confiada.

DIOS MISMO

¡El Señor mismo te cuida!
El Señor está a tu lado como tu sombra protectora.

SALMOS 121:5

¿Qué retos estás enfrentando hoy? Sean cuales sean, a pesar de cuán abrumada te sientas, has de saber que Dios mismo cuida de ti. Él es tu escudo y tu defensor. Él te guardará y te guiará en el camino de esta vida, y nunca te soltará. Estás bajo su sombra protectora.

El Señor de todo el universo, el Creador de este mundo y de todo lo que hay en él, es quien pelea por ti. Él no te dejará alejarte de su alcance, y su fiel amor nunca te fallará. Él no se distrae, y nunca se cansa. Su presencia es tu escudo para todos tus días.

Jesús, dame aliento en la presencia empoderadora de tu Espíritu hoy. Cuida de mí y mantenme a salvo bajo el refugio de tu cuidado. No dejes que me aleje de tu bondad. Tú eres vida y aliento para mí. Haz lo que solo tú puedes hacer, y trae a mi vida paz, redención y gran victoria.

AMOR QUE PERDURA

Den gracias al Señor porque él es bueno;
su gran amor perdura para siempre.

1 Crónicas 16:34 nvi

El interminable amor de Dios no tiene principio ni fin. No hay ninguna circunstancia en la que estemos sin él. No hay ninguna situación que lo debilite. El amor de Cristo es nuestra porción y nuestra fortaleza para siempre.

Demos gracias al Señor por lo que ha hecho. Recordemos su bondad hacia nosotras. Siempre que la misericordia nos ha encontrado, Dios ha depositado su amor en nuestras vidas. El fruto de su Espíritu es bueno, y es abundante. Busquemos donde ya esté brotando en nuestras vidas, y reguemos las semillas donde necesitemos verlas crecer. Demos gracias, porque Él está con nosotras siempre en abundancia de amor.

Jesús, gracias por todo lo que has hecho y estás haciendo en mi vida. Gracias por lo que continuarás haciendo. Quiero estar arraigada y cimentada en tu amor, de modo que el fruto de mi vida refleje tu reino. Dependo de ti.

VIVE FIELMENTE

Por su parte, asegúrense de temer al Señor y de servirlo fielmente. Piensen en todas las cosas maravillosas que él ha hecho por ustedes.

1 Samuel 12:24

¿Qué cosas grandes y maravillosas ha hecho Dios por ti? ¿Qué testimonios de su bondad son evidentes en tu vida? Que puedas recordar dónde su bondad ha transformado tu lamento en baile, y dónde su misericordia te ha dado belleza en lugar de cenizas. Hay abundancia de poder transformador en el amor de Dios que te cuida. Que tu corazón sea alentado por su fidelidad al pensar en lo que Él ha hecho ya.

Que tu vida sea un sacrificio vivo para el Rey de reyes. Cristo mismo es tu recompensa, y es digno de todo lo que nunca podrías dar. Él seguirá llevando redención a áreas de pérdida, y restauración a la esterilidad, a medida que sigues sus caminos. Él es mucho mejor que cualquier amante. Él es fiel, verdadero y puro. Él es apasionado y poderoso. Él es todo lo que necesitas, y más de lo que podrías soñar.

Jesús, te entrego las riendas de mi vida. Quiero vivir para tu amor por encima de todo lo demás. Tú has sido muy bueno conmigo, y confío en que seguirás siéndolo. Tienes todo mi corazón, Señor.

FEBRERO

A la mañana siguiente, antes del amanecer,
Jesús se levantó y fue a un lugar aislado
para orar.

Marcos 1:35

PLENITUD DE ESPERANZA

Dios es quien nos ha preparado para esto
y nos ha dado su Espíritu como adelanto
que garantiza que cumplirá sus promesas.

2 Corintios 5:5 pdt

Nuestra verdadera esperanza está puesta en la promesa de la vida eterna, revestida en nuestro cuerpo nuevo en el reino de Cristo. Pablo dice que no es una esperanza vacía, porque tenemos el Espíritu Santo con nosotros ahora como la garantía de lo que vendrá. En su fidelidad, Cristo regresará por su novia.

Incluso ahora, mientras pasamos por los problemas y los triunfos de esta vida, tenemos mucho que anticipar en el reino venidero de Cristo. El Espíritu Santo es nuestro consuelo constante, nuestra ayuda y guía a través de los cambios y altibajos de nuestros viajes. Él es la plenitud de Dios y la presencia de su poder, y tenemos comunión con Él ahora.

Jesús, gracias por el regalo de tu Espíritu. Lléname del puro placer de tu presencia mientras te busco hoy. Quiero conocerte más mediante la comunión con el Espíritu. Derrama sobre mí tu paz, gozo y amorosa esperanza.

ROBLES DE JUSTICIA

Arráiguense profundamente en él
y edifiquen toda la vida sobre él.
Entonces la fe de ustedes se fortalecerá
en la verdad que se les enseñó,
y rebosarán de gratitud.

COLOSENSES 2:7

¿Quieres crecer en tu fe? ¿Quieres rebosar de gratitud hacia Dios? Cuando dejas que tus raíces crezcan en el amor de Dios, meditando en su Palabra y construyendo tu vida y tus decisiones en torno a los caminos de su reino, la madurez es inevitable.

¿Cultivarás la vida que anhelas haciendo el trabajo ahora? Nuestra vida está hecha de momentos y pequeñas decisiones. No son solo los grandes pasos los que producen nuestro crecimiento; son las decisiones diarias hacia la coherencia y la entrega. Cuando edificamos nuestra vida sobre el amor de Dios, crecemos fuertes y rebosamos de gratitud.

Jesús, quiero dar el fruto de tu reino en mi vida. Quiero que tu amor, gozo, paz, paciencia, bondad y esperanza emanen de mis decisiones. Mientras edifico sobre los valores de tu reino, desarróllame en tu fortaleza.

SABIDURÍA QUE DA VIDA

Buen escudo son la ciencia y las riquezas,
pero la sabiduría es más provechosa
porque da vida a quienes la tienen.

ECLESIASTÉS 7:12 RVC

La sabiduría de Dios no nos derriba, sino que nos edifica.
Da vida a los que la toman y comen de sus frutos. Ofrece
fortaleza a los que prestan atención a sus palabras. Nos libera
del temor cuando seguimos sus caminos. La sabiduría de
Dios, como dice Santiago 3:17, es siempre pura, está llena de
paz y amor, es considerada y nos enseña. No hay prejuicios ni
hipocresía en los sabios caminos de Dios.

Cuando pensemos en los elementos de la sabiduría de
Dios, escojamos sus caminos antes que los nuestros.
Entonces, produciremos una hermosa cosecha de justicia
en nuestra vida. Cuando perseguimos la paz por encima
del orgullo santurrón, mostramos la sabiduría de Dios.
Esta sabiduría está llena de misericordia que se acerca
y nos ofrece más gracia. Es expansiva y no limita. A la
luz de esto, sabemos cómo medir la sabiduría de Dios
comparándola con la del mundo.

*Jesús, me encanta la pureza de tu sabiduría. Da vida, y
es un alivio para quienes vivimos por ella. Sabiendo cuán
abundante es tu misericordia, escojo tus caminos antes
que los míos. Quiero vivir en la libertad de tu sabiduría
en lugar de mi entendimiento limitado. Gracias.*

UN CORAZÓN RECEPTIVO

Les daré integridad de corazón y pondré
un espíritu nuevo dentro de ellos. Les quitaré
su terco corazón de piedra
y les daré un corazón tierno y receptivo.

Ezequiel 11:19

Dios está lleno de poder para restaurarnos en su amor.
Él es el Dios que sopla vida nueva en huesos secos. Él es
quien toma nuestros trapos y jirones y los entreteje en el
bello tapiz de su misericordia. Lo que nos parece estéril y
sin esperanza es una oportunidad para que la redención
amorosa de Dios saque vida nueva de la tierra seca.

Dios toma nuestros corazones obstinados de piedra y nos
da en su lugar corazones tiernos y receptivos. Él pone en
nosotras un espíritu nuevo que se relaciona abiertamente
con su Espíritu en tierna comunión. Él es nuestro Salvador,
nuestro Redentor y nuestra renovación. Nadie está
demasiado lejos de su misericordia. Él puede hacer mucho
más de lo que podríamos imaginar o pedir. Que nuestra fe
aumente mientras le ofrecemos nuestro corazón hoy.

*Jesús, tú eres el que guarda mi corazón. Donde haya
sido fría y apática, dame un corazón tierno y receptivo.
Muévete en mí, y hazme ser más como tú en tu compasión.
Anhelo conocerte, que tú me conozcas, y representarte
bien en mi vida.*

ÉL ENTIENDE

Nuestro sumo sacerdote entiende nuestras debilidades,
porque él mismo experimentó nuestras tentaciones,
si bien es cierto que nunca cometió pecado.

HEBREOS 4:15 NBV

Jesús conoce nuestros límites igual que nosotras. Él no se limita a mirarnos y observarlo. No, Él vivió una vida llena de los desafíos que nosotras enfrentamos. Él estaba limitado por su humanidad como nosotras lo estamos, pero nos mostró una manera mejor de vivir. Fue tentado, fue traicionado, fue golpeado y se mofaron de Él. Conoció el dolor, tanto físico como emocional, al igual que nosotras.

Sea lo que sea que enfrentes hoy, has de saber que Jesús lo conoce. Él entiende, porque ha pasado por ello, y está contigo en su Espíritu para ayudarte, fortalecerte y consolarte. Te conoce plenamente, te ama plenamente y te acepta por completo. Tus batallas no son un fracaso; son parte de vivir la experiencia humana. Hay más bondad disponible para ti hoy a través de su Espíritu: más amor, más libertad, más paz y más gozo.

Jesús, gracias por el recordatorio de que tú entiendes lo que es luchar. Tú fuiste plenamente hombre, aunque mantuviste tu divinidad. Tú sabes lo que es enfrentar una decisión difícil. Tú pasaste tiempo con el Padre, buscando su dirección y comunión. Hoy, yo también lo haré.

MI DIOS

SEÑOR, tú eres mi Dios;
te exaltaré y alabaré tu nombre
porque has hecho maravillas.
Desde tiempos antiguos
tus planes son fieles y seguros.

ISAÍAS 25:1 NVI

Si el Señor es verdaderamente nuestro Dios, nuestras vidas lo reflejarán. Con una tierna confianza y una humilde rendición, experimentaremos su misericordia de maneras pequeñas y grandes. No buscaremos promovernos a expensas de otros. No buscaremos maneras de degradar a los demás cuando tengamos la oportunidad de levantarlos.

Que nuestras vidas, corazones y palabras estén en consonancia con la verdad de quiénes somos y a quién servimos. Demos honra a quien lo merezca. Ofrezcamos elogios y agradecimiento a los que han levantado nuestra cabeza por el camino. Al honrar a otros, nos honramos a nosotras mismas. Al honrar a Dios, ponemos todo en la perspectiva correcta, que es la suya. Él es fiel, y seguirá haciendo cosas maravillosas en su misericordia.

Jesús, tú eres mi Dios, y no hay otro para mí. Tú eres amor viviente y la personificación de la misericordia de Dios. Tú eres poderoso para salvar. Tú transformas el carbón en diamantes mediante tu presencia. En las presiones de la vida, alzo mi mirada a ti.

AMOR IMPERECEDERO

El amor nunca se da por vencido, jamás pierde la fe,
siempre tiene esperanzas y se mantiene firme
en toda circunstancia.

1 Corintios 13:7

Vuelve a leer el versículo de hoy con las lentes del amor de Dios enfocadas hacia ti. «El amor nunca se da por vencido» contigo. No te deja ni aparta su mirada de ti. No se rinde con respecto a lo que llegarás a ser. «El amor jamás pierde la fe», porque es la fidelidad personificada. Es leal y siempre cree lo mejor. «El amor siempre tiene esperanzas». No va por caminos de temor. «El amor se mantiene firme en toda circunstancia que vivas». Es constante y rebosa hacia todas las direcciones.

El amor siempre está disponible para ti. En este amor imperecedero aprendemos a amarnos del mismo modo desinhibido. El amor es nuestro legado.

Jesús, tú eres la personificación del amor. Límpiame otra vez en las aguas purificadoras de tu misericordia mientras medito en las cualidades de tu amor viviente. Soy tuya, y cobro vida en ti.

MUCHO MEJOR QUE NOSOTRAS

Mis pensamientos no se parecen en nada a sus
pensamientos —dice el Señor—.
Y mis caminos están muy por encima
de lo que pudieran imaginarse.

Isaías 55:8

Los caminos del Señor son mejores de lo que podamos
imaginar. Sus motivaciones son puras, y sus intenciones
no tienen tacha. No hay agenda oculta en su amor, y sus
pensamientos toman en cuenta todo; su entendimiento
no se reduce a los límites de nuestra humanidad. Aunque
vemos en parte, Dios lo ve todo, lo que conecta y lo que no.

La sabiduría de Jesús es confiable. En lugar de depender
de nuestra propia interpretación de las cosas, vayamos al
Señor en busca de perspectiva. A Él no se le escapa nada.
Su compasión toma en cuenta todo, y libera milagros
misericordiosos de redención en los detalles que no
podemos entender. Confiemos en que Él hace las cosas
mucho mejor de lo que nosotras podríamos hacerlas, y
colaboremos con sus propósitos.

*Jesús, quiero vivir según tu sabiduría y no la del mundo.
Cuando el juicio y la corrupción carcomen nuestra
compasión y la amargura echa raíces, hay una fuente pura de
misericordia en ti. Tu camino da vida a todo el que lo sigue.*

SEGURIDAD FIRME

Esta es la confianza que tenemos al acercarnos a Dios:
que, si pedimos cualquier cosa conforme
a su voluntad, él nos oye.

1 JUAN 5:14 NVI

Nuestra confianza en la vida eterna no es algo que desenterramos de nuestro propio corazón. Es el regalo de gracia que viene directamente de Dios. Cuando acudimos al Señor, sabemos que tenemos su atención no por cuán imponentes o dignas seamos, sino por lo amadas que somos en Cristo.

Jesús es el camino, la verdad y la vida. Él es la puerta al Padre, y entramos libremente a través de Él. Acerquémonos con confianza al trono de la gracia donde recibimos más de lo que podamos imaginar. Él está lleno de misericordia para cubrir nuestra debilidad, lleno de gracia para empoderarnos, y lleno de bondad para acercarnos a su corazón amoroso. Oremos con la confianza de ser hijas muy amadas, porque eso es lo que somos.

Jesús, gracias por la invitación abierta a la presencia del Padre. Me descubro ante el poderoso amor que mostraste y sigues mostrando en mi vida. Acudo hoy con el corazón abierto. Sé que me recibes y que escuchas todas mis oraciones.

CORAZÓN ANCLADO

Porque donde esté su tesoro,
allí estará también su corazón.

LUCAS 12:34 NVI

Antes de esta declaración, Jesús dijo que nuestro Padre celestial conoce nuestras necesidades y se ocupará de los que buscan primero su reino. ¿Dónde está nuestro tesoro? ¿Dónde invertimos la mayor parte de nuestro tiempo, atención y recursos? Porque ahí encontraremos la evidencia de la ambición de nuestra vida.

Si te sorprende lo que encuentras cuando sigues esa idea, piensa en cuáles son tus valores subyacentes. Considera qué cambios podrías hacer para redirigir dónde quieres que esté tu tesoro. Tú tienes poder sobre tus decisiones, y el primer paso es descubrir dónde están tus prioridades en ese momento. El siguiente paso es hacer cambios para que la consistencia te lleve donde realmente quieres ir.

Jesús, quiero que mi corazón esté anclado en ti, en las cosas de tu reino, y el impacto de tu amor en lo práctico de la vida. Por favor, ayúdame. Dame estrategias para hacer ajustes donde lo necesite para poder avanzar en la dirección que deseo ir. Gracias.

ENCUENTRA DESCANSO

Luego dijo Jesús: «Vengan a mí todos los que
están cansados y llevan cargas pesadas,
y yo les daré descanso».

MATEO 11:28

¡Qué invitación tan preciosa nos ha hecho Cristo! «Vengan a mí todos los que están cansados y llevan cargas pesadas, y yo les daré descanso». ¿Quién de nosotras no se ha sentido cansada del mundo? ¿Quién no ha tenido una pesada carga que llevar? La invitación de Jesús de acudir a Él y hallar descanso siempre llega en el momento perfecto.

Jesús no nos dice que nos levantemos solas, que nos sacudamos el polvo y nos atemos los zapatos. Nos invita a llevar a Él nuestra pesadez, nuestro agotamiento y nuestros lamentos. Él toma la pesadez, nos ofrece su carga más ligera, y nos da descanso en la paz de su presencia. Aceptemos hoy su ofrecimiento.

Jesús, gracias no solo por hablar de nuestras necesidades, sino también por suplirlas. Mi alma encuentra un verdadero descanso en tu presencia al dejar mis pesadas cargas delante de ti. Las dejo ahí y confío en que tú me ayudarás a navegar por el camino que tengo por delante.

ALEGRE SABIDURÍA

Pues la sabiduría entrará en tu corazón,
y el conocimiento te llenará de alegría.

PROVERBIOS 2:10

El conocimiento del Señor no es excesivamente lúgubre. Aunque está lleno de una verdad que esclarece, también alivia la carga de responsabilidad que llevamos sobre nosotras. Está lleno de paz y alegría. Nos da alivio en nuestra confusión. Nos enseña sobre la unidad en lugar del conflicto. Está seguro en la misericordia, y no se aleja del poder del deleite que hallamos en la presencia de Dios.

El escritor de Proverbios dijo que la sabiduría es más valiosa que las joyas más buscadas del mundo (8:11). Ningún material que podamos desear en esta vida podría compararse a la incalculable valía de la sabiduría. Es casi inimaginable. Todas las mansiones, los automóviles de lujo, la tecnología más avanzada; nada se compara con lo valiosa que es la sabiduría.

Jesús, quiero darme un festín de tu sabiduría y sentir los beneficios de la alegría que acompañan a tu perspectiva. Atesoro los caminos de tu reino más que los caminos que se me ha condicionado a valorar. Tú eres mayor que mi pequeño espacio en el mundo. Sé que tus caminos son mejores. Enséñame el verdadero valor de tu sabiduría.

DIOS ENVOLVENTE

¡Qué grandioso es él! ¡Cuán perfecto en todo!
Todas sus promesas se cumplen. Es escudo para
todo aquel que tras él se refugia.

SALMOS 18:30 NBV

Dios no solo es un escudo para todo el que acude a Él
buscando refugio, sino que también es fiel con todas las
promesas que hace. Es el Dios envolvente que siempre está
presente y siempre lleno de gracia. Su Espíritu nos rodea
y nos guarda en su perfecta paz. Su amor nos alcanza en
cada momento y circunstancia.

¿Qué necesitas hoy de Dios? ¿Necesitas alivio y descanso?
¿Necesitas paz y seguridad? ¿Necesitas valor y fortaleza?
¿Anhelas gozo y una esperanza renovada? Puedes
encontrar todo eso en la presencia del Dios vivo. Él está
contigo, y está lleno de un amor leal hacia ti. Su gracia es
tu porción abundante. Llénate hoy.

*Jesús, ¡qué gran Dios eres! Estás lleno de todo lo que
necesito para las carencias que siento que tengo. Lléname
de la abundancia de quién eres. Ámame con tu presencia
envolvente una vez más mientras me refugio en ti.*

ORACIONES DEL ESPÍRITU

De igual manera, el Espíritu nos ayuda en nuestras debilidades. Es cierto que no sabemos qué debemos pedir, pero el Espíritu ora por nosotros con gemidos tales que no se pueden expresar con palabras.

ROMANOS 8:26 NBV

La debilidad no es una señal de fracaso. No es un defecto de carácter. Es parte de nuestra experiencia humana. Cuando somos débiles, es una oportunidad para que acudamos al Espíritu de Dios, que está muy presente. Él es nuestra ayuda, nuestra fortaleza y nuestro valor. Él es nuestra sabiduría, nuestra guía y nuestro escudo.

Cuando no sabemos cómo orar, el Espíritu nos ayuda y habla a Dios por nosotras. Él expresa lo que nosotras no podemos. Él representa perfectamente nuestro corazón y nuestros anhelos delante del Padre, y se mueve en las profundidades de nuestra alma. Cuando no encontramos palabras adecuadas que utilizar, Él lee nuestro corazón como si se tratara de un libro abierto. ¡Qué regalo tan maravilloso que nos conozca de un modo tan afectuoso y profundo!

Jesús, gracias por tu Espíritu que llama a las profundidades de mi alma. Gracias por el entendimiento tan perfecto que tienes de quién soy, de todo lo que anhelo, y de todo lo que nunca podría nombrar. Eres maravilloso, y la comunión de tu Espíritu es dulce y verdadera.

ESCOGE LA AMABILIDAD

La respuesta apacible desvía el enojo,
pero las palabras ásperas encienden los ánimos.

PROVERBIOS 15:1

Cuando nos encontramos con personas difíciles en situaciones que provocan nuestra defensa, podemos apoyarnos en el amor de Dios que persigue la paz en lugar de la desunión. Cuando devolvemos las acusaciones con las mismas réplicas vengativas, los ánimos se prenden. La respuesta apacible desvía el enojo.

¿Alguna vez te has tomado el tiempo de armarte de paciencia antes de responder a alguien que parecía estar buscando pelea? Cuando mantenemos la calma y la compasión, buscando entender en lugar de pelear para tener la razón, abrimos una oportunidad para que el enojo se desvíe y que quienes tienen están a la defensiva se calmen. Escoger la amabilidad significa que aprendemos a desarmar nuestras propias defensas y a impedir que proyectemos nuestros sentimientos sobre otros. En todas las cosas, Dios es nuestra ayuda y fortaleza.

Jesús, estoy muy agradecida por tu ejemplo vivo de calma y amor cimentado. Enséñame a separar mi propio valor de lo que otros dicen. Impídeme hacer suposiciones sobre lo que otros pudieran estar pensando de mí. Permite que esté arraigada en la verdad y la realidad, y llena de compasión hacia otros.

ÉL ESTÁ CONTIGO

El Señor, tu Dios, está contigo;
él es poderoso y salva.
Se regocija por ti con alegría,
su amor te renovará,
salta de júbilo por ti.

Sofonías 3:17 BLPH

Al margen de lo que estés enfrentando hoy, toma aliento en la fidelidad de Dios. *El Señor, tu Dios, está contigo.* Él nunca te deja ni te desampara. *Él es poderoso y salva.* El Dios todopoderoso es tu salvación y tu ayuda.

Se regocija por ti con alegría. El Señor tu Dios no solo te salva, ¡sino que se deleita al hacerlo! Él se regocija por la oportunidad de mostrarte su amor de maneras tangibles. *Su amor te renovará.* No hay mayor paz que la paz de su poderosa presencia. Él está contigo incluso en este momento. Apóyate y descansa en la confianza de su poder. *Salta de júbilo por ti.* Mientras descansas en Él, deja que sus cantos de deleite te inunden y sean tu consuelo y fortaleza. ¡Oh, cómo te ama!

Jesús, gracias por el recordatorio de tu deleite. Tú no solo me ayudas porque ves mi necesidad, sino que te impulsa tu amor abrumador que está lleno de gozo, y por eso quiero caminar en ese mismo amor y vivir con propósito, deleite y paz en todo lo que haga.

INVITACIÓN DE LA SABIDURÍA

Oh, hijo mío, dame tu corazón;
que tus ojos se deleiten en seguir mis caminos.

PROVERBIOS 23:26

Cuando le damos al Señor acceso a nuestro corazón, ofreciéndolo con una humilde rendición, encontramos más satisfacción en Él. Él no gobierna con puño de hierro; es un padre amoroso que nos guía por los caminos sinuosos de esta vida. Encontramos libertad en su amor, y podemos apropiarnos de nuestras decisiones mientras prestamos atención a su consejo.

¿Dejarás que tus ojos se deleiten en los caminos de Dios? Mira a Jesús ante todo y con la mayor frecuencia posible, y encontrarás que hay más gozo en su presencia que caminando sola. ¿Aceptarás la invitación de la sabiduría y le darás a Jesús todo tu corazón?

Jesús, gracias por tu sabiduría sin igual que está llena de amor vivificador, de una presencia que persigue la paz, y de gozo. Te doy acceso a todo mi corazón, e invito a tu sabiduría a dirigirme en todo lo que haga. Quiero andar en tus caminos.

SIMPLE SATISFACCIÓN

Un solo día en tus atrios
¡es mejor que mil en cualquier otro lugar!
Prefiero ser un portero en la casa de mi Dios
que vivir la buena vida en la casa de los perversos.

SALMOS 84:10

¿Alguna vez has tenido un hermoso día lleno de gozo, risa, conexión y paz profundamente satisfactoria? ¿Alguna vez has tenido un día que deseabas que no terminara? Tal vez lo pasaste con seres queridos, o quizá estuvo lleno de aventura y naturaleza. Quizá fue un día muy esperado; o tal vez fue un día completamente inesperado.

Podemos experimentar un gozo profundo y duradero en la presencia de Dios. Imagina tu mejor día y luego piensa que un día en la presencia de Dios es infinitamente mejor. Que puedas conocer la insuperable satisfacción de tener comunión con Dios de maneras que no esperabas cuando le entregaste tu corazón. Él es bueno, y está lleno de bondad, gozo y afecto hacia ti.

Jesús, he conocido el gozo que hay en ti, y he conocido la felicidad en mi vida. Tu amor es totalmente puro, y satisface de un modo que no he conocido fuera de ti. Tú nunca me dejas, no te decepcionan mis errores, no me castigas por mi debilidad, y muchas más cosas. Clamo a ti y te pido que tu gozo sea mi fortaleza hoy.

SUÉLTALO

Por lo demás, ¿quién de ustedes, por mucho que
se preocupe, podrá añadir una sola hora a su vida?

MATEO 6:27 BLPH

El afán no puede mover las manillas del reloj. La
preocupación por lo desconocido del futuro no nos
dará más tiempo; en verdad nos desconectará de las
posibilidades del presente. Que aprendamos a soltar
nuestros agobiantes afanes delante del Señor y a
dejarlos ahí para siempre.

Vive este momento, este día, esta oportunidad con
consciencia plena e intención. Suelta lo que no puedas
controlar y atrapa lo que está al alcance de tus manos
aquí y ahora. Nuestra vida está compuesta por decisiones
que tomamos momento a momento y las conexiones
que establecemos. En lugar de estar ansiosas por lo que
pueda ocurrir, aferrémonos a lo que es nuestro ahora, y
entreguémonos por completo a ello. Podemos confiarle el
resto a Dios.

*Jesús, te entrego la carga del afán que he estado llevando
de un lado para otro. No quiero que su peso me siga
distrayendo o incapacitando. Quiero vivir plenamente en
este momento presente y con estas oportunidades que
tengo ahora para vivir, amar y conectar. Gracias.*

VIVIR SIN ANGUSTIA

Y no se preocupen por qué van a comer
o a beber; no se angustien.

LUCAS 12:29 NBV

Mientras tengamos vida, experimentaremos desafíos y
pruebas. No hay modo de librarse de ellos. Esto no suena
muy alentador, pero debería serlo. Todas estamos juntas en
esta experiencia humana, y Jesús mismo experimentó los
límites de su propia humanidad.

No dejemos que la angustia se adueñe de nuestros
pensamientos, arruine nuestros días y malgaste nuestros
momentos. El único tiempo que se nos ha prometido es
el presente. Es lo único que tenemos, y es en lo único
que podemos volcarnos. No quiero decir con ello que no
podamos trabajar hacia un futuro, pero ciertamente es
algo que no podemos controlar. Confiemos en Dios para
eso que está fuera de nuestro alcance y trabajemos con lo
que tenemos. Hay mucho disponible para nosotras ahora
mismo en este día que estamos viviendo.

*Jesús, te entrego mi angustia por el futuro. No puedo
controlar lo que sucederá incluso aunque me esfuerce
intencionalmente por conseguir mis sueños. Confío en ti
en cuanto a lo desconocido, y no doy por hecho el día de
hoy. ¡Que pueda alegrarme y gozarme en él!*

PURA PAZ

La paz les dejo, Mi paz les doy;
no se la doy a ustedes como el mundo la da.
No se turbe su corazón ni tenga miedo.

JUAN 14:27 NBLA

La paz de Dios no depende de nuestro desempeño, y no exige perfección. Dios no distribuye su perfecta paz con condiciones. Al igual que su amor, la da libremente y reside en aquellos que tienen su corazón abierto al corazón de Dios.

Jesús es el Príncipe de paz, y no ha cambiado ni un ápice desde que les dijo las palabras de hoy a sus discípulos. Su Espíritu es nuestro, y Él inunda las profundidades de nuestra alma con una paz inconmovible. Cuando el temor amenaza nuestro corazón, encontramos descanso en la fuerza de la paz que nos ha prometido. Su sabiduría trae claridad y calma a la neblina revuelta de confusión. Podemos confiar en Él en todas las cosas.

Jesús, guarda mi corazón en calma en la pura paz de tu presencia. Decido aferrarme a tu vedad, y me niego a dejar que el temor se adueñe de mis decisiones. No avanzaré apresurada, y no huiré. Avanzo contigo; que tu voz clara me dirija.

AMOR INAGOTABLE

Yo te he amado, pueblo mío, con un amor eterno.
Con amor inagotable te acerqué a mí.

JEREMÍAS 31:3

¡Qué Dios tan bello tenemos! Su amor no es inestable o frágil, sino eterno, inagotable, y siempre va en aumento. No hay nada en el universo parecido a la gran misericordia y bondad de nuestro Padre bueno. Él reconstruye nuestras ciudades, y redime nuestros sueños rotos con su amor restaurador. Él hace crecer jardines hermosos y abundantes en el terreno árido de nuestro desánimo.

¿Qué área de tu vida necesita el amor redentor de Dios? ¿Dónde se ha asentado la desesperanza? Que encuentres la misericordia de Dios entretejiendo nueva vida en tu historia. Que puedas ver dónde ya está obrando su bondad y seas atraída a su corazón una vez más. Él es totalmente fiel, y está de tu lado.

Jesús, acércame a ti con tu amor hoy. Abre mis ojos para ver dónde estás convirtiendo mi desastre en un jardín para tu gloria. No me resisto hoy a tu amor; es la fuente misma de vida, aliento y sentido.

FE TENAZ

Afortunado el que mantiene la fe cuando es tentado,
porque recibirá el premio de la vida eterna
que Dios ha prometido a los que lo aman.

SANTIAGO 1:12 NBV

¿Qué imágenes o pensamientos evocan en ti las palabras
mantiene la fe? ¿Piensas en gigantes que están siendo
derribados con piedrecitas o en las murallas de una
ciudad derrumbándose con un grito después de una larga
marcha? Claro, estos milagros clave y momentos de gloria
pueden entrar fácilmente en esa categoría; sin embargo,
la persistencia está tan llena de fe como cualquier
experiencia culminante.

Nuestra fe no está compuesta por momentos de gloria,
sino que se forma mediante la resistencia y tenacidad
de pasar por dificultades y tristezas. Crece cuando
coexistimos con las tensiones de la vida y no perdemos
la esperanza. Viene al hacer preguntas que no tienen
respuestas fáciles y al confiar en que Dios es mayor que
nuestro entendimiento. Una fe fuerte no consiste en estar
plenamente convencida todo el tiempo; es seguir creyendo
incluso cuando las dificultades de la vida no cesan.

*Jesús, incluso en las preguntas y dificultades de esta vida,
quiero confiar en ti. Tu amor cubre mi ser por completo,
incluyendo mis dudas y temores. Mi fe está en tu fidelidad.*

BUEN PASTOR

Como un pastor, él cuidará su rebaño.
Con su brazo reunirá los corderos,
los llevará junto a su pecho y llevará
a descansar a las ovejas recién paridas.

ISAÍAS 40:11 PDT

Cuando somos débiles, no necesitamos un líder que nos grite para que hagamos más o lo hagamos mejor. Lo que necesitamos es la fortaleza de un líder amable que nos cargue en sus brazos y nos lleve cuando no tenemos energía para hacerlo solas.

Jesús es nuestro Pastor bueno y amable. Él nos acerca y nos lleva a la seguridad de su abrazo. Él nos guía hasta aguas de restauración donde podemos descansar por un tiempo y beber profundamente de su paz. Él es mejor que los líderes de este mundo, y más confiable que cualquier figura poderosa. Él está lleno de amor leal, y seguirá guiándonos a su bondad.

Jesús, gracias por la amabilidad de tu liderazgo y la bondad de tu amistad. Tú no eres como los dirigentes humanos que dan órdenes a gritos y esperan que otros respondan sin decir nada. Tú estás lleno de paciencia, misericordia y paz. Te seguiré a ti antes que a cualquier otro.

ALIGERA LA CARGA

Por lo tanto, ya que estamos rodeados por una enorme
multitud de testigos de la vida de fe, quitémonos
todo peso que nos impida correr, especialmente el
pecado que tan fácilmente nos hace tropezar.
Y corramos con perseverancia la carrera que Dios
nos ha puesto por delante.

HEBREOS 12:1

¿Alguna vez has corrido una gran distancia? Si lo has
hecho, debes saber que la resistencia es clave, y es algo
que debemos desarrollar. Pero cuando te faltan energías,
¿no es cierto que los gritos de ánimo de los asistentes te
dan la fuerza para continuar? Normalmente, encuentras
una reserva de energía que no sabías que te quedaba.

Esta vida no es una carrera de velocidad; es una maratón.
Exige una cantidad enorme de perseverancia. ¿Cómo
están hoy tus niveles de energía? Si ves que están vacíos,
conecta con la enorme multitud de testigos que te están
animando. ¡Hay personas que te apoyan! Hay animadores a
tu alrededor. Busca a los que han corrido y guardado la fe,
y deja que su testimonio te edifique y te anime a continuar.

*Jesús, no quiero cargar con el peso de cosas que no
son importantes en tu reino. No quiero cansarme con
las preocupaciones que con tanta facilidad me hacen
tropezar. Hoy busco claridad y ánimo en ti y en tu pueblo.*

PROVEEDOR CONFIABLE

Enséñales a los ricos de este mundo que no sean orgullosos ni que confíen en su dinero, el cual es tan inestable. Deberían depositar su confianza en Dios, quien nos da en abundancia todo lo que necesitamos para que lo disfrutemos.

1 Timoteo 6:17

Por mucho dinero que tengas en el banco, por muchos bienes que poseas, hay algo de mucho más valor en lo que confiar. El dinero viene y va; el valor de las propiedades y los bienes fluctúa con el tiempo. El valor de vivir una vida de rendición voluntaria y humilde al reino de Cristo nunca se desvanece.

Al margen de cuáles sean tus circunstancias hoy, busca primero el reino de Dios. Busca de Él las respuestas a tus preguntas. Vive con un corazón abierto y una ética de trabajo generosa. Da los que tienen menos que tú y echa una mano a los que necesitan ayuda. Busca formas de servir, conectar y mostrar compasión. Confía en Dios con todo lo que eres, con todo lo que tienes y con todo lo que no puedes controlar.

Jesús, confío más en ti que en la economía. Confío más en ti que en mis propias capacidades. Confío más en ti que en el amanecer y el cambio de estaciones. Confío en ti por encima de todo.

AYUDA MUTUA

Ayúdense mutuamente a soportar las dificultades,
y así cumplirán la ley de Cristo.

GÁLATAS 6:2 BLPH

¿Alguna vez tuviste necesidad y no supiste cómo saldrías adelante o cómo se supliría esa necesidad? Es una experiencia muy incómoda y que da qué pensar. La ley del amor de Cristo es extensa, y cubre la forma en que nos tratamos y ayudamos mutuamente. No fuimos creados para encerrarnos en nuestro propio mundo y cerrar los ojos a las necesidades de nuestro prójimo.

Hayas o no experimentado este tipo de situaciones, que puedas buscar maneras de ayudar a otros en su momento de necesidad. Es un mandato simple el amarnos unos a otros, pero no es pasivo. Crezcamos en nuestra capacidad de amar a medida que nos esforzamos por salir de nuestra zona de comodidad, nuestras preferencias y nuestra autoprotección.

Jesús, sé que tu ley del amor requiere movimiento. No quiero quedarme atascada en mi propio mundo. Ayúdame a crecer en tu compasión y ayúdame a arrimar el hombro con las cargas de los demás, tanto en las cosas pequeñas como en las grandes. Quiero seguir tu ejemplo.

CIMENTADAS EN EL AMOR

Pido también que, por medio de la fe, Cristo habite
en sus corazones, y que ustedes echen raíces
y se cimienten en el amor.

EFESIOS 3:17 NBV

Cuando estamos cimentadas en el amor, dejando que
nuestro corazón eche raíces en el lugar de descanso de la
paz de Dios, la fe tiene un lugar donde florecer y crecer. La
fe y el amor van de la mano. No hay fe verdadera en Dios
sin el poder de su amor obrando en nosotras. No hay una
verdadera experiencia de su gran amor que no tenga una
fe que obra en su interior.

En el amor de Dios hay más poder obrando de lo que nos
imaginamos con nuestro conocimiento humano. Aun así,
crecemos en gracia y sabiduría en cada oportunidad. Que
podamos ir de gloria en gloria y que podamos expandir
nuestro entendimiento en cada momento.

*Jesús, que las raíces de mi corazón se arraiguen en tu
amor. Cubre mi ansiedad con tu paz. Cubre mis temores
con tu perfecto amor. Creo que eres quien dices que eres,
y creo que estás obrando en mí.*

MARZO

Yo mismo iré contigo, Moisés,
y te daré descanso;
todo te saldrá bien.

Éxodo 33:14

ENCONTRAR TU HOGAR

Él existía antes de todas las cosas,
y por él se mantiene todo en orden.

COLOSENSES 1:17 RVC

En Cristo, todas las cosas encuentran su plenitud. Él existía antes de todas las cosas, y todo tiene su origen en Él. Él era en el principio, cuando la luz se separó de las tinieblas, cuando se formaron los montes y los ríos comenzaron a fluir. Él estaba ahí en el inicio de todo, y estará ahí al final.

¿Has encontrado tu satisfacción en Él? ¿Has encontrado tu hogar en Cristo? Él es la plenitud del Padre expresada plenamente en el Espíritu que habita en nuestro interior. Él es nuestra porción eterna, y es la representación perfecta de todo lo que anhelamos y buscamos. Él es misericordia ininterrumpida, amor inquebrantable, gozo desbordante, paz personificada y justicia continua. Él es todo lo que anhelamos, y es mucho más de lo que podríamos soñar.

Jesús, tú eres mi hogar. Tú eres mi esperanza. Tú eres mi paz. Tú eres la perfección de todo lo que anhelo, y eres mi porción eterna. Gracias por tu amor que me alcanza en una medida abundante hoy mediante la comunión con tu Espíritu. ¡Lléname!

BENDECIDA PARA DAR

Hay más dicha en dar que en recibir.

HECHOS 20:35 NVI

Cuando se nos ha dado mucho, tenemos mucho que dar. ¿Y si pasáramos nuestra vida intentando superar a los demás en generosidad? ¿Qué ocurriría si nuestro valor impulsor fuera dar a otros todo lo que hemos recibido a lo largo del camino? ¡Qué mundo tan distinto sería! Habría mucha bondad, compasión, gozo y misericordia continuamente expuestos.

¿Hay alguna área de tu vida donde reconoces las bendiciones que has recibido? Saca hoy de ese pozo y pásalo a otra persona. ¿Alguien te invitó a almorzar? Invita tú hoy a alguien. ¿Alguien pagó una deuda que tú tenías? Busca maneras de hacer lo mismo por otros. Sea lo que sea, ¡hazlo con gozo! Llegas a compartir la generosidad del amor de tu Dios con otros mientras lo haces.

Jesús, tú eres muy generoso en misericordia. Quiero reflejarte en mi vida de formas prácticas. Mientras busco maneras de compartir con otros, que sea inspirada a hacerlo más y más mientras soy consciente de que tu compasión nunca se agota y tus recursos son también inagotables. Me siento bendecida cuando doy a otros y colaboro con el sentir de tu corazón.

REVELACIÓN DEL ESPÍRITU

Pues el Señor es quien formó las montañas,
agita los vientos y da a conocer sus
pensamientos a la humanidad.

Amós 4:13

El mismo Dios que creó los cielos y la tierra, que separó la tierra del mar, y que sopló vida en huesos secos del polvo de la tierra, es el Dios cuyo Espíritu vive hoy. Él es el mismo Creador poderoso.

Este Dios revela sus pensamientos, su sabiduría y sus caminos a la humanidad mediante su Espíritu. Tenemos comunión con el Rey de reyes gracias a Jesús, y su Espíritu habita en nosotras. Él abre un camino donde no lo hay, guiándonos por los valles de sombras con la luz de su presencia. Él nos ha sacado de las tinieblas para llevarnos a su luz gloriosa, y vivimos a la luz de su vida.

Jesús, revela tus caminos, tus pensamientos, tu sabiduría y tu bondad amorosa mediante la comunión con tu Espíritu hoy. Anhelo conocerte más, estar llena de tu paz eterna, y que tu compasión me mueva. Habla, que yo escucho.

EMPODERADA POR LA ESCRITURA

Todo lo que está escrito en la Biblia es el mensaje de Dios, y es útil para enseñar a la gente, para ayudarla y corregirla, y para mostrarle cómo debe vivir.

2 Timoteo 3:16 TLA

¿Estás batallando con una decisión que tienes que tomar? ¿No estás segura de qué camino seguir? Mira al Señor y pasa tiempo en su Palabra. Él da perspicacia a los que examinan, e ilumina el camino de los que le buscan.

Hay un tesoro de sabiduría en la Escritura. El aliento de Dios sopla vida sobre las palabras, llevando revelación a nuestro corazón y entendimiento a nuestra mente. En los lugares donde la libertad de su buena sabiduría nos hace libres, ahí está Él obrando.

Jesús, gracias por el poder de tu vida obrando en mí. Gracias por la comunión de tu Espíritu que trae sabiduría y revelación. Dirígeme, guíame y aliéntame en tu Palabra. Acudo a ti en busca de todas las respuestas que no tengo.

CELEBRA LA MISERICORDIA

¡Alabemos a Dios, Padre de nuestro Señor Jesucristo!,
porque su misericordia es grande y nos ha hecho nacer
de nuevo por medio de la resurrección de Jesucristo.
Esto fue así para que tengamos una esperanza viva.

1 Pedro 1:3 NBV

La extravagante misericordia de Dios nos ha llevado a
Cristo. Nos ha dado vida en Él, dándonos la promesa de
vida nueva y esperanzas resucitadas aquí y ahora. Lo que
Dios toca cobra vida. Lo que Él derrama se convierte en un
pozo de su amor vivificador.

Hay misericordia abundante hoy para alcanzarte dondequiera que estés. Él llenará las grietas de tu entendimiento.
Él inundará la carencia que estás experimentando con la
superabundancia de su amor. Hemos renacido en Cristo
para experimentar una esperanza viva y activa en la
resurrección.

Jesús, gracias por la esperanza viva que tengo en ti.
Abruma mis sentidos con la pura bondad de tu presencia.
Te miro no como una mendiga, sino como una amiga. Sé
que tu misericordia ya está obrando en mi vida; dame ojos
para ver cómo va a llegar hasta mí ahora.

BÚSCALO CONTINUAMENTE

Busquen al Señor y Su fortaleza;
Busquen Su rostro continuamente.

1 Crónicas 16:11 NBLA

Hay una invitación abierta a buscar al Señor en todo tiempo. Al margen de dónde nos encontremos y sin importar el mucho o poco tiempo que haga desde que hablamos con Él, hay una puerta abierta a su presencia.

Siempre que pensamos en ello, dirigimos nuestra atención a Él. Siempre que viene a nuestra mente, le damos nuestra atención. Es como trabajar en una sala con una amiga; puedes compartir con ella tus pensamientos según llegan a tu mente. Él nos da la bienvenida y está listo para ayudarnos siempre que lo necesitamos. Él siempre escucha, y nunca nos rechazará. Busquémosle, busquemos su presencia continuamente, porque ahí encontraremos nuestra fortaleza.

Jesús, te busco hoy. Te necesito más de lo que lo puedo expresar. Sé que tú dices que nunca me dejarás ni me abandonarás, y estoy muy agradecida por ello. Que nuestra comunicación sea un arroyo abierto y continuo de conversación hoy.

LO QUE A DIOS LE AGRADA

Y este mundo se acaba
junto con todo lo que la gente tanto desea;
pero el que hace lo que a Dios le agrada
vivirá para siempre.

1 Juan 2:17

¿Qué deseas en esta vida? No deberíamos equiparar los deseos con el pecado. El deseo aparece cuando tenemos alguna carencia. Deseamos comida cuando tenemos hambre, compañía cuando estamos solas, agua cuando tenemos sed, descanso cuando estamos cansadas, etc.

Así como este mundo se va desvaneciendo, los deseos también terminarán. En el reino de Dios, hay plenitud de todo lo que anhelamos. Hay un banquete en la mesa de nuestro Padre. Hay agua pura más que suficiente para todo aquel que tenga sed. Hay conexión con otros, y la pérdida ya no nos partirá el corazón en pedazos. Podemos vivir para agradar a Dios aquí y ahora porque todos nuestros anhelos se satisfacen, y se satisfarán finalmente, en Él.

Jesús, quiero escoger tus caminos antes que los míos. No quiero vivir con tal carencia que mis deseos se adueñen de mi mente. Lléname de tu amor y de todo lo que necesito para poder vivir para ti y para hacer lo que a ti te agrada.

LA AUTENTICIDAD DE LA FE

Claro que así la autenticidad de la fe que ustedes
profesan —de más valor que el oro, que no deja
de ser caduco aunque sea acrisolado por el fuego—
será motivo de alabanza, de gloria y de honor,
cuando se manifieste Jesucristo.

1 Pedro 1:7 BLPH

Cuando llegan los problemas de la vida (que tarde
o temprano sin duda llegarán), ¿cómo reaccionas?
¿Sucumbiendo bajo la presión y escondiéndote?
¿Ignorando tus necesidades y fijándote en exceso en
la vida de los demás? Los problemas de la vida están
garantizados, pero no está garantizado que nos derriben
por completo.

Ojalá descubras que, cuando estás bajo presión, eso mismo
te lleva a acercarte más a la presencia de Dios que obra
dentro de ti. Él está cerca, es poderoso, y no se va a ningún
lugar. La pureza de tu fe está en su autenticidad y en la
perseverancia de proseguir. Permite que el Espíritu obre en
ti para transformarte mientras confías en Él.

*Jesús, estoy agradecida porque eres fiel al margen de la
fortaleza de mi propia fe. Prosigo hacia conocerte más. Me
aferro a ti en los tiempos difíciles, y confío en que pongas
en acción tu misericordia redentora a lo largo de mi vida.
Confío en ti.*

AGRADECIDA EN TODAS LAS COSAS

Sean agradecidos en toda circunstancia,
pues esta es la voluntad de Dios para ustedes,
los que pertenecen a Cristo Jesús.

1 TESALONICENSES 5:18

La gratitud es una práctica en la que podemos crecer. No es algo que nos sale de forma natural a todas, ni tampoco es una positividad tóxica que rechaza las realidades dolorosas. Acepta los aspectos duales de la vida. La gratitud es la capacidad de participar en lo que es cierto aquí y ahora y lo que es bueno.

¿Qué está presente en tu vida en este momento por lo que puedes estar agradecida a pesar de los retos que enfrentas? ¿Estás agradecida por el regalo de la vida que tienes hoy? ¿Tienes una amiga de confianza, un hogar donde puedes ser quien eres, o un trabajo que te permite suplir tus necesidades? ¿Tienes comida sobre la mesa, ropa que vestir y agua para beber? Sea lo que sea lo bueno que tengas ahora, comienza a cultivar la gratitud por lo que tienes, y espera comenzar a ver una gran multitud de diminutas bendiciones.

Jesús, en todas las cosas, en todos los caminos, en cada prueba y en cada victoria, en cada reto y en cada triunfo, quiero alabarte. Tú eres el vencedor de todas las cosas, y encuentro mi máxima esperanza en quién eres. Gracias por el aire en mis pulmones, por la sangre que corre por mis venas, y por otro día de vida.

GLORIOSA HERENCIA

También pedimos que se fortalezcan con todo el glorioso poder de Dios para que tengan toda la constancia y la paciencia que necesitan. Mi deseo es que estén llenos de alegría y den siempre gracias al Padre. Él los hizo aptos para que participen de la herencia que pertenece a su pueblo, el cual vive en la luz.

COLOSENSES 1:11-12

¿Alguna vez te has preguntado por qué el Nuevo Testamento está tan lleno de frases de ánimo para aguantar y perseverar? ¿Te has dado cuenta de que hay muchas oportunidades para practicar la paciencia en tu propia vida? Los retos de la vida no cesarán para el creyente. No se van y dejan un camino llano para todo aquel que invoque el nombre de Jesús.

No se nos ha prometido una vida perfecta y sin dolor; eso no es el evangelio. Más bien, se nos ha prometido la presencia constante del Espíritu que nunca nos dejará por difíciles que sean las circunstancias. Tenemos acceso a la gracia y la fortaleza de Dios que nos empoderan para soportar, para ser pacientes, para mantener la esperanza, para estar llenas de alegría, para tener un corazón agradecido, y para seguir la paz.

Jesús, gracias por tu presencia que me llena de fortaleza cuando soy débil. Recurro a tu amor para que me empodere y me llene cuando me esté quedando vacía. Tú eres mi esperanza, mi alegría, mi fortaleza y mi canción.

ÉL ES PAZ

Porque Él mismo es nuestra paz,
y de ambos pueblos hizo uno,
derribando la pared intermedia de separación.

EFESIOS 2:14 NBLA

A Jesús se le conoce como el Príncipe de paz. Estamos unidas a Él mediante la sangre de su sacrificio y el poder de su vida resucitada. Él es nuestra paz, y no hay nadie mayor que Él. Ha reconciliado con Él a cada corazón. ¡Él lo ha hecho!

Jesús derribó todas los muros de prejuicio que nos mantenían separados y nos ha hecho uno. Estamos unidas en Él. No hay muros divisorios en su reino. No hay cuartos separados o variedad de clases en su familia. Somos uno en la sangre de Cristo, y tenemos paz en Él. ¿Hay personas de las que nos hemos mantenido separadas por nuestras preferencias y prejuicios? Que hoy sea el día en que entremos en el amor unificador al rehusar separarnos por más tiempo.

Jesús, en ti vivimos todos, nos movemos y somos. Sé que no me quieres más que a cualquier otra persona que invoque tu nombre. Todos somos amados. Viviré con un corazón abierto de compasión que busca promover tu paz y derribar los muros de separación.

HIJA AMADA

Así que ya no eres esclavo, sino hijo;
y como eres hijo,
Dios te ha hecho también heredero.

GÁLATAS 4:7 NVI

Cuando Dios te hizo suya, no te recibió como una sierva en su reino. Te dio su propio nombre, te adoptó en su familia, y te concedió un lugar en su mesa. Como hija de Dios, eres amada y siempre puedes acudir delante de Él. Compartes la herencia de su reino al igual que todos sus hijos.

Desecha toda mentalidad que dice que eres menos que nadie o que no eres digna de lo que Dios te ofrece a través de su Hijo. Él te ha declarado digna. Te ha dado su nombre. Eres suya, y le perteneces. Imagínate si tu hija amada no estuviera segura de tu amor y de tu cuidado. ¡Cuánto se entristecería tu corazón! No produzcas tristeza al corazón de tu Padre. Deléitate en su placer de quién eres y de quién es Él para ti.

Jesús, me derrito al recordar que soy parte de tu familia. Gracias por tu amor que nos acerca y no nos mantiene a la distancia. ¡Me encanta ser tuya! Me encanta pertenecerte. Aumenta mi confianza en quien tú me has hecho ser mientras me someto gustosamente a tus caminos.

PALABRA DE ÁNIMO

Pues Dios no es injusto. No olvidará con cuánto esfuerzo han trabajado para él y cómo han demostrado su amor por él sirviendo a otros creyentes como todavía lo hacen.

HEBREOS 6:10

Hagas lo que hagas, has de saber que el Señor te ve. Él honrará cada rendición que hagas en su nombre, y no se olvidará ni de un solo sacrificio. Si sientes que otros te han pasado por alto, anímate al saber que Dios ve todo lo que haces. A Él no se le escapa ni el más mínimo movimiento de amor.

Cuando trabajamos por los elogios y las felicitaciones de otros, perderemos fuerza cuando estemos en épocas de sombras; sin embargo, si trabajamos para honrar al Señor, haciendo lo correcto porque sabemos que es lo que debemos hacer, seguiremos perseverando en su amor. Vivamos para Dios por encima de todos los demás, porque Él no cambia, y sus requisitos tampoco cambian.

Jesús, gracias por recordarme que tú ves cada movimiento que hago en amor. Continuaré en pos de ti, hacia la sanidad y hacia la misericordia. Decido hoy amar.

ALEGRE RESTAURACIÓN

Con alegría sacarán ustedes agua
de las fuentes de la salvación.

ISAÍAS 12:3 NVI

El agua de las fuentes de la salvación es un agua pura y
viva que refresca nuestra alma. Jesús, nuestro Redentor,
ha vencido al mundo y todo lo que limita y apaga su amor.
¡Él es nuestro gozo! Él es nuestra libertad. Él es nuestra
gran recompensa. Se produce un profundo deleite al tener
comunión con Él. Sumerjámonos en las profundidades de
su bondad.

¿Necesitas una nueva infusión de alegría hoy? Acude a su
presencia con acción de gracias y bebe profundamente
de esas aguas que producen alivio. Jesús está aquí ahora
a través de su Espíritu. Él está cercano, y está listo para
encargarse de eso que te supera con su amor. Es agua
refrescante, pura e incomparablemente buena. Bebe
profundamente.

Jesús, lléname de alegría al tener comunión contigo hoy.
Restaura mi esperanza mientras me lavas con tu amor.
Quiero refrescarme en tu paz presente, ser alentada en tu
alegre gozo, y resucitada en tu maravillosa misericordia.

MAÑANA TRAS MAÑANA

El Señor Soberano me ha dado sus palabras de
sabiduría, para que yo sepa consolar a los fatigados.
Mañana tras mañana me despierta
y me abre el entendimiento a su voluntad.

ISAÍAS 50:4

Cada mañana es una oportunidad nueva de crecer en
nuestro entendimiento de la maravillosa sabiduría de
Dios. Hay misericordias nuevas que salen a nuestro
encuentro cuando abrimos nuestros ojos a un nuevo día.
No podemos regresar al ayer, pero podemos usar lo que
aprendimos para abrazar el momento presente con mayor
entendimiento.

Si el día que tienes por delante te asusta, aférrate al amor
presente de Jesús. Su vida resucitada está obrando en tu
presente tanto como lo ha hecho en cualquier momento
de la historia. Su poder restaurador es ilimitado, y está
disponible para ti ahora. Acude al Señor en busca de
consuelo si eso es lo que necesitas. Echa mano de su
esperanza al apoyarte en Él.

*Jesús, tú sabes lo que yo necesito incluso antes de que yo
sepa cómo pedirlo. Confío en que tú sabías lo que llegaría
incluso antes que yo. Consuélame, fortaléceme y guíame
con tu sabiduría. Renueva mi confianza en ti cada mañana.*

PODEROSA Y EFICAZ

Por eso, confiésense unos a otros sus pecados y oren
unos por otros, para que sean sanados. La oración
del justo es poderosa y eficaz.

SANTIAGO 5:16 NVI

¿Has experimentado el poder de orar con otras personas?
¿Has recibido ánimo alguna vez cuando otra persona tomó
el tiempo para orar por ti? ¿Has sentido que tu corazón se
llenaba de compasión al orar por otra persona? La oración
es un regalo para cada una de nosotras, y es un regalo para
el cuerpo de creyentes.

¿Tienes alguna preocupación que no se va de tu
pensamiento? Pídele a una amiga de confianza que ore
por ti. ¿Hay alguien cercano a ti que lo esté pasando mal?
Ofrécete a orar por esa persona si te da permiso. Puede ser
una experiencia extremadamente liberadora orar por otros,
y es, como dice Santiago, para nuestra sanidad.

*Jesús, gracias por la línea de comunicación que tengo
contigo mediante la oración. No solo oraré por mí y
por las pequeñas cosas de mi vida, sino también por
otros. Dame un alcance mayor de tu compasión y poder
sobrenatural mientras participo en la oración comunal.*

OTRA VEZ

Él volverá a llenar tu boca de risas
y tus labios con gritos de alegría.

JOB 8:21

Job sufrió muchas pérdidas en su vida. Tal vez a ti también te ha pasado. No hay un remedio rápido para aliviar la aflicción de una persona. No hay una salida fácil del dolor de la pérdida. Hay que vivirlo, atravesarlo y sentirlo. Aun así, la tristeza no es una experiencia singular. Puede coincidir con la alegría. Aún puede haber satisfacción y movimiento en otras áreas de la vida incluso cuando nos dolemos por grandes pérdidas. Una cosa no niega la otra. La risa y el gozo no descartan el dolor, pero pueden aligerar un poco la carga.

Si te encuentras atravesando un tiempo en el que el deleite y la alegría parecen estar distantes, has de saber que hay más belleza que encontrar en tu vida. Aún llegarán cosas que te harán reír hasta no poder más, y tu corazón se volverá a hinchar de alegría. Llegará ese tiempo, y cuando llegue, déjalo entrar.

Jesús, gracias por la promesa de una alegría renovada, de los amaneceres y las puestas de sol, de deleites sencillos y de conexiones profundas. En este día, recuérdame que la vida no siempre será pesada.

QUÉ SALVADOR

Entonces la Palabra se hizo hombre y vino a vivir
entre nosotros. Estaba lleno de amor inagotable
y fidelidad. Y hemos visto su gloria,
la gloria del único Hijo del Padre.

JUAN 1:14

Jesús se hizo carne y estableció su hogar entre nosotros.
El Rey de reyes, el Hijo de Dios, el Creador, se hizo
humano y vivió la experiencia humana para mostrarnos
un camino mejor. Estaba lleno de amor leal y fidelidad
eterna. Aun lo está.

Jesús no vino para mostrarnos cuán infundadas y mal
estamos, sino para mostrarnos una manera mejor de vivir.
Nos abrió un camino para estar plenamente conectadas
con el Padre mediante su Espíritu y vivir como reflejos de
su amor que respiran y caminan en esta vida. Él es nuestro
Salvador, el que tomó toda la culpa y vergüenza sobre sí
mismo y nos liberó en su amor. Vivamos como las personas
libres que somos.

*Jesús, gracias por el sacrificio que hiciste para que
pudiéramos conocerte en espíritu y en verdad. Gracias por
la libertad que tengo en tu amor. Con la misericordia de tu
poderosa presencia, toca las áreas de mi vida que parezca
imposible enfrentar.*

PON TU ESPERANZA EN ÉL

Bueno es el Señor con quienes esperan en él,
con todos los que lo buscan.

LAMENTACIONES 3:25 NVI

Donde esté nuestra esperanza, estará también nuestra
vida. Si nuestra verdadera esperanza está en el Señor,
viviremos en consonancia con los valores de su reino.
Prestaremos atención a su Palabra y seguiremos su
camino de amor. Escogeremos hacer lo que Él ha dicho,
porque confiamos en que Él es mayor que nosotras y su
entendimiento es más amplio que el nuestro.

Pongamos nuestra esperanza en Él con toda nuestra vida.
Reordenemos las cosas en esas áreas en las que hayamos
estado dependiendo de nuestras propias capacidades
para salir adelante, o incluso cuando hayamos acudido a
Él cuando ya no teníamos más opciones. Vivamos como
personas que creen que Jesús es quien dijo ser, que vive
todavía, y que gobernará y reinará sobre todas las cosas.

*Jesús, pongo toda mi esperanza en ti. No solo mis
pequeñas esperanzas, sino toda mi vida. Todo está en tus
manos, Señor. Que mi vida refleje tu misericordia. Dame
visión, sabiduría y fortaleza para seguir viviendo para ti.*

LA MISMA MEDIDA

No juzguen a los demás, y no serán juzgados.
No condenen a otros, para que no se vuelva
en su contra. Perdonen a otros, y ustedes
serán perdonados.

LUCAS 6:37

Las palabras de Jesús son tan relevantes hoy como lo han sido siempre. Su ley del amor es la base de su reino, y no hay una ley superior. Cuando somos rápidas para juzgar, Jesús es rápido para extender misericordia. Cuando nos damos prisa en condenar, Jesús ofrece compasión y comprensión.

Hay poder en mostrar gracia, misericordia y amor en lugar de retenerlos en el nombre de una indignación justificada. Jesús, el Hijo de Dios, no gobernó con fuerza o venganza, así que nosotras tampoco deberíamos hacerlo. Cuando perdonamos, somos perdonadas. Todo lo que hacemos nos será devuelto, así que vivamos con el amor como nuestro lema más alto.

Jesús, tus caminos son mejores que mis caminos, y tus pensamientos son más puros que los míos. Tú ves lo que yo no puedo ver, y tienes en cuenta las cosas que yo no percibo. Dame la capacidad para mostrar misericordia, bondad y gracia en lugar de juicio. Quiero ser un reflejo de tu amor.

HAZ BRILLAR TU LUZ

Hagan brillar su luz delante de todos, para que ellos
puedan ver las buenas obras de ustedes y alaben
a su Padre que está en los cielos.

MATEO 5:16 NVI

¿Cómo podemos hacer brillar nuestra luz delante de
otros como nos enseñó Jesús? Cuando permitimos que la
presencia de Dios se mueva en nosotras y nos fortalezca
mientras hacemos la obra que se nos ha asignado, la luz
de la bondad de Dios que hay en nosotras brilla para que
otros la vean.

Integridad, honestidad, gozo, paz, paciencia: todos
los indicadores del reino de Dios están obrando en
este mundo. ¿Los valoramos lo suficiente como para
emularlos en nuestra vida? En lugar de buscar maneras de
esconderlos, busquemos maneras de darle sentido a todo
lo que hacemos. El amor es una gran fuerza impulsora. De
hecho, es la más grande. Que todo lo que hagamos refleje
el amor de Cristo que opera en nosotras.

*Jesús, tu luz de vida brilla en mí, y soy libre para andar
en tus caminos. ¡Gracias! Que mi vida refleje tu gloria
radiante. Te amo más de lo que soy capaz de expresar,
y quiero mostrárselo a todo el que me rodea.*

CORAZÓN ABIERTO

A los que escuchan mis enseñanzas se les dará más
entendimiento, pero a los que no escuchan,
se les quitará aun lo poco que entiendan.

MARCOS 4:25

Para escuchar con un corazón abierto, tenemos que dejar a un lado nuestras soluciones y defensas. Tenemos que soltar nuestra armadura de autoprotección y orgullo. Tenemos que permitir que otra realidad que no es la nuestra exista y tenga sentido.

Los que saben escuchar bien experimentan una conexión con otros más profunda. Aprenden la empatía, que es una forma profunda de entendimiento y cuidado, y eso hace que aumente su capacidad de crecer en sabiduría. Cada día, la sabiduría nos ofrece la capacidad y la maravillosa invitación a escuchar con un corazón abierto.

Jesús, depongo mi necio orgullo y todo lo que creo que sé a favor de crecer en tu sabiduría y tu verdad. Sé que tu amor es sincero, al igual que tu sabiduría. Es simple, pero a la vez complejo y lleno de fruto que da vida. Me rindo a ti. Decido escucharte a ti y confío en que tu Espíritu me guíe.

AMOR HUMILDE

No sean egoístas; no traten de impresionar a nadie.
Sean humildes, es decir, considerando a los demás
como mejores que ustedes.

FILIPENSES 2:3

Cuando alineamos nuestro corazón con la humildad, eso afecta cómo vemos a los demás. La humildad acalla la voz orgullosa que dice que somos más importantes que otros. El orgullo fomenta la autoprotección, y nos mantiene a la defensiva y alejando a otros. También exagera demasiado el valor de la opinión que otras personas tienen de nosotras.

La humildad mantiene las cosas en perspectiva. Podemos estar confiadas en nuestra valía inherente, y también podemos ver la valía en otros y sus perspectivas. Deja espacio para la compasión, y permite la conexión con otros de formas prácticas. Mientras que el orgullo es como una torre de marfil, que nos aísla y desconecta de otros, la humildad nos mantiene en la mesa comunal donde podemos partir el pan con otros.

Jesús, tú practicaste una humildad perfecta en tu vida y ministerio. Quiero seguir tu guía. Donde el orgullo haya puesto mis propias preferencias e ideales en un pedestal, decido humillarme en tu amorosa sabiduría.

DUERME TRANQUILA

Al acostarte, no tendrás temor alguno;
te acostarás y dormirás tranquilo.

PROVERBIOS 3:24 NVI

¿Cuándo fue la última vez que dormiste tranquila? Hay ciertas ocasiones en nuestra vida en las que dormir no nos resulta tan fácil como en otras. Tal vez sea en las trincheras de la maternidad, las transiciones de grandes cambios en la vida, o cualquier otra interrupción.

Podemos fiarnos de la sabiduría de Dios no solo en el desarrollo diario de nuestros planes y nuestra vida, sino también en el poder de nuestro descanso para darnos paz. No debemos dejar que nos abrume el temor cuando el Creador sabio nos está guiando por las vicisitudes de esta vida. Confiemos en que Jesús cuida de todo lo que no podemos prever, y descansemos en su presencia.

Jesús, confío en que tú cuidas de las cosas que no puedo anticipar en la vida. Sé que eres la sabiduría encarnada. Eres mi líder amoroso, y eres mi escudo y mi refugio. Cuida de mí y lléname con la paz de tu presencia. Que descanse bien y reviva en tu amor.

GUIADA POR EL SEÑOR

Que el Señor les guíe el corazón a un entendimiento
total y a una expresión plena del amor de Dios, y a la
perseverancia con paciencia que proviene de Cristo.

2 Tesalonicenses 3:5

Cuando el Señor guía nuestro corazón, nos da un
entendimiento mayor de su sabiduría. También aumenta
nuestra consciencia de cómo obra su misericordia en
nuestra vida. Hay gracia y fortaleza más que suficientes
para cualquier desafío que surja. Hay un amor leal para
mantener nuestro corazón descansado y apaciguar
nuestra mente.

En lugar de apresurarnos hacia nuestras propias ideas,
permitámonos considerarlas delante del Señor. En su
presencia, todo se aclara. Aunque la prisa es una respuesta
aprendida, tomar tiempo para reducir la marcha y pensar
en nuestras acciones y planes también es algo que se
puede adquirir con intención. Que el Señor nos guíe
cuando le prestemos atención hoy.

*Jesús, antes de comenzar mi día, doy lugar para que me
hables. Guíame en tu sabiduría para que pueda tomar
decisiones sabias durante el día. Háblame y redirígeme
cuando sea necesario. Tú eres mi líder amoroso, y yo te sigo.*

ESCUDO Y FORTALEZA

Dios es mi escudo, quien salva a los
de corazón recto y sincero.

SALMOS 7:10

Los salmos describen a Dios como una fuerza protectora
para los que se refugian en Él. Una vez tras otra vemos
cómo aparece la imagen donde se le describe como una
fortaleza, un castillo fuerte, o un lugar de refugio. Hasta
este día, Él es un lugar seguro al que podemos acudir.

Cuando tenemos temor, podemos ir a refugiarnos en Él.
Cuando no estamos seguras de qué pasos dar, busquemos
su sabiduría para que nos guíe. Somos hijas del Dios
viviente, y Él no dejará que nos defendamos solas. Él es
nuestro Padre, y cuidará de nosotras. No dudemos en
escondernos en su presencia cuando necesitemos refugio.
Él es bueno, y siempre proveerá para nuestras necesidades.

*Jesús, tú eres mi fuerza y mi escudo. Tú me salvas de los
dardos de fuego del enemigo, y pones mi pie en la tierra
firme de tu salvación. Estoy viva en ti, y descanso en tu
perfecta paz.*

PERSEGUIR LA VIDA

El que va tras la justicia y el amor
halla vida, justicia y honra.

PROVERBIOS 21:11 NVI

¿Cómo sería perseguir la justicia y el amor en tu vida cotidiana? ¿Tendrías que volver a priorizar tus valores? ¿Tendrías que cambiar tu perspectiva y tus esfuerzos? ¿O ya son parte de los valores clave que dirigen lo que estás haciendo?

Debes saber esto: el que persigue lo que es justo, bueno, verdadero y amoroso encuentra vida, satisfacción y honor. Cuando buscas el reino de Dios, que está lleno de estos rasgos, también recibirás todo lo que estás anhelando. Creamos a Jesús y busquemos primero su reino y su justicia sabiendo que, cuando lo hagamos, todas estas cosas también nos serán añadidas (Mateo 6:33).

Jesús, busco tu reino primero y persigo tu justicia y tu amor. Sé que, cuando te pongo a ti y a tu reino primero, no tengo que preocuparme por los detalles. Tú eres un maestro de los detalles. Confío en ti, y te escojo.

ÉL ALUMBRA EL CAMINO

Tú enciendes mi lámpara, oh Señor;
Mi Dios que alumbra mis tinieblas.

SALMOS 18:28 NBLA

Por muy oscuras que sean las circunstancias por las que caminas, el Señor es una luz para los que están en necesidad. Él no te ha dejado, y no te abandonará en tu situación. Él alumbrará la oscuridad que te rodea y te mostrará dónde pisar y qué evitar.

¿Confías en que el Señor continuará consolándote, guiándote y fortaleciéndote? No importa que hayas experimentado o no su ayuda tangible antes, Él promete estar contigo. Apóyate en su amor fiel que está contigo incluso en este momento. Él nunca está lejos. Él encenderá tu lámpara y te guiará por las sendas de su paz.

Jesús, tú eres la luz del mundo, y me encuentro en ti. La luz de tu vida en la mía es como la luna que refleja el brillo del sol. Brilla en mí, y viviré. Alumbra el camino, y seguiré tu guía.

NO MÁS VELOS

Así que, todos nosotros, a quienes nos ha sido quitado el velo, podemos ver y reflejar la gloria del Señor. El Señor, quien es el Espíritu, nos hace más y más parecidos a él a medida que somos transformados a su gloriosa imagen.

2 Corintios 3:18

En la gran expansión del reino hay libertad para vivir, moverse y ser. Esto no es algo reservado para algún día lejano; está disponible aquí y ahora en medio de la acción. Cuando Jesús murió en la cruz, el velo del templo que separaba la presencia de Dios de las personas se rasgó. Ya no existe barrera alguna entre Dios y su pueblo.

A través de Jesús hemos sido liberadas y recibidas en la presencia de Dios. No hay nada que nos mantenga separadas de su amor, y nunca lo habrá. Que seamos transformadas por su presencia viva y seamos más como Él en su amor firme. En su presencia, vamos de gloria en gloria.

Jesús, gracias por eliminar todas las barreras entre la humanidad y el Padre. Vengo a ti con la confianza y la humildad de un ser querido. ¡No puedo quedarme lejos! Lléname, cámbiame y refíname con tu amor desbordante.

MISERICORDIA SIN LÍMITE

Tu misericordia, oh Señor, se extiende hasta los cielos,
Tu fidelidad, hasta el firmamento.

Salmos 36:5 nbla

El amor de Dios no tiene límite. No hay techo que romper,
porque su misericordia es ilimitada. Donde hayamos
sentido los límites de nuestra propia compasión, hay una
invitación a entrar en la abundante bondad del corazón
de Dios. Cuando nos llenamos con su amor puro, tenemos
más que ofrecer a otros.

En lugar de vivir este día intentando subsistir con las
migajas de nuestra propia capacidad, pasemos tiempo
en la generosa presencia de nuestro Dios. Cuando nos
apoyamos en Él, renueva nuestra fortaleza, llena nuestra
paz, y media en nuestros problemas. Su fidelidad es
infalible, así que confiemos en que Él hará lo que nosotras
no podemos hacer por nosotras mismas. Él es leal hasta el
fin, y siempre es bueno.

*Jesús, no hay nadie más en este mundo que me ame como
tú lo haces. Tus motivaciones puras y tu afecto imparcial
me llenan e impulsan. Por favor, lléname ahora. Haz llover
sobre mí las aguas refrescantes de tu presencia.*

HERMOSA ESPERANZA

Él les secará toda lágrima de los ojos,
y no habrá más muerte
ni tristeza ni llanto ni dolor.
Todas esas cosas ya no existirán más.

APOCALIPSIS 21:4

Cuando Cristo regrese otra vez, enderezará lo torcido. Afirmará los corazones afligidos. La justicia brillará como el sol. Borrará la pérdida que soportamos ahora, y enjugará toda lágrima de nuestros ojos.

Qué esperanza gloriosa tenemos al mirar hacia el futuro: una era en la que ya no habrá muerte, tristeza, llanto ni dolor. Cuando estas cosas ya no existan, solo nos quedará un gozo interminable, una paz duradera y un gran amor que nunca se verá interrumpido por la confusión o la duda. Veremos claramente lo que ahora solo podemos ver en destellos. Que encontremos ánimo y esperanza en la promesa de estas cosas mejores que vendrán. Él es fiel y no se detendrá hasta que se haya cumplido cada promesa.

Jesús, gracias por la esperanza que tengo en ti. No puedo esperar al día en que la pérdida ya no sea más parte de mi experiencia. ¡Oh, ese dolor será solo un recuerdo! Aun así, encuentro esperanza en tu Palabra y en tu presencia.

ABRIL

No tengan miedo.
Solo quédense quietos y observen
cómo el Señor los rescatará hoy.

Éxodo 14:13

HAZME OÍR

Hazme oír cada mañana acerca de
tu amor inagotable, porque en ti confío.
Muéstrame por dónde debo andar,
porque a ti me entrego.

SALMOS 143:8

¿Cómo sería tu vida si tomaras el tiempo de buscar la guía de Dios en todas las cosas? Cada día es una nueva oportunidad para experimentar su misericordia de maneras nuevas y frescas. Él siempre está obrando con su poderoso amor restaurando, redimiendo, y trayendo belleza al mundo.

Aprovechemos esta oportunidad para buscar su corazón. Hazme oír cada mañana acerca de tu amor inagotable, porque en ti confío. Cuando ponemos nuestra confianza en Dios, no tenemos por qué retener nuestras peticiones de más de Él, pues Él no rechaza nuestras súplicas cuando queremos experimentar su amor de nuevo. Muéstrame por dónde debo andar, porque a ti me entrego. Nunca dejemos de buscar su sabio liderazgo en nuestras vidas y de orar sin cesar en todas las cosas.

Jesús, revélate a mí de maneras nuevas mientras te busco. Renueva la esperanza de mi corazón en tu presencia y amplía mi entendimiento de tu amor vivo. Mis ojos están puestos en ti, y confío en ti.

AMOR INEXTINGUIBLE

Las muchas aguas no pueden apagar el amor,
ni los ríos pueden ahogarlo.
Si un hombre tratara de comprar amor con toda
su fortuna, su oferta sería totalmente rechazada.

CANTAR DE LOS CANTARES 8:7

El amor de Dios es mayor que cualquier pasión que
hayamos sentido o perseguido en las relaciones humanas.
El amor es un regalo, sin importar su origen, pero el amor
de Dios es ilimitado. Jesús fue y es el amor encarnado; es
la personificación de todo lo que Dios es, y Dios es amor.

Las inundaciones y los ríos desbordados no pueden
apagar el amor de Dios. La sequía o la hambruna no
pueden agotarlo. Es más costoso que lo que nosotros
consideramos riqueza, y es más valioso que el oro. Aunque
pudiéramos intentar agotar la bondad misericordiosa de
Dios, Él nunca puede vaciarse. Es su esencia, y Él es una
fuente infinita. Que hoy nos sintamos abrumadas por la
generosidad de su amor cada vez que dirigimos nuestra
atención a Él. Él es muy bueno.

*Jesús, estoy agradecida porque el amor no es una
mercancía para comprar o vender. No es una herramienta
de control que pueda ser dosificada o retenida. Es
una extensión de tu propio ser, y estoy atrapada en su
profundidad en todo momento.*

CONFIABLE

Es mejor refugiarse en el Señor
que confiar en la gente.

SALMOS 118:8

¿Alguna vez has tenido a alguien en tu vida que sabías
que estaría ahí cuando lo necesitaras? Esa persona estuvo
ahí siempre, pasara lo que pasara. Sin embargo, incluso
cuando hacemos nuestro mejor esfuerzo, fallaremos a los
demás. Incluso cuando sus intenciones son buenas, otros
también nos fallarán.

Aunque podemos tener amigos fieles, padres cariñosos
y amantes constantes, Jesús los supera a todos. Nadie es
perfecto; solo Dios. Él es el único que nunca nos fallará.
Asegurémonos de que nuestra confianza suprema esté
donde tiene que estar: en el Señor. Es un regalo hermoso
tener personas de confianza en nuestras vidas, pero nadie
puede ser el todo de todos. Allí donde nuestra humanidad
nos limita, Jesús es inagotable. ¡Qué buenas noticias!

*Jesús, gracias por la perspectiva de hoy. Estoy agradecida
por aquellas personas en mi vida que son amigos fieles
y verdaderos. Y estoy todavía más agradecida por tu
perfecto amor que me encuentra, me sostiene y me
fortalece en medio de cualquier situación.*

EL TRABAJO DURO TIENE SU RECOMPENSA

El trabajo trae ganancias,
¡pero el solo hablar lleva a la pobreza!

PROVERBIOS 14:23

Que nunca olvidemos la importancia de cumplir nuestra palabra. Aunque podemos hablar mucho, las palabras no sirven de nada si no hay algo que las respalde. Que seamos personas de palabra, haciendo lo que dijimos que haríamos y cumpliendo con nuestros compromisos.

¿Alguna vez has mencionado querer cambiar algo en tu vida, pero te quedaste estancada? Creo que podemos afirmar con bastante seguridad que todas tenemos áreas en las que queremos mejorar. Si te encuentras hablando más sobre un objetivo que planeando y esforzándote por conseguirlo, tómate un tiempo para reevaluar tus prioridades. El trabajo trae ganancias. Cada esfuerzo constante tiene su recompensa.

Jesús, no quiero ser conocida por hablar más sobre problemas que por trabajar en ellos. No quiero ser una soñadora que no da pasos hacia sus deseos. Ayúdame a seguir adelante con trabajo duro y constancia. Sé que al final valdrá la pena.

ENFÓCATE EN EL DÍA DE HOY

No se preocupen por el mañana, porque el día
de mañana traerá sus propias preocupaciones.
Los problemas del día de hoy son suficientes por hoy.

MATEO 6:34

La preocupación es una trampa que nos ata a las incógnitas
del futuro. Si no tenemos cuidado, gastaremos nuestras
energías mentales y emocionales intentando arreglar
problemas que no están a nuestro alcance. Preocuparse no
es lo mismo que planificar; la preocupación nos hace perder
el norte, mientras que la planificación tiene un enfoque claro.
Aprendamos a enfrentar cada día tal como llegue y a lidiar
con las dificultades que surjan.

No tiene sentido intentar solucionar las incógnitas antes
de que se produzcan. El día de hoy estará lleno de
oportunidades para abrazar el momento presente, decidir
estar presentes con aquellos a los que amamos, y trabajar
duro en las tareas diarias. Que enfrentemos cada momento
con gozo, paz, presencia y oración. Acerquémonos a la
gracia de Dios que nos empodera.

*Jesús, te entrego mis preocupaciones por lo desconocido
y me aferro a lo que sí puedo hacer hoy. No me dejaré
arrastrar por el temor, porque tú eres mi centro y mi roca
firme. Dame visión y claridad mientras dependo de ti para
enfrentar cualquier dificultad o prueba que venga.*

HAY LUGAR

En el hogar de mi Padre, hay lugar más que suficiente.
Si no fuera así, ¿acaso les habría dicho
que voy a prepararles un lugar?

JUAN 14:2

¿Alguna vez te has sentido excluida? Quizá hay amigas con las que simplemente no puedes mantener una conexión debido a los diferentes ritmos de vida que llevan. O tal vez te excluyeron de una invitación en la que estabas segura de que te incluirían. Sea cual sea la causa del rechazo, debes saber que Dios nunca te dejará fuera ni te olvidará.

Hay muchas habitaciones en la casa del Padre. En su reino hay un amplio espacio para todos los que acuden a Él. No eres un pensamiento secundario para Dios; fuiste creada maravillosamente e intencionalmente a su imagen. Eres de Él y le perteneces. Él está preparando tu lugar específico en este momento. Puedes tener comunión con su amor a través de su Espíritu hoy. Míralo a Él.

Jesús, gracias por verme, conocerme y elegirme. Mi identidad está arraigada y establecida en tu amor fiel. Nunca me dejarás ir. Me estoy apoyando en ti; refresca mi corazón, renueva mi espíritu, y recuérdame quién soy en ti.

SIN REPRENSIÓN

Si necesitan sabiduría, pídansela a nuestro generoso
Dios, y él se la dará; no los reprenderá por pedirla.

SANTIAGO 1:5

Cualquier cosa que necesites hoy, puedes encontrarla sin
reprensión en el Señor. Él no te menospreciará por tus
necesidades y no te rechazará ni se burlará de tu petición.
Él da con generosidad de su reino a todos los que le
buscan. Su amor no se burla ni menosprecia a nadie.

Él es infinitamente sabio y ofrece ayuda libremente a
aquellos que le buscan. Pide a Dios lo que necesites. No
desesperes; Él no ignorará tu clamor. No está demasiado
ocupado con asuntos supuestamente más importantes;
lo que es importante para ti es importante para Él. ¡Así es
como actúa el amor! Confía en su sabiduría, especialmente
cuando te desafía. Todo lo que Él hace lo hace con amor,
y tiene una perspectiva perfectamente clara de todos los
componentes. Él ve el cuadro completo, y sabe el papel
que desempeña cada detalle.

Jesús, gracias por la sabiduría de tu Palabra. Vengo a ti
con mis preguntas y mis desafíos. Confío en tu sabiduría
más que en mi propio entendimiento. ¡Ayúdame, Señor!

LA COMUNIÓN COMO PRIORIDAD

Y no dejemos de congregarnos, como lo hacen algunos,
sino animémonos unos a otros, sobre todo ahora
que el día de su regreso se acerca.

HEBREOS 10:25

Ser parte de una comunidad produce muchos beneficios. Fuimos creadas para vivir juntas, apoyarnos mutuamente en nuestras debilidades, y animarnos en nuestros desánimos. La fortaleza de una persona puede ser la fortaleza de todos, y el dolor de una persona también es sentido por todos.

En lugar de aislarnos, especialmente en tiempos difíciles, apoyémonos en la comunidad de amigos de confianza, familiares y creyentes. Solo podemos animarnos a nosotras mismas hasta cierto punto; el ánimo que proviene de una carga compartida es un bálsamo para el alma. Busca maneras de priorizar la conexión con quienes te animan a vivir como Jesús.

Jesús, gracias por tu cuerpo de creyentes. He experimentado ánimo en la comunidad, y también desilusión. Que no deje de congregarme con aquellos que me siguen alentando en el amor, la justicia y la misericordia.

AGRADECIDA EN TODO

Den gracias por todo a Dios el Padre
en el nombre de nuestro Señor Jesucristo.

EFESIOS 5:20

¿Cuándo fue la última vez que diste gracias concretamente por las personas en tu vida? Cambiemos «todo» por «todos». Piensa en las personas que han tenido influencia en tu crecimiento. Mientras pasas tiempo en la presencia de Dios, dale gracias por ellas.

Si quieres llevar esto un paso más allá hoy, vive cada interacción con la intención de dar gracias por cada persona. Cuando estés en el supermercado, da gracias en tu corazón por el cajero. Cuando estés en una llamada de trabajo, cultiva la gratitud por la persona que está hablando contigo. Pruébalo hoy. A medida que reflexiones sobre esto más tarde, anota cómo afectó tu visión de los demás.

Jesús, quiero seguir tu amoroso ejemplo en mis interacciones con las personas, sin importar quiénes sean. Tú siempre trataste a los que te rodeaban con respeto y honor. Mientras doy gracias por todas las personas con las que me encuentre hoy, aumenta mi capacidad de mostrar compasión. Ayúdame a ver a las personas como tú las ves.

SABIDURÍA QUE SUAVIZA

Qué maravilloso es ser sabio,
poder analizar e interpretar las cosas.
La sabiduría ilumina el rostro de una persona;
suaviza la dureza de sus facciones.

ECLESIASTÉS 8:1

La luz de la sabiduría abre nuestro entendimiento y aumenta nuestra comprensión de cómo es Dios. ¡Qué maravilloso regalo! Cuando buscamos la sabiduría en lugar de buscar confirmación de nuestras opiniones, nos abrimos humildemente a crecer en los caminos de Dios.

Cuando miramos más allá de la superficie de las acciones de los demás, encontramos un historial de condicionamiento. Eso también es cierto de nosotras. Que seamos buscadoras de la verdad y reveladoras de la verdadera sabiduría que se despojan de la armadura autoprotectora que nos mantiene atrapadas en un conocimiento limitado. Confiemos en que la sabiduría de Dios siempre está ampliando nuestra capacidad para amar. El fruto de su sabiduría es nuestro crecimiento.

Jesús, gracias por tu inigualable sabiduría. No pasaré por alto tu sermón del monte y no ignoraré las palabras que dijiste. Las recibo con el alma hambrienta. Gracias por tu sabiduría que mitiga mis defensas y desafía mis prejuicios.

DEJA ESPACIO

Sean comprensivos con las faltas de los demás
y perdonen a todo el que los ofenda. Recuerden
que el Señor los perdonó a ustedes,
así que ustedes deben perdonar a otros.

COLOSENSES 3:13

Es humano equivocarse, y es natural cometer errores.
Incluso aquellos con las mejores intenciones fallarán
a otros. Todas tenemos puntos ciegos y defectos; no
olvidemos que somos tan imperfectas como cualquier
otra persona. Podemos aprender a dejar espacio para los
errores de los demás recordando que nosotras también
estamos lejos de ser perfectas. La responsabilidad tiene su
lugar, pero también la misericordia tiene el suyo.

Si no tenemos cuidado, las pequeñas ofensas pueden
levantar muros de amargura. Recordemos la profundidad y
la constancia del amor del Señor, y que Él perdona nuestras
faltas. Elijamos perdonar a aquellos que nos han hecho daño
sin quererlo; perdonemos a aquellos que nos lastimaron,
y punto. El perdón no significa conceder acceso ilimitado
a nuestras vidas, sino reconocer que no nos deben nada.
Sigamos el ejemplo del Señor y perdonemos a los demás.
En el proceso, nos liberaremos a nosotras mismas.

*Jesús, solo tú eres perfecto. Me has mostrado tu
misericordia una y otra vez. No dejes que el resentimiento
se acumule en mí, que sea consciente de la humanidad de
los demás. Ayúdame a perdonar y soltar. Confío en ti.*

RECORDATORIO OPORTUNO

Por esta razón, te recuerdo que avives el fuego
del don espiritual que Dios te dio cuando te impuse mis
manos. Pues Dios no nos ha dado un espíritu de temor
y timidez, sino de poder, amor y autodisciplina.

2 TIMOTEO 1:6-7

En este día, recuerda cómo fue cuando te entregaste
por primera vez al Señor. Retrocede en el tiempo a esos
primeros días de tu salvación. ¿Cuáles eran las alegrías, el
alivio y el enfoque de tus días? ¿Hubo dones que sabías
que Dios te había dado y que ahora, de alguna manera,
has descuidado?

No utilices este ejercicio para avergonzarte a ti misma.
Todas nos desviamos y olvidamos lo que alguna vez fue
importante para nosotras. Al mirar atrás, tal vez te des
cuenta de que ahora hay valores aún más importantes que
impulsan tu vida. Sea cual sea el caso, aviva la llama que
tienes en tu interior. Sé valiente en tu propósito y en tu
generosidad, y toma decisiones que prioricen esto para la
gloria de Dios.

*Jesús, sé que lo que más te importa es la actitud de mi
corazón y no lo que haga con mis habilidades. Quiero vivir
una vida de amor valiente y audaz, y quiero perfeccionar
sin ningún temor los dones y talentos que tengo. Elijo ser
constante. Glorifícate en mi vida mientras lo hago.*

SIN COMPARACIÓN

Pues nuestras dificultades actuales son pequeñas y no durarán mucho tiempo. Sin embargo, ¡nos producen una gloria que durará para siempre y que es de mucho más peso que las dificultades!

2 CORINTIOS 4:17

Cuando estamos nadando en un océano de dificultades, puede ser difícil recordar que ese momento en el tiempo pasará. Aunque no podemos evitar la angustia de vivir en un mundo turbulento, saldremos adelante con la gracia y la fortaleza de la presencia de Dios que nos ayudan. Él es nuestro bote salvavidas, el viento en nuestras velas, y el capitán más hábil que puedas imaginar.

Sea lo que sea que estés enfrentando hoy, sigue adelante. Sigue apoyándote en la esperanza eterna de Jesús que está contigo. Ora y pide una esperanza renovada. Pide visión para vislumbrar el peso eterno de gloria que se está preparando. Hay cosas extraordinarias por delante que cualquier cosa que hayas dejado atrás.

Jesús, gracias por tu presencia prometida que va conmigo siempre. Tu Espíritu es mi guía, mi ayuda y mi fuerza. Confío en ti. Dependo de ti para superar los desafíos de la vida, aunque no estoy exenta de rasguños, mas crezco en gracia, amor y alegría. Gracias, Señor.

DEJA QUE ÉL TE HONRE

Así que humíllense ante el gran poder de Dios y,
a su debido tiempo, él los levantará con honor.

1 Pedro 5:6

Jesús declaró que aquel que quiera ser el primero en el reino de Dios debe convertirse en siervo de todos (Marcos 9:35). Jesús fue ejemplo de esto con su vida, ministerio, muerte y resurrección. Se convirtió en siervo de toda la humanidad y ofreció compasión, con humildad, a personas de todos los estratos de la sociedad. No mostró favoritismo ni excluyó a nadie basándose en su posición social.

Sigamos el ejemplo de Cristo, así como la amonestación de Pedro, y humillémonos ante el gran poder de Dios. Cuando servimos a los demás con humildad, sin considerar que somos demasiado buenas para algo o para alguien, practicamos el amor entregado de Jesús. No debemos preocuparnos por destacar cuando vivimos con integridad, honor y misericordia. Dios lo hará en el momento adecuado.

Jesús, tú eres el Rey humilde, y quiero vivir como un reflejo de tu gran bondad y compasión. No me alejaré de tareas o personas que desafíen mis prejuicios. Me acercaré con amor y humildad, como tú lo harías.

AUN CUANDO
TENGA MIEDO

Pero cuando tenga miedo,
en ti pondré mi confianza.

SALMOS 56:3

El miedo es parte de la vida. Fuimos creadas con respuestas a las amenazas ya incorporadas. No se trata de saber si el miedo tocará a las puertas de nuestras vidas, sino más bien cuándo lo hará. ¿Qué haremos con él cuando llegue? Una de las frases más repetidas de Dios a su pueblo en toda la Escritura es: «No temas». ¡Aparece 365 veces en la Biblia!

¿Por qué iba Dios a darnos el mandamiento de no ceder ante el miedo más veces que ningún otro, a menos que fuera porque se nos presentarán muchísimas oportunidades para hacerlo? Jesús también lo dijo muchas veces cuando alentaba a sus amigos. En lugar de ceder al miedo cuando surge en nosotras, aprovechemos cada oportunidad para superarlo y entreguémonos a la gracia de Dios que nos da las fuerzas para seguir adelante.

Jesús, sabes cuán propensa he sido al miedo. No quiero que gobierne mis decisiones ni me mantenga atrapada en un círculo de autoprotección. Donde el miedo pareciera que quiere amilanarme, ayúdame a elegir tu amor que me invita a soñar en grande y a aferrarme a la promesa de que estás conmigo en todo momento.

NUEVA

Todo el que pertenece a Cristo se ha convertido
en una persona nueva. La vida antigua ha pasado;
¡una nueva vida ha comenzado!

2 Corintios 5:17

Cuando piensas en las razones por las cuales Jesús vino a
la tierra, ¿qué viene a tu mente? Tómate un momento para
enumerarlas, ya sea en tu mente o por escrito. No existen
respuestas correctas o incorrectas; simplemente deja que
los pensamientos fluyan según lleguen. Una vez que los
veas enumerados, puedes evaluar tus pensamientos.

¿Incluye la lista de razones algo personal para ti, o es
todo general e impersonal? ¿Están en consonancia esas
cosas con lo que realmente crees en lo profundo de tu
corazón acerca de Dios, o reflejan el condicionamiento de
tu crianza, cultura o doctrina religiosa? Probablemente
sea una combinación de ambas cosas. Tómate en serio el
versículo del día, que dice que «todo el que pertenece a
Cristo se ha convertido en una persona nueva». Jesús vino
no solo para mostrarnos el camino al Padre, sino también
para hacernos nuevas. Él te hace nueva. Eres una nueva
creación en Cristo.

*Jesús, gracias por tu sacrificio. Gracias por el amor
incomparable que mostraste y sigues mostrando en tu
bondad y misericordia. Gracias por hacerme nueva. No
estoy atada al pecado, sino que tengo vida y soy libre en ti.*

EL LUGAR DONDE ÉL HABITA

Honor y majestad lo rodean;
fuerza y gozo llenan su morada.

1 Crónicas 16:27

En el salón del trono del Rey del cielo hay más esplendor y gloria de lo que podamos imaginar. Donde Él habita hay una luz radiante. La majestuosidad de su presencia hace que todos se arrodillen. Saber que la fuerza y el gozo llenan su morada, ¿te inspira a buscarlo?

La buena noticia es que tenemos acceso a su presencia aquí y ahora. No tenemos que esperar para experimentar su fuerza, gracia y alegría. Su perfecta paz se encuentra en la comunión del Espíritu con nuestro espíritu. Cuando estamos unidas al Espíritu de Cristo, como dice Pablo en Romanos 8, Cristo está vivo en nosotras. Que siempre estemos rendidas a su amor, viviendo para los propósitos de su reino, y dirigidas por el Espíritu que nos guía desde dentro.

Jesús, realmente no hay nadie como tú. Deseo con anhelo el momento en que se me quiten todas las vendas de los ojos y pueda verte y conocerte plenamente así como tú me conoces a mí. Hasta ese día, buscaré tu presencia y tu reino por encima de todo.

SOBRE TODO

Sobre todo, ámense los unos a los otros profundamente,
porque el amor cubre muchísimos pecados.

1 Pedro 4:8 nvi

Independientemente del número de veces que lo intentemos y fallemos o nos equivoquemos, siempre hay un camino para volver a estar conectadas. La restauración siempre es por medio del amor. No se trata de un amor que busca excusas o el camino fácil, ni tampoco es un amor que no puede admitir sus propios errores.

El amor humilde que va más allá de nuestra zona de confort y el orgullo se extiende hacia los demás. Asume la responsabilidad y pide ayuda, elige la vulnerabilidad en lugar del control, y se expande en lugar de contraerse. Este tipo de amor profundo, el amor que nos cuesta algo, es lo que cubre una multitud de pecados y nos permite volver a conectar los unos con los otros.

Jesús, gracias por el ejemplo de tu amor lleno de vida que nunca se rinde, nunca pierde la esperanza, y nunca deja de perseguirnos. Quiero ser más como tú. Dame la fuerza para elegir la humildad por encima del orgullo, la compasión por encima de la autoprotección, y la ternura por encima de un corazón endurecido.

BONDAD INNATA

Porque todo lo que Dios ha creado es bueno y nada es despreciable si se recibe con acción de gracias.

1 TIMOTEO 4:4 NVI

Cuando nos volvemos excesivamente estrictas con nosotras mismas y con los demás, podemos estar precipitando que las cosas se volteen radicalmente. Cuando reconocemos que Dios no trata con nosotras con reglas rígidas y no intenta manipularnos con su amor, podemos liberarnos de las vallas que con tanto empeño construimos alrededor de nuestro entendimiento.

Que aprendamos a ver la belleza de lo que Dios ha creado junto con las diferentes expresiones de su bondad. El amor nos llama a salir de nosotras mismas en lugar de quedarnos dentro de las paredes de nuestra comodidad. Que aprendamos a amar la libertad que Cristo nos ha dado, porque hay bondad por todas partes que podemos recibir con corazones agradecidos.

Jesús, eres mi Libertador y mi Salvador. No quiero ser tan legalista en mi entendimiento de ti y de tu reino que lo reduzca a un montón de reglas a seguir. Los valores de tu reino son principios que quiero aplicar en mi vida. Ayúdame, Señor, a vivir con el fruto de tu Espíritu mientras me apoyo en tu amor liberador.

CONFIANZA

Tu Padre sabe exactamente lo que necesitas,
incluso antes de que se lo pidas.

MATEO 6:8

Si alguna vez te has sentido pasada por alto o invisible,
o has tenido escasez cuando otros parecen tener
abundancia, recibe en tu corazón hoy las palabras
de Jesús. Nuestro Padre sabe exactamente lo que
necesitamos incluso antes de que pensemos en pedírselo.

No nos dejará en la miseria ni ignorará el clamor de
nuestros corazones. Él lee nuestras almas como libros
abiertos, y capta cada matiz y cada detalle. En su reino,
que está lleno de abundancia, hay más que suficiente para
satisfacer cada una de nuestras necesidades. Al acercarnos
a Él en oración, tengamos esperanza y cobremos aliento al
saber que Él conoce nuestras situaciones.

*Jesús, gracias por ser mi defensor. Ves cada necesidad
que tengo antes de que me dé cuenta que está ahí. No
pasas por alto mis problemas, ni mis deseos. No ocultaré
hoy de ti ningún rincón de mi corazón.*

CAPACIDAD VERDADERA

No es que nos consideremos competentes
en nosotros mismos.
Nuestra capacidad viene de Dios.

2 Corintios 3:5

Aunque podamos tener muchos dones y talentos
que ofrecer a este mundo, hay alguien que tiene más
capacidades. Nuestras fortalezas no añaden nada a
las suyas. Afortunadamente, eso significa que nuestras
debilidades tampoco restan poder al suyo.

Aprovechemos la presencia de Dios que nos capacita y
llenémonos de su gracia y fuerza en cada momento de
necesidad y en cada victoria. No necesitamos hacer de
menos nuestra parte, ni tampoco darle una importancia
exagerada. La capacidad verdadera fluye del Espíritu de
Dios que actúa en nosotras. ¡Alabado sea Dios!

*Jesús, tú me das la capacidad que necesito. En ti confío.
Cuando soy fuerte, tú eres más fuerte. Cuando soy
débil, tú sigues siendo poderoso. Muévete a través de mí
mientras dependo de ti. Tú eres mi fuente en todas las
cosas, porque mi origen está en tu corazón.*

FIRME

Pero el Señor es fiel; él los fortalecerá
y los protegerá del maligno.

2 Tesalonicenses 3:3

Aunque podemos elegir cómo construir nuestras
vidas (los valores por los que vivimos, las metas
que buscamos alcanzar, y el esfuerzo constante que
hacemos para lograrlas), habrá momentos en los que
sentiremos que todo a nuestro alrededor se desmorona.
Todas enfrentaremos problemas inesperados, como un
diagnóstico, una muerte, un corazón roto o un cambio de
carrera profesional.

Cuando eso sucede, no podemos depender de nuestra
propia fuerza para salir adelante. Cuando nuestras
piernas tiemblan, no podemos fingir tener la fuerza para
mantenernos de pie. En esos momentos, confiemos en la
fidelidad del Señor, sabiendo que Él nos colocará sobre un
fundamento sólido hecho por Él mismo. Debemos permitir
que Él sea nuestro defensor y nuestro abogado. Su
misericordia es poderosa para romper barreras, y su amor
es fiel e inagotable.

*Jesús, gracias por afirmar mis pies en tu amor cuando
estoy titubeando. Gracias por ser un fundamento seguro,
un lugar de refugio, y todo lo que necesito. Confío en ti.*

MIRA A CRISTO

Cuídense de que nadie los cautive con la vana y
engañosa filosofía que sigue tradiciones humanas,
la que está de acuerdo con los principios de este
mundo y no conforme a Cristo.

COLOSENSES 2:8 NVI

Vienen días mejores de lo que podemos imaginar. Cuando
Cristo regrese y toda rodilla se doble delante de Él, hará
que todas las cosas se alineen en su amor infinito. Habrá un
cumplimiento final de sus promesas, y culminará nuestra
esperanza con la realidad de su poder de resurrección.

Podemos gustar y ver la bondad de Dios a través de
Cristo en este mismo momento. Miremos a Jesús más
que a cualquier otro maestro. En Él hay verdad, vida y
libertad, es nuestra máxima autoridad y nuestro Rey. No
nos distraigamos con ideologías insípidas que se centran
en cosas que Cristo nunca hizo. Él es la expresión viva del
Padre, así que mirémoslo a Él.

Jesús, quiero que mi mente se renueve en tu amor vivo.
Por favor, derriba las mentiras en las que sutilmente he
creído. No quiero perderte por estar demasiado consumida
por la religiosidad; enséñame mientras te busco.

ÉL NUNCA ACTÚA MAL

Él es la Roca; sus obras son perfectas.
Todo lo que hace es justo e imparcial.
Él es Dios fiel; nunca actúa mal.
¡Qué justo y recto es él!

DEUTERONOMIO 32:4

Dios no es un mentiroso ni un estafador. No es ególatra, ni vengativo ni adicto al poder ni inseguro. No tiene ninguno de los rasgos que tienen las personas que miran a los demás por encima del hombro buscando su propio beneficio. Él es puro amor.

Con esto en mente y sabiendo que Dios nunca actúa mal, ¿podemos reconocer áreas en las que hemos asignado atributos falsos al carácter de Dios? Él es ilimitado en misericordia y bondad. Es poderoso en justicia. No arroja ovejas a los lobos esperando que algunas se salven; Él se preocupa por los más necesitados. Tiene poder para salvar.

Jesús, tú eres perfecto y todos tus caminos son justos. Confieso que no he creído eso acerca de ti en todas las áreas. Refina mi comprensión en la profundidad de tu amor. Transforma mi mente con tu maravillosa sabiduría. Gracias.

ESPERANZA FIRME

Dios lo hizo todo hermoso para el momento apropiado.
Él sembró la eternidad en el corazón humano, pero aun
así el ser humano no puede comprender todo el alcance
de lo que Dios ha hecho desde el principio hasta el fin.

ECLESIASTÉS 3:11

Si sientes que otras personas te han dejado atrás,
encuentra ánimo hoy en el tiempo perfecto de Dios. Si
otros están entrando en nuevas etapas de la vida que tú
has estado anhelando, no dejes que la envidia nuble tu
visión. Tu historia es única, y tu tiempo no se ha demorado.

No podemos ver el alcance de la obra de Dios, porque
solo vemos y conocemos en parte. Él no pasa por alto
ningún detalle, y tiene en cuenta el cuadro completo. No
te ha olvidado. Si estás en una temporada de espera, sigue
haciendo lo que tienes delante de ti para hacer. No es
inútil; hasta la tierra entra en estado latente en el invierno.
Todas las temporadas tienen un propósito, y Dios está
obrando en los detalles de tu vida.

*Jesús, pongo mi vida en tus manos, porque confío en
ti. Dame una mejor comprensión de tus tiempos, y
permíteme ver lo que estás haciendo en los rincones de mi
vida mientras vivo con intencionalidad. Anima mi corazón
en la esperanza. Que mis ojos permanezcan fijos en ti
como el perfeccionador de mi fe.*

GLORIA RADIANTE

Este es el mensaje que hemos oído de él
y que anunciamos: Dios es luz
y en él no hay ninguna oscuridad.

1 JUAN 1:5 NVI

El carácter de Dios nunca cambiará; su naturaleza no sufre alteraciones. Él es amor vivo, está lleno de luz radiante, y da vida a todos los que son tocados por sus destellos. No hay oscuridad en Él, porque existe en una gloria irradiante.

Mientras caminamos por valles oscuros, la luz de Dios no se atenúa. Él ve todo con claridad, y no permitirá que tropecemos mientras estemos dependiendo de su guía. Nos cargará en sus brazos cuando no tengamos fuerzas para movernos, y nos fortalecerá cuando tengamos hambre y estemos cansadas. Aunque no podamos evitar la oscuridad de las temporadas nocturnas de la vida, las estrellas brillan intensamente hasta en las noches más oscuras. Todavía hay luz, porque Él sigue brillando.

Jesús, cuando no pueda ver el camino frente a mí, ilumina mi sendero con tu sabiduría. Sé mi ayuda y mi guía cuando no sepa por dónde ir. Te necesito, te adoro, y estoy muy agradecida por tu presencia permanente en mi vida.

UNIDAS A JESÚS

Pues somos la obra maestra de Dios.
Él nos creó de nuevo en Cristo Jesús, a fin
de que hagamos las cosas buenas que preparó
para nosotros tiempo atrás.

EFESIOS 2:10

Cuando vivimos nuestras vidas de la mano con Jesús, Él entreteje los versos de nuestros días para formar un hermoso poema. Nuestras vidas no son tanto como hojas de cálculo, sino más bien como obras de arte. Que aprendamos a deleitarnos en las sorprendentes maneras en que la belleza se manifiesta a través de su obra redentora en nuestras vidas.

Hay mucho bien que hacer aquí y ahora, y su gracia es más que suficiente para ayudarnos en cada desafío. Los problemas que enfrentamos tienen solución, pero hasta que se resuelvan tenemos la presencia de Dios para ayudarnos a persistir y a seguir amando a los demás. Que tengamos ojos para ver lo intrincadamente entretejidas que estamos en el lienzo de su misericordia.

Jesús, me deleito en la obra que realizas en mi vida. Gracias por perseguirme con propósito y por resucitarme con tu amor una y otra vez en tu presencia. Tú eres mi alegría, y mi vida es tu obra maestra. Sé glorificado en ella.

DEJA QUE EL SEÑOR CONSTRUYA

Si el Señor no construye la casa, el trabajo de los
constructores es una pérdida de tiempo.
Si el Señor no protege la ciudad,
protegerla con guardias no sirve para nada.

SALMOS 127:1

¿Qué define tu ética de trabajo? ¿Es el miedo a no tener
lo suficiente? ¿Tienes como motivación proveer para tu
familia mientras dejas un impacto en tu comunidad? ¿Es
para alimentar los sueños que esperas cumplir algún día?
Sea cual sea la respuesta, la gracia de Dios está contigo
para ayudarte a construir. Su misericordia está presente
para cuidar tu hogar y tu comunidad.

En las áreas en las que el miedo te impulsa, tómate el
tiempo para reevaluar y someterte a la provisión del Señor.
El descanso es tan importante para tu éxito como el
trabajo duro. Ser constante y seguir adelante sin olvidar el
ocio, el descanso y el placer ayudará a que tu vida refleje
la misericordia de Dios. Él es capaz de hacer mucho más
de lo que puedes hacer sola, así que únete a Él y confía en
que llenará los vacíos que se te escapen.

*Jesús, empodérame con tu gracia. Ayúdame a que mi vida
te glorifique y ejemplifique tu amor. Quiero invertir más en
mis relaciones que en mi cuenta bancaria. Guíame con tu
sabiduría y abrázame con tu misericordia.*

VIVIR EN LIBERTAD

Cristo nos libertó para que vivamos en libertad.
Por lo tanto, manténganse firmes y no se sometan
nuevamente al yugo de esclavitud.

GÁLATAS 5:1 NVI

En Juan 8 Jesús dice que, cuando pecamos, no somos libres. Continúa diciendo: «si el Hijo los hace libres, ustedes son verdaderamente libres» (Juan 8:36). Deberíamos vivir como las hijas de Dios que somos y ser libres. Cuando permitimos que el pecado vuelva a ser nuestro amo, nos cargamos de nuevo con un yugo de esclavitud del que Él ya nos liberó.

Cuando el amor es nuestra motivación, somos hechas libres del miedo, la vergüenza y las limitaciones, y nos alineamos con los valores del reino de Cristo. Cuando vivimos con una misericordia que va más allá de lo que podemos comprender, una compasión que se extiende más allá de nuestra zona de confort, y una sabiduría que establece límites claros para mantener nuestros valores en su lugar, practicamos la libertad de su amor.

Jesús, gracias por la libertad que me has dado. No permitiré que la vergüenza me mantenga atrapada en ciclos de pecado de los que ya me has liberado. Me sumerjo en tu amor liberador, y decido conectar contigo y con los demás.

UNA VERDAD CORTANTE

Sin duda, la palabra de Dios es viva, eficaz y
más cortante que cualquier espada de dos filos.
Penetra hasta lo más profundo del alma y del espíritu,
hasta la médula de los huesos, y juzga los pensamientos
y las intenciones del corazón.

HEBREOS 4:12 NVI

La Palabra de Dios está llena de sabiduría que nos enseña.
En Juan 1:1, se hace referencia a Jesús como la Palabra.
«En el principio la Palabra ya existía. La Palabra estaba con
Dios, y la Palabra era Dios».

Jesús está vivo y obrando. Él es más cortante que cualquier
espada de dos filos, y puede penetrar hasta las partes más
profundas de nuestros corazones para separar el alma y
el espíritu. Él juzga los pensamientos y las actitudes de
nuestros corazones. Cuando Él habla, hay claridad; cuando
se mueve, nosotras respondemos. En su sabiduría, hay
mucha profundidad de conocimiento. Él aclara nuestra
confusión y arroja luz sobre las sombras de nuestro
entendimiento para que podamos percibir su voluntad.

*Jesús, gracias por la verdad de tu Espíritu que vive en mi
vida. Muévete en mí. Traspásame con tu verdad y separa
de tu realidad inquebrantable las mentiras que he creído,
los conceptos erróneos que tengo y los malentendidos.*

MAYO

El Señor mismo peleará por ustedes.
Solo quédense tranquilos.

Éxodo 14:14

PERSEGUIDAS POR LA PAZ

Y que la paz que viene de Cristo gobierne
en sus corazones. Pues, como miembros de un mismo
cuerpo, ustedes son llamados a vivir en paz.
Y sean siempre agradecidos.

COLOSENSES 3:15

A Jesús se le conoce como el Príncipe de Paz. Está lleno
de claridad y calma, y no puede ser perturbado por el
mundo agitado que se apresura a sacar conclusiones
y es rápido para desestimar otros puntos de vista. Su
paz unifica; no divide. Promueve la comprensión entre
las personas con compasión y empatía. Es bondadosa,
misericordiosa y verdadera.

Deja que esa paz, la paz de Cristo, gobierne tus
pensamientos. Sé una agente de paz mostrando amor por
medio de tu bondad. Reduce la velocidad de tus reacciones
cuando te encuentres juzgando apresuradamente a alguien
a quien no has dedicado tiempo a escuchar. Que el amor
guarde tu corazón. Que la paz mantenga tu mente enfocada
en los valores del reino de Cristo, que nunca caducan ni se
quedan obsoletos.

*Jesús, gracias por la paz que tengo en tu presencia. Calma
mis pensamientos ansiosos. Encuéntrame con tu sabiduría
y paz, haz que mi corazón se aquiete, y sea siempre
constante. Confío en ti y me someto a tus caminos por
encima de los míos.*

CRECIMIENTO SALUDABLE

Y los que procuran la paz sembrarán semillas de paz
y recogerán una cosecha de justicia.

SANTIAGO 3:18

La sabiduría de Dios se encuentra entre las personas que trabajan por la paz. Las conductas que promueven la paz no se tambalean ni ceden ante la presión de las voces de otros, aunque griten. Los pacificadores continúan extendiendo la misericordiosa bondad de Dios, y no se rinden fácilmente.

El trabajo de promover la paz produce una hermosa cosecha de justicia. Aprendamos a entregarnos a ello y no cansarnos. Cuando seguimos el ejemplo de Jesús, caminamos por los senderos de su reino que están llenos de sabiduría celestial. Sigamos amando, persiguiendo la paz, y haciendo lo que es correcto ante los ojos del Señor.

Jesús, gracias por tu ejemplo de paz que no muestra prejuicios ni hipocresía. Gracias por la pureza de tu sabiduría que nos humilla y nos enseña. Soy tu alumna dispuesta, tu seguidora y tu amiga.

BUSCARLO DE TODO CORAZÓN

Me buscarán y me encontrarán cuando
me busquen de todo corazón.

JEREMÍAS 29:13 NVI

Si realmente deseamos algo, haremos lo que sea necesario para alcanzarlo. Nuestros deseos no solo nos mantienen soñando; también nos motivan a perseguir la realidad de esos sueños. Asegurémonos de que realmente estamos trabajando para conseguir lo que queremos en la vida. Con intención y persistencia, al seguir siendo constantes y trabajando duro, encontraremos lo que estamos buscando.

Dios dijo que, cuando lo busquemos con todo nuestro corazón, lo encontraremos. ¿Cuánta atención le damos a Él? ¿Cuánto tiempo reservamos para orar, meditar en su Palabra y tener comunión con Él en su presencia? Cuando lo busquemos, lo encontraremos. Hagámoslo hoy.

Jesús, hoy te busco con todo mi corazón. Estoy dispuesta a recibir tu instrucción y tu sabiduría. Quiero conocerte más. Quiero adorarte en espíritu y en verdad. Revélate a mí mientras te busco.

A SU CUIDADO

Me diste vida y me mostraste tu amor inagotable,
y con tu cuidado preservaste mi vida.

JOB 10:12

¡Qué glorioso es el Dios que nos ha creado! A su imagen, la imagen a la que fuimos creadas, encontramos una bondad que alimenta nuestra paz y alegría. Estando a su cuidado, Él nos vigila y nos mantiene cerca de su fiel amor. Él es la fuente misma de nuestra vida, y no oculta su misericordia de quienes se acercan en busca de ayuda.

¿Qué te preocupa hoy? ¿Estás cansada y no sabes por qué? Recibe la bondad que está disponible a través de la comunión con el Espíritu de Dios. Él está contigo ahora; listo para escuchar y ayudar. Se preocupa por ti más de lo que puedes imaginar. Su maravillosa misericordia está lista para aliviar tu corazón cargado con milagros de tierna bondad. Sigue adelante, dirige tu atención a Él, y descubre lo mucho que Él se interesa por ti.

Jesús, gracias por tu presencia a través de tu Espíritu. Levanta la pesadez de mis ansiedades y la carga de mi cansancio. Anhelo descansar en tu presencia, renovarme en tu alegría, y encontrar alivio en tu amor. Muéstrame lo mucho que te interesas por mí.

RIQUEZAS SECRETAS

Te daré tesoros escondidos en la oscuridad,
riquezas secretas. Lo haré para que sepas
que yo soy el Señor, Dios de Israel,
el que te llama por tu nombre.

Isaías 45:3

Sin importar la temporada del alma en la que te encuentres, siempre hay tesoros que descubrir y alegrías por encontrar. En el reino de nuestro Dios, hay un almacén de riquezas que nunca se agotan. Él es el Dios que nos sorprende con la misericordia de su corazón una y otra vez. Hay sabiduría para instruirnos, belleza que nos deja sin aliento por el asombro, y profunda paz para tranquilizar nuestros corazones.

Donde sea que estés hoy, Dios está contigo. Él está lleno de amor para derramarlo sobre ti y en ti. ¡No le falta nada! ¿Necesitas fuerza? Él tiene gracia para ti. ¿Necesitas visión? Él tiene sabiduría para impartir. ¿Necesitas esperanza? Él tiene fidelidad con la que puede animarte. Disfruta del banquete de la plenitud de su presencia, y encontrarás riquezas secretas que te sorprenderán.

Jesús, revela hoy en mi vida tus tesoros escondidos. Sé que hasta de los escombros de mi historia puedes cultivar jardines gloriosos. Quiero disfrutar del banquete de tu fidelidad en este día. Abre mis ojos y muéstrame los dones que ofreces.

TODO SE DESCUBRIRÁ

Pues todo lo secreto tarde o temprano se descubrirá,
y todo lo oculto saldrá a la luz
y se dará a conocer a todos.

Lucas 8:17

Aunque vivimos en un mundo lleno de misterios aún por descubrir, a Dios no le sorprende nada. Él ve todo con claridad. Algún día nosotras también lo veremos de esa manera, en la luz plena de su gloria. Tienes que saber esto: ningún secreto que intentes ocultar permanecerá así para siempre. Vive con integridad, honestidad, humildad y misericordia. No te arrepentirás si lo haces.

No olvides la maravillosa misericordia de Dios que cubre tu pecado y tu vergüenza. En Él, todo lo malo será corregido; Él es tu salvación y tu refugio. Si el poder de su resurrección es suficiente para romper el poder de la muerte, por supuesto que también lo es para librarte de tus temores. Cuando vives en la luz, de la misma forma que Dios habita en la luz, no tienes nada que temer y ciertamente nada que ocultar.

Jesús, gracias por el poder de tu redención en mi vida. Quiero vivir con integridad y no ocultar nada en la vergüenza o el temor. Sé que tu amor me libera. Mientras busco restauración en áreas donde realmente la necesito, sé que me ayudarás.

DIRIGIDAS POR EL AMOR

Pero cada día el Señor derrama
su amor inagotable sobre mí,
y todas las noches entono sus cánticos
y oro a Dios, quien me da vida.

SALMOS 42:8

Cuando el Señor dirige su amor, envía su río interminable para que se derrame sobre nosotras. Ninguna de nosotras puede escapar de su poder. ¿Alguna vez has pensado en el hecho de que el amor de Dios es un río interminable? Nos alcanza, nos baña y nos cubre todos los días de nuestras vidas.

Toma un momento para enfocar tu atención en la cercanía de su amor. Te encuentra con abundancia justo donde estás en este momento. Él canta sobre ti con canciones de amor, ¡oh, cuánto te ama! Le importa más quién eres que lo que haces, y está lleno de compasión hacia ti. No te ha dejado ni te dejará. Está aquí, ahora, con la generosidad de su misericordia y su bondad. Él nunca se detiene y nunca te dejará ir.

Jesús, gracias por tu amor por mí que me abruma. No importa las veces que falle o las veces que otros me fallen, tú nunca lo harás. Dirige mi atención de nuevo a tu amor cuando me distraiga la decepción. Te amo.

NO TE AFERRES

Si tratas de aferrarte a la vida, la perderás,
pero si entregas tu vida por mi causa, la salvarás.

MATEO 16:25

Cuando nos aferramos demasiado a nuestras ideas sobre cómo será el futuro, quedaremos decepcionadas. Nada resulta exactamente como esperamos. Debemos dejar espacio para que Dios trabaje a través de las pruebas inesperadas de la vida tanto como lo hace a través de las victorias ganadas con esfuerzo.

Cuando aflojamos el control que tenemos sobre nuestras vidas y renunciamos a la ilusión de controlar cada aspecto de nuestro futuro, hacemos espacio para confiar con seguridad en la fidelidad de Dios. Seamos flexibles en nuestras expectativas y, al mismo tiempo, tengamos plena confianza en la capacidad de Dios. Él puede hacer mucho más de lo que podríamos pensar, imaginar o pedir.

Jesús, renuncio a la necesidad de controlar cómo creo que debería ser mi vida. No puedo escapar de lo desconocido que me espera en mi camino, pero a ti no te sorprende nada. Confío en que me guiarás, y me someto voluntariamente a tu dirección a través de todo ello.

ES POSIBLE

Todo lo puedo hacer por medio de Cristo,
quien me da las fuerzas.

FILIPENSES 4:13

En nuestra humanidad tendremos muchas limitaciones.
Necesitamos hacer que el descanso sea parte de
nuestras vidas. A veces, una enfermedad inesperada
nos saca de nuestra rutina normal y nuestro cuerpo no
puede hacer lo que solía hacer. Nuestro vigor podría
sufrir. Necesitamos descanso. No fuimos creadas para
llevar nuestros cuerpos y mentes al límite, y no es
piadoso trabajar hasta agotarnos.

No hay necesidad de adelantarnos a los acontecimientos
y sentirnos abrumadas por todo lo que no podremos
hacer hoy. En lugar de eso, podemos enfocarnos en lo que
sí nos corresponde hacer en este día. ¿Cuál debería ser
el próximo pequeño paso? Apóyate en la sabiduría y las
fuerzas de Cristo, quien te ayudará a enfrentar cada paso
a medida que llegue. Con su ayuda puedes hacerlo.

*Jesús, gracias por estar conmigo tanto en los pasos
insignificantes como en los grandes saltos de la vida.
Necesito tu gracia y tus fuerzas para ayudarme a
enfocarme en lo que me corresponde hacer hoy. Por favor,
dame visión y concentración; sé tú mi ayuda. Gracias.*

LOS BENEFICIOS DE LA SABIDURÍA

Las palabras sabias producen muchos beneficios,
y el arduo trabajo trae recompensas.

PROVERBIOS 12:14

La sabiduría de Dios no se encuentra solamente en las Escrituras. Se encuentra en la compasión práctica de un amigo que se interesa, en la mano amiga de un desconocido, o en cuidar a los demás. La sabiduría no nos aleja de la simple verdad de Jesús; nos ayuda a ponerla en práctica en nuestras vidas.

¿Cuándo fue la última vez que unas palabras sabias te llegaron hasta lo más profundo y cambiaron tu perspectiva? Podría ser un cambio grande o uno pequeño y sutil. Cualquier avance hacia la paz, la compasión, la alegría, la solidaridad o la confianza sólida presume de la sabiduría del reino de Dios. Hay una recompensa para todos los que siembran semillas de paz. Hay una cosecha para aquellos que trabajan en los campos de la justicia. Deja que la sabiduría, junto con el trabajo duro, dirija tu enfoque hoy.

Jesús, gracias por las aplicaciones prácticas de tu sabiduría. Lo que enseñas no es complicado. Lo que instruyes no está fuera de mi alcance. Me apoyo en tu gracia y avanzo con un corazón dispuesto. Con manos listas, trabajaré contigo para llevar a cabo tus propósitos.

ALEGRÍA EN EL REFUGIO

Pero que se alegren todos los que en ti se refugian;
que canten alegres alabanzas por siempre.
Cúbrelos con tu protección, para que todos los que
aman tu nombre estén llenos de alegría.

SALMOS 5:11

Ya hay suficientes cosas en el mundo que nos causan dolor.
Hay naciones y tribus en guerra, así como divisiones y
actos de injusticia que suceden a nuestro alrededor. Dios
no prometió que no experimentaríamos dolor, sufrimiento
o pérdida, pero sí promete estar con nosotras en medio de
todo eso, librarnos y ser nuestro guía amoroso.

¿Dónde encuentras tu refugio? ¿Dónde experimentas la paz?
Cuando las preocupaciones de esta vida son demasiado
difíciles de soportar, ¿dónde las pones? Oremos no solo por
nuestro propio alivio y protección, sino también por otros
que están sufriendo. Busquemos formas de avanzar el reino
de Dios extendiendo nuestra protección sobre los vulnerables
cuando podamos. El alivio de otros se convertirá en gozo, y
compartiremos su alegría.

*Jesús, he encontrado alivio y descanso en tu presencia.
Oro por aquellos que no tienen escapatoria hoy. Por favor,
sé su cobertura y su ayuda. Extiende tus alas sobre ellos.
Muéstrame cómo puedo colaborar contigo para hacer lo
mismo, y ayúdame a llevar alegría a aquellos que se han
visto abrumados por el dolor.*

VER A NUESTRO ALREDEDOR

Pues, desde la creación del mundo,
todos han visto los cielos y la tierra.
Por medio de todo lo que Dios hizo, ellos pueden ver
a simple vista las cualidades invisibles de Dios: su poder
eterno y su naturaleza divina. Así que no tienen ninguna
excusa para no conocer a Dios.

ROMANOS 1:20

El Salmo 19 dice: «Los cielos proclaman la gloria de Dios y
el firmamento despliega la destreza de sus manos. Día tras
día no cesan de hablar; noche tras noche lo dan a conocer.
Hablan sin sonidos ni palabras; su voz jamás se oye. Sin
embargo, su mensaje se ha difundido por toda la tierra y
sus palabras, por todo el mundo».

¿Cuándo fue la última vez que pasaste tiempo en la
naturaleza y prestaste atención a las maravillas de la
creación a tu alrededor? Ya fuera ayer o hace diez años
atrás, fíjate en cómo la luz del sol juega con los objetos
que toca, dejando también sus sombras, o cómo el viento
danza entre las ramas de los árboles y sus hojas. Busca las
pistas de la obra creativa de Dios. ¡Está a la vista de todos!

*Jesús, gracias por la belleza de tu creación. Que pueda
conocerte más, amarte más y buscarte más por lo que
vea en la naturaleza hoy. Eres un Dios creativo, y te doy
gracias por compartir tu obra con nosotros.*

SELLO DE AMOR

Ponme como un sello sobre tu corazón,
como un sello sobre tu brazo.
Pues el amor es tan fuerte como la muerte,
y sus celos, tan duraderos como la tumba.
El amor destella como el fuego
con la llama más intensa.

CANTARES 8:6

El amor de Dios es como un incendio ardiente que arrasa con las tierras afectadas por la sequía. No se rinde. Es como las poderosas aguas del océano que se levantan con la fuerza de un tsunami, cubriendo todo a su paso. Sin embargo, el amor no destruye como lo hacen los incendios y las inundaciones. Su amor lo abarca todo, pero en lugar de producir muerte, produce vida.

Este amor feroz es el mismo amor que te alcanza hoy. No es débil ni frágil; no es inseguro ni caprichoso. Es constante, es fuerte, y es más que suficiente para todas tus necesidades. Deja que el amor de Dios te inunde. No luches; entrégate a Él. En sus profundidades encontrarás amor, alegría, paz, paciencia, bondad y poder más que suficientes. Encontrarás todo lo que buscas.

Jesús, gracias por dejarte impulsar por el amor. Te llevó más allá de los límites del cielo, a la tierra, al sepulcro, y finalmente, de regreso a tu trono. Que tu pasión me impulse, Señor. Que esté encendida por ti y tus propósitos.

CONFIANZA EN LA CRISIS

Porque el Señor es tu seguridad.
Él cuidará que tu pie no caiga en una trampa.

PROVERBIOS 3:26

Cuando la crisis golpea, que Dios sea tu confianza. Cuando lleguen los problemas inevitables, que puedas encontrar paz en el corazón de Dios. Jesús nos enseñó a no afanarnos por nada, porque el Padre proveerá para todas nuestras necesidades. Esto es cierto tanto en tiempos de escasez como de abundancia.

Confiemos en la fortaleza y la gracia de nuestro Dios que es fiel. Permitamos que su Espíritu fortalezca nuestra esperanza y mantenga nuestros corazones firmemente conectados a su misericordia. Sea cual sea la crisis que enfrentes hoy, acude a Dios. Confía en que te ayudará a superarla, pues Él lo hará. Pon todas tus preocupaciones sobre Él, y Él llevará el peso de ellas. Declara su fidelidad sobre tu vida, porque Él nunca dejará de ser fiel. No es simplemente un Dios bueno, no. Es infinitamente mejor de lo que puedas imaginar.

Jesús, eres mi confianza en la crisis. Eres a quien recurro cuando no tengo dónde más ir. Confío en que seguirás obrando con tu amor en mi vida, sin importar lo que esté pasando. Sé que eres fiel, así que seguiré confiando en ti.

PROMESAS PURAS

Las promesas del Señor son puras
como la plata refinada en el horno,
purificada siete veces.

SALMOS 12:6

Nunca encontrarás a alguien que cumpla sus promesas mejor que el Señor tu Dios. Él no se debilita ni se cansa, y nunca tiene motivo para temer. Él es perfecta paz y está lleno de verdad y justicia. Tiene el poder para salvar y siempre ve el fin desde el principio. No ha perdido de vista ni un solo detalle de lo que ha dicho, y ciertamente no dejará de cumplir su palabra.

Las promesas del Señor son más puras que cualquiera que pudiéramos hacer nosotras. Él no tiene ninguna motivación oculta. Está lleno de luz y vida, y seguirá revelando su bondad a través de sus milagros llenos de misericordia que se manifiestan en nuestras vidas y en el mundo.

Jesús, gracias por la pureza de tu amor y tu verdad. En tu reino, no hay juegos de poder. Eres humilde, misericordioso y justo. No dejarás de ser Aquel que es puro y resplandeciente. Confío en que cumplirás cada promesa que has hecho.

FÁCILMENTE IDENTIFICABLE

De la misma manera que puedes identificar un árbol
por su fruto, puedes identificar a la gente
por sus acciones.

MATEO 7:20

Cuando tomamos tiempo para aprender acerca de la
vegetación y los frutos de la tierra en la que habitamos,
podemos identificar fácilmente lo que encontramos en la
naturaleza. Un roble siempre parecerá un roble. Un brote
de magnolia nunca será otra cosa que una magnolia.

Así como lo hacemos en la naturaleza, también podemos
aprender acerca del fruto del reino de Cristo. Sabemos
cómo buscar evidencia del fruto del Espíritu en nuestras
vidas: «amor, alegría, paz, paciencia, gentileza, bondad,
fidelidad, humildad y control propio» (Gálatas 5:22-23).
Identificar a aquellos que viven de acuerdo con el reino
de Cristo no es un misterio; el fruto de sus acciones será
evidencia suficiente.

*Jesús, gracias por tu sabiduría sencilla que instruye
de manera tan clara. En primer lugar, quiero que mi
vida refleje el fruto de tu Espíritu. Eso es lo único que
realmente puedo controlar. En segundo lugar, estoy
agradecida por poder identificar a aquellos que también
quieren vivir para ti realmente.*

ALIMENTADAS POR LA MISERICORDIA

Yo los he amado a ustedes tanto como el Padre me ha amado a mí. Permanezcan en mi amor.

JUAN 15:9

Cada una de nosotras es amada con el mismo amor que el Padre tiene por su Hijo Jesucristo. Somos coherederas con Cristo e hijas del Dios viviente. ¿Estamos siendo alimentadas por este amor, o estamos tratando de llenar nuestros corazones en otros lugares?

A medida que dedicamos tiempo a tener comunión con Jesús a través de la oración, descubriremos que su presencia está cerca y se mueve tanto dentro de nosotras como a nuestro alrededor. Su amor es lo único que es lo suficientemente fuerte como para anclar nuestras identidades. No hay una base más sólida, ni un lugar más seguro que se pueda encontrar que la roca firme de su bondad y misericordia.

Jesús, en este momento dedico este tiempo a centrar mi atención en tu amor que está vivo. Tu misericordia es mejor que mi amor, que es limitado; pero, incluso con mis limitaciones, nada se desperdicia en tus manos. Aliméntame con tu bondad. Fortaléceme en la verdad de quien tú dices que soy.

LEVANTADA POR EL SEÑOR

Humíllense delante del Señor,
y él los levantará con honor.

SANTIAGO 4:10

Cuando somos humildes ante el Señor, reconocemos nuestra dependencia total de Dios para todo. En su sermón del monte, Jesús dijo: «Dios bendice a los que son pobres en espíritu y se dan cuenta de la necesidad que tienen de él, porque el reino del cielo les pertenece» (Mateo 5:3). También declaró: «Dios bendice a los que son humildes, porque heredarán toda la tierra» (Mateo 5:5).

Cuando somos humildes y flexibles, sin exigir nada como propio (como lo hacen los orgullosos), podemos recibir lo que Dios nos da. No resistamos lo que Él nos ofrece tan libremente. En lugar de eso, humillémonos ante Él y Él nos levantará. Él tiene todo lo que necesitamos y siempre nos trata con honor. Que también levantemos a los humildes y honremos a cada persona en su humanidad, tal como Cristo lo hace con nosotras.

Jesús, gracias por tu bondad que no se rinde y me encuentra en cada temporada de mi alma y mi vida. Nunca te alejas con disgusto, ni te retiras con horror. Tú me conoces, me amas y me levantas. Gracias.

ALGO NUEVO VIENE

Pues estoy a punto de hacer algo nuevo.
¡Mira, ya he comenzado! ¿No lo ves?
Haré un camino a través del desierto;
crearé ríos en la tierra árida y baldía.

ISAÍAS 43:19

No hay terreno tan salvaje que Dios no pueda domar. No hay corazón humano tan frío que Dios no pueda derretir con su amor tierno y constante. No hay preocupación tan abrumadora que Dios no pueda quebrar con el poder de su perfecta paz. Él calma nuestras ansiedades y nos guía con confianza, y nunca cambiará.

Dios siempre está haciendo algo nuevo. Constantemente crea nuevas oportunidades, y podemos tener ánimo y esperanza sabiendo que su fiel misericordia está obrando en todas las áreas de nuestra vida. Él está con nosotras en las trincheras cenagosas de la guerra tanto como en los campos bañados por el sol de la paz. Mirémosle a Él, porque está abriendo un camino donde no lo había antes.

Jesús, gracias por abrir camino. Todo lo que haces está lleno de fidelidad y amor. Quiero ver las puertas que estás abriendo donde antes solo había paredes. Dame ojos para ver; estoy siguiendo tu guía.

SIGUE BUSCANDO

Amo a todos los que me aman.
Los que me buscan me encontrarán.

PROVERBIOS 8:17

Cuando busquemos al Señor, lo encontraremos. Jesús mismo lo dijo. En Mateo 7:8 dice: «Pues todo el que pide, recibe; todo el que busca, encuentra; y a todo el que llama, se le abrirá la puerta».

Si te has cansado en tu búsqueda de Dios y de su sabiduría, recibe hoy una valentía renovada para seguir persiguiéndolo. Él ya está obrando dentro de ti y a tu alrededor. Abre tus ojos a la miríada de milagros y de belleza en el mundo que te rodea. Que tu amor arda con más fuerza mientras vislumbras su gloria que está tan cerca. No tienes que ir hasta los confines de la tierra para encontrar su obra maestra; solo mírate en el espejo. La verás.

Jesús, gracias por prometer que encontraré lo que estoy buscando. Sé que la verdadera satisfacción se encuentra en ti, y quiero conocer la profundidad de la plenitud que mi corazón anhela. Muéstrate a ti mismo justo donde estoy en la vida hoy. Mis ojos están abiertos.

EN TODO MOMENTO

Sé que el Señor siempre está conmigo.
No seré sacudido, porque él está aquí a mi lado.

SALMOS 16:8

Si puedes, lee el versículo del día en voz alta e incluso más de una vez. Deja que tu voz declare esta escritura hasta que quede grabada profundamente en tu conciencia y sientas que tu corazón confirma su mensaje.

La presencia envolvente del Señor te rodea incluso ahora mismo. Diaria y constantemente, el Espíritu de Dios está contigo. La fidelidad de Dios es inquebrantable, independientemente de cómo te hayas sentido o en qué hayas dudado. Él está cerca de ti y siempre disponible. Que tu confianza se fortalezca mientras te recuerdas a ti misma que su amor es inquebrantable.

Jesús, gracias por la plenitud de tu presencia que está disponible para mí en cada momento. Ni siquiera puedo llegar a entender esta realidad, pero creo que tu Palabra es verdad. En este momento, rodéame con la paz tangible de tu presencia, y despierta mi corazón con tu amor que da vida.

UNA VIDA SANTA

Esfuércense por vivir en paz con todos
y procuren llevar una vida santa, porque
los que no son santos no verán al Señor.

HEBREOS 12:14

Hay una razón por la cual se describe la instrucción de vivir en paz y llevar una vida santa como un esfuerzo constante. Estar en paz no es un destino final. Tampoco hay garantía de que tu integridad no sea desafiada en cualquier momento. Cuando nos esforzamos por vivir en paz con todos y llevar una vida santa, se abre un espacio para el proceso. Cuando vivimos, nos movemos y respiramos con intencionalidad, estamos haciendo el trabajo de avanzar hacia ese objetivo.

¿Qué objetivos tienes para tu día a día? Si promover la paz no es uno de ellos, tal vez debas empezar a crecer en ese aspecto. Si la santidad no ha sido un valor importante para ti, busca al Señor para que te ayude en esa área. Él está lleno de amor y paciencia para guiarte y fortalecerte en propósito, motivación y perseverancia.

Jesús, gracias por el ejemplo que diste al promover la paz y el amor en tu vida. Quiero ser santa como tú lo fuiste, aún en tu humanidad. Dame firmeza y gracia para crecer en estas áreas mientras te sigo.

LO QUE SE PRODUCE

La clase de fruto que el Espíritu Santo produce
en nuestra vida es: amor, alegría, paz, paciencia,
gentileza, bondad, fidelidad.

GÁLATAS 5:22

¿En qué áreas puedes ver el fruto del Espíritu Santo vivo
y activo en tu vida? ¿Puedes reconocer dónde abunda
el amor, se eleva la alegría, se busca la paz, se siembra
la paciencia, se extiende la amabilidad, está presente la
bondad, y reina la fidelidad?

La obra de Dios revela los valores de su reino. Su
misericordia renueva la vida donde antes había cenizas.
Es importante reconocer las temporadas en las que nos
encontramos, pero también es importante reconocer las
áreas en las que el fruto de su presencia está vivo y activo.
La plenitud de su poder vivificante siempre abunda. Que
tengamos ojos para ver y oídos para oír lo que el Espíritu
está haciendo y diciendo.

*Jesús, estoy agradecida porque en tu reino hay espacio
para que tu fruto se muestre en áreas inesperadas de mi
vida. Estás cultivando un jardín único, que no se encuentra
en ningún plano. ¡Me encanta eso! Que yo pueda tener el
mismo enfoque al edificar en mi propia vida y esfera de
influencia.*

RICO EN BONDAD

Dios es tan rico en gracia y bondad que
compró nuestra libertad con la sangre de su Hijo
y perdonó nuestros pecados.

EFESIOS 1:7

Sin importar cómo te sientas acerca de tu situación de
vida actual, puedes estar segura de la abundante bondad y
gracia de Dios que se extienden hacia ti en este momento.
Él te ha ofrecido el perdón y ha comprado tu libertad.
Jesucristo, el mismo que resucitó y rompió las cadenas del
pecado y de la muerte, es tu Salvador hoy.

Aférrate a la bondad que Dios te ofrece. Él no se retirará
cuando te acerques a Él. Que su gloriosa gracia sea tu
fuerza y tu confianza mientras te rindes ante la marea
abrumadora de su afecto. Lo que Él ha perdonado, acepta
perdonarlo y libérate del juicio donde Él ha declarado
tu libertad. De la misma forma que Él te ha perdonado,
perdona con compasión a los demás. En su presencia, hay
abundancia de bondad y gracia que nunca se agotarán.

*Jesús, estoy asombrada por la abrumadora realidad de tu
bondad y amor. Eres mi salvación, mi fortaleza, mi paz y
mi alegría. ¡Gracias!*

ESPERA EN EL SEÑOR

Espero al SEÑOR, lo espero con toda el alma;
en su palabra he puesto mi esperanza.

SALMOS 130:5 NVI

Cuando esperamos en el Señor, renovamos nuestras
fuerzas. Cuando esperamos que Él se levante en nuestro
favor, nos guíe a través del valle de la sombra de muerte
y nos lleve a las amplias llanuras de su favor, confiamos en
su liderazgo.

Espera en el Señor. Deja que todo tu ser espere. Aquieta tu
alma. Dirige tu atención a Él y ofrécele los pensamientos
de tu mente. Su Palabra está llena de claridad para tu
confusión. Su sabiduría es simple, pero no siempre es
el camino de menor resistencia. Confía en Él. No dejará
de guiarte con su diestra poderosa y la confianza de su
fidelidad. Espera en Él.

*Jesús, confío en ti más que en las posibilidades que la
ansiedad remueve en mi interior. Confío en ti más que en
mi experiencia, más que en mis esperanzas, y más que
en cualquier cosa. Espero en ti y te pido que, mientras lo
hago, me envuelvas con tu presencia. Habla, Señor; estoy
escuchando.*

SOLO JESÚS

¡En ningún otro hay salvación! Dios no ha dado ningún otro nombre bajo el cielo, mediante el cual podamos ser salvos.

HECHOS 4:12

Jesús es el camino al Padre. Es la puerta abierta por la que entramos para acceder a la plenitud de la presencia del Padre. Entramos a través de su puerta y dejamos toda nuestra vergüenza en la entrada. Jesús ha tomado el peso de nuestro pecado, nuestros miedos y nuestros mayores fracasos. Cuando acudimos a Él, nos viste con las vestiduras de su justicia para que podamos acercarnos al Padre.

Cuando tenemos comunión con Jesús, tenemos comunión con el Padre. Cuando tenemos comunión con el Espíritu, tenemos comunión con Jesús. Tenemos comunión con el Padre, el Hijo y el Espíritu. A través de Cristo tenemos plena aceptación y salvación. No hay nada más que hacer, ser o actuar; solo acudir en su nombre. ¿Confiaremos en su santa Palabra y en su invitación abierta?

Jesús, nadie bajo los cielos ni sobre la tierra puede representar al Padre más plenamente que tú. Anhelo conocerte más y ser libre del temor o la vergüenza. Me acerco a ti, en tu nombre, con la confianza puesta en tu obra consumada y en el poder de tu resurrección. Tú eres mi Dios, y te adoro.

DELEITE EN LA DEBILIDAD

Es por esto que me deleito en mis debilidades,
y en los insultos, en privaciones, persecuciones
y dificultades que sufro por Cristo.
Pues, cuando soy débil, entonces soy fuerte.

2 Corintios 12:10

¿Cuándo fue la última vez que te deleitaste en tu debilidad? En nuestra humanidad, no es una reacción normal alegrarnos en nuestras limitaciones. Sin embargo, Pablo tenía la costumbre de hablar de sus debilidades así como de sus fortalezas. Sabía que tenía acceso al poder de Dios a través de su Espíritu tanto en su fragilidad como en su fortaleza.

¿En qué áreas de debilidad te has estado castigando? Recibe hoy una perspectiva nueva a través de las palabras de Pablo. En lugar de sentirte derrotada, date permiso para preguntarte cómo sería estar en deleite. Cuando te traten mal y los problemas te acorralen, deja que el amor de Cristo sea la fuerza que dirige tu enfoque. Busca oportunidades para ser agradecida, incluso en las dificultades que enfrentes en tu situación. Allí encontrarás la gracia de Dios que sigue actuando.

Jesús, gracias por la promesa de tu redención en mi vida. Me apoyo en tu gracia mientras busco replantear mi debilidad como una oportunidad para que tu misericordia haga su obra en mí. Señor, revela tu fortaleza en mi debilidad.

RIQUEZAS PIADOSAS

La verdadera sumisión a Dios es una gran riqueza
en sí misma cuando uno está contento con lo que tiene.

1 TIMOTEO 6:6

La verdadera riqueza que perdura en el reino de Dios no
se encuentra en nuestras cuentas bancarias, ni en nuestro
patrimonio neto, aunque no hay nada de malo en tener
recursos y trabajar duro porque entonces podemos ser
generosas y compartir lo que tenemos con los demás.
El dinero no es algo moral; es una herramienta. No debe
ser nuestro objetivo principal en la vida. Es fugaz, y no
podemos llevarlo con nosotras cuando nuestras almas
abandonen esta tierra.

Podemos amasar una fortuna del alma sin importar lo
que tengamos o no tengamos en recursos físicos. Cuando
cultivamos la gratitud que encuentra satisfacción en
lo que ya tenemos, podemos enfocarnos en las cosas
más grandes del reino. Hagamos la obra del Señor,
promoviendo los valores de sus caminos y siguiendo a
Cristo en todo lo que hacemos.

*Jesús, sé que la verdadera riqueza se encuentra en ti.
No quiero dejarme engañar pensando que lo que tengo
representa lo que tú piensas de mí. No quiero más cosas;
¡quiero más de ti! Sé que nos amas a todos por igual en la
abundancia de tu bondad y misericordia. Ayúdame a no
juzgarme a mí misma ni a los demás en función de lo que
tenemos o no tenemos.*

AÚN OTRA VEZ

¿Por qué estoy desanimado?
¿Por qué está tan triste mi corazón?
¡Pondré mi esperanza en Dios!
Nuevamente lo alabaré,
¡mi Salvador y mi Dios!

SALMOS 42:11

Cuando te sientas desanimada, lo cual todas experimentaremos en algún momento u otro, tienes que tomar una decisión. No has cometido una falta moral; no es pecado sentirte desanimada. No es un fracaso estar deprimida. Cuando te encuentres en esta situación, aún puedes elegir poner tu esperanza en Dios. Todavía puedes elegir confiar en Él.

En medio de una noche sin luna no puedes discernir lo que te rodea, pero Dios ve todo con claridad. Confía en Él para que te guarde, te proteja y te guíe. No te defraudará. No fallará, porque su amor nunca falla. Él está contigo incluso cuando no puedes percibir su cercanía, así que atrévete a poner tu esperanza en Él y confía en que hará lo que tú no puedes hacer.

Jesús, eres mi esperanza sagrada, mi confianza constante y mi verdad confiable. Me aferro a ti incluso cuando no puedo entender mi entorno. Pondré mi esperanza en ti. Te alabaré, mi Salvador y mi Dios.

NADA ES INÚTIL

Por lo tanto, mis amados hermanos,
permanezcan fuertes y constantes.
Trabajen siempre para el Señor con entusiasmo,
porque ustedes saben que nada de lo que hacen
para el Señor es inútil.

1 Corintios 15:58

El Señor cuenta, registra y recuerda todo lo que haces con amor, paz, alegría y devoción para Él. No olvidará ni un solo acto de misericordia, y Él tiene presente tu amabilidad. Cuando sientas la tentación de tirar la toalla y darte por vencida, recuerda que Él no ha terminado de implementar su misericordia en tu historia.

Mantente firme, hermana. Sigue adelante. Sigue eligiendo el mejor camino: el camino del amor. Sigue haciendo lo que sabes que es correcto. No tengas miedo de seguir al Señor hacia lo desconocido; sea donde sea que Él te guíe, puedes confiar en Él. Si Él va contigo, puedes estar segura de que no te abandonará. Nada es inútil, y su obra es firme y segura.

Jesús, cuando me sienta tentada a abandonar tus caminos, recuérdame tu amor que nunca se rinde con nadie. Lléname de las aguas refrescantes de tu sabia misericordia. Al inclinarme para escuchar tu voz, confío en que no la perderé de vista. Gracias.

APUNTA ALTO

Queridos amigos, sigamos amándonos unos a otros,
porque el amor viene de Dios. Todo el que ama
es un hijo de Dios y conoce a Dios.

1 JUAN 4:7

No hay mayor objetivo en esta vida que amar bien.
Debemos buscar amar a los demás de la misma forma
que nosotras somos amadas. ¿Cómo nos ama Cristo?
Constantemente, completamente y poderosamente. No
nos critica ni nos menosprecia, ni tampoco señala solo
nuestros defectos y fracasos. Incluso en la corrección, el
amor de Cristo da vida, porque está lleno de bondad y
fruto. Se expande en lugar de contraerse; crea espacio en
lugar de limitarnos. Es libertad, alegría y paz.

Que busquemos amar a los demás con la misericordia
manifiesta de Cristo. Como dice Corintios, que su amor
alimente nuestra pasión. Que lo demos libremente, así como
Cristo ha derramado su amor sobre nosotras sin medida.
No necesitamos racionarlo ni llevar un registro de lo que se
nos debe; el amor de Dios no guarda registro de los errores.
Vivamos con el amor como nuestra máxima prioridad y
objetivo, porque es lo que Dios es y de lo que está hecho.

*Jesús, quiero amar como tú amas. Quiero ser
transformada a tu semejanza y reflejar la luz radiante de
tu gloria como la luna refleja el sol. Ayúdame a amar a los
demás de la misma manera que tú lo haces, de modo puro
y radical, sin buscar defectos.*

JUNIO

Señor, escucha mi voz por la mañana;
cada mañana llevo a ti mis peticiones
y quedo a la espera.

Salmos 5:3

RENOVACIÓN INTERIOR

Por tanto, no nos desanimamos. Al contrario,
aunque por fuera nos vamos desgastando,
por dentro nos vamos renovando día tras día.

2 CORINTIOS 4:16 NVI

Incluso cuando nuestro cuerpo se rebela contra nuestros
deseos, o cuando no tenemos la fortaleza física que
antes teníamos o esperábamos tener, siempre podemos
renovarnos interiormente. Nuestro ser interior se alimenta
del flujo interminable de la poderosa misericordia de Dios.
Es nuestra fortaleza, nuestra fuente y nuestro poder. ¡Aún
hay más vida para nosotras!

Que tu corazón, alma, mente y espíritu sean renovados en
la comunión del Espíritu hoy. Que seas llena hasta rebosar
con el amor de su corazón, el deleite de su afecto y la paz
de su naturaleza firme. Él no ha cambiado, y no lo hará.
Él es el mismo Dios poderoso en el que has confiado. En
lugar de enfocarte en lo que no puedes hacer hoy, permite
que el Señor se encuentre contigo en la expansión de tu
ser interior.

*Jesús, gracias por la comunión de espíritu a Espíritu
contigo. Lléname, anímame y cambia mi perspectiva
limitada para que pueda ver lo que tú haces. Quiero
conocerte más, ser renovada y refrescada en tu presencia,
y saber esperar en ti como solía hacerlo. Gracias.*

PODER DEL ESPÍRITU

Pero cuando venga el Espíritu Santo
sobre ustedes, recibirán poder.

HECHOS 1:8 NVI

Jesús ordenó a sus discípulos que se quedaran en Jerusalén hasta que hubieran recibido el regalo del Padre. Les había prometido el Espíritu Santo. Cuando Jesús se fue, hubo un periodo de espera. Jesús no envió inmediatamente al Espíritu; los discípulos tenían que esperarlo, y así lo hicieron. Esperaron con intercesión y reuniéndose en comunidad.

¿Hay algo que hayas estado esperando? Vivimos en una época de gratificación instantánea, y es fácil olvidar el valor y el poder del intermedio. No te rindas. Busca comunidad y comunión con los que te animan a continuar. Sigue buscando, sigue orando y sigue reuniéndote con quienes buscan lo mismo. Mientras tanto, has de saber que el poder del Espíritu está disponible para ti hoy.

Jesús, gracias por el poder de tus promesas. Tú siempre eres fiel en cumplirlas. Confío en ti, y no me desanimaré mientras espero. Espíritu Santo, lléname con el poder de tu presencia hoy y edifícame en tu amor.

TODO FORMA PARTE

Tiempo de llorar, y tiempo de reír;
Tiempo de lamentarse, y tiempo de bailar.

ECLESIASTÉS 3:4 NBLA

¿Alguna vez has sentido que la tristeza no debería ser
parte de tu espiritualidad? ¿Batallas con hablar de tus
aflicciones con otras personas? Eclesiastés abarca todo
el especto de la experiencia humana. «Tiempo de llorar, y
tiempo de reír». Ninguna de nosotras puede escapar de las
épocas de tristeza y dolor, pero tampoco nos quedaremos
sin nuestros momentos de gozo y paz.

No importa lo que estés teniendo, o la temporada que
estés atravesando, has de saber esto: todo forma parte
de tu ser. La vida no es binaria; a menudo, los extremos
y el intermedio existen en un tenso binomio. Podemos
estar increíblemente tristes y a la vez alegrarnos por otros.
Podemos sentirnos aliviadas y a la vez dolernos por una
pérdida profunda. Deja que las cosas sucedan e invita al
Señor a cada una de ellas. Él te consolará y fortalecerá. Él
celebrará contigo y te llenará de paz. Todo lo que eres y
todo lo que experimentas tiene un lugar con Él.

*Jesús, gracias por tu amistad y comunión. Permanece
conmigo en mi etapa actual. Que pueda conocer la
inmensa bondad de tu amor, no importa la situación por la
que esté atravesando, ya sea caminando o bailando.*

LO QUE ÉL QUERÍA

Dios decidió de antemano adoptarnos como miembros
de su familia al acercarnos a sí mismo por medio de
Jesucristo. Eso es precisamente lo que él quería hacer,
y le dio gran gusto hacerlo.

EFESIOS 1:5

Siempre ha estado en el corazón de Dios adoptarnos
en su familia. La intención nunca fue que viviéramos
fuera de la cobertura de su amor. Estamos completas
en su misericordia. Cada una de nosotras tiene un lugar
que ninguna otra persona podrá ocupar en el reino de
nuestro Dios.

¿Sabes que Dios se agrada al llamarnos hijas? ¿Estás
convencida de que se deleita contigo? Que las mentiras
de la vergüenza sean silenciadas en su presencia hoy.
Que sepas cuán maravillosamente Él te ha credo y cuán
profundamente te ama, no por lo que haces sino por quién
eres. Eres amada. Eres afirmada. Tienes un hogar en Él que
es para siempre.

*Jesús, no llego a comprender del todo que quisieras
adoptarme como tu hija. Aun así, creo que soy tuya y que
te deleitas conmigo. Declara tus palabras de vida a mi
corazón una vez más, y lléname con la pureza de tu amor.*

EN SU PRESENCIA

Mi presencia irá contigo,
y Yo te daré descanso.

ÉXODO 33:14 NBLA

Cuando Dios te llama a avanzar, promete ir contigo. Cuando las pruebas inesperadas de la vida llegan a ti sin permiso y no puedes escapar, debes atravesarlas. Dios promete estar contigo y darte descanso por el camino. La paz de su presencia es tu porción abundante en cada etapa del alma.

Que encuentres descanso en la presencia de tu Salvador hoy. Que la paz calme las ansiedades de tu corazón. Que conozcas su amor perfecto que echa fuera el temor. Que Él te guíe junto a corrientes de aguas tranquilas que te refresquen y restauren tu alma. No estás sola. Nunca estás sola.

Jesús, gracias por la promesa de tu presencia en cada momento y situación. Confío en ti cuando mi vida no tiene sentido. Confío en ti cuando no puedo encontrar mi rumbo. Dios sabio, guíame, guárdame y lléname con tu gran bondad. Confío en ti.

LA LEY DEL AMOR

Porque toda la ley de Dios se resume
en un solo mandamiento: «Cada uno debe amar
a su prójimo, como se ama a sí mismo».

GÁLATAS 5:14 TLA

La ley del amor que Jesús proclamó como la forma más sublime de vivir es tan aplicable hoy como lo era la primera vez que se declaró. También es importante recordar que el amor no niega nuestras necesidades. No ignora la importancia de mantener los ritmos de descanso en nuestra apretada agenda. No descuida los límites que nos permiten proteger nuestra paz.

Del mismo modo que amamos y cuidamos de nosotras mismas, deberíamos amar y cuidar a otros. Nos concedemos el beneficio de la duda, porque conocemos nuestras propias intenciones. ¿Juzgamos a otros con dureza, o dejamos un espacio para sus buenas intenciones? Que amemos con el mismo amor de Jesús y sigamos su ejemplo en todo lo que hagamos. El amor es la ley más alta, y es el resumen de las leyes de Dios.

Jesús, escojo seguir tu camino de amor en mi vida. Escojo extender misericordia cuando me veo tentado a retirarme en juicio o apatía. Me apoyo en ti, Señor. Enséñame a amarme bien a mí misma y a amar a otros con la misma generosidad.

AVANZAR EN FE

Por tanto, dejando las enseñanzas elementales acerca de Cristo, avancemos hacia la madurez, no echando otra vez el fundamento del arrepentimiento de obras muertas y de la fe en Dios.

HEBREOS 6:1 NBLA

No conseguimos favor con Dios cumpliendo leyes y tradiciones religiosas. No servimos a otros para obtener más influencia ante Dios. Cristo es nuestro favor. A través de Él ya tenemos la invitación abierta a tener comunión con el Padre.

Así como los hijos pasan de la leche al alimento sólido y de un juego supervisado a jugar de modo independiente, así también nosotras obtenemos más libertad y elección en nuestro crecimiento espiritual. Dios es nuestro Padre, y también es nuestro maestro. Dios es un consejero que nunca nos forzará a actuar de ninguna manera en particular. Él no nos retuerce el brazo. Que podamos pasar a una confianza obediente cada vez más mientras confiamos en su fidelidad, porque Él nunca nos fallará.

Jesús, gracias por la aceptación que he encontrado en tu presencia. Me humilla saber que soy parte de tu familia. Enséñame y empodérame con tu gracia para vivir con libertad, verdad, justicia y misericordia como emblemas de mi estilo de vida. Prosigo en fe, y creo que harás cosas mejores que las que puedo imaginar.

EL PRINCIPIO DE LA ESPERA

Así que el Señor esperará a que ustedes acudan a él
para mostrarles su amor y su compasión.
Pues el Señor es un Dios fiel.
Benditos son los que esperan su ayuda.

Isaías 30:18

En épocas de espera, ¿sigues avanzando hacia la presencia de Dios? ¿Le pides lo que no tienes? ¿Confías en su ayuda para perseverar en las dificultades y en las pruebas? El amor de Dios es más fuerte que la tumba, y no se negará a cubrirte con el poder de su misericordia siempre que acudas a Él.

El Señor espera a que nos acerquemos a Él, pero nosotras también esperamos su ayuda después de hacerlo.
Si te encuentras en el intermedio de la promesa y el cumplimiento, no desesperes. No es una señal de que has fallado o de falta de fe; es parte del proceso. Confía en Él. Sigue orando, pidiendo y buscando. Espera su ayuda. Él no te decepcionará.

Jesús, recuérdame que tu compasión y tu amor están presentes cuando me canse en las épocas de espera. Dame ojos para ver dónde está creciendo el fruto bajo la superficie y a detectar señales de vida que se acercan. Confiaré en ti.

ACÉRCATE

Acérquense a Dios,
y Dios se acercará a ustedes.

SANTIAGO 4:8

Cuando nos acercamos a Dios, Él se acerca incluso más a nosotras. Cuando acudimos a Él, vemos que ya nos está mirando. Él no nos trata con frialdad. Él nunca se voltea y se va. Está mucho más cerca de lo que creemos, así que dirijamos nuestra atención a Él. Abramos nuestro corazón a su gran amor una vez más.

Cada mañana es un nuevo comienzo. Cada momento es una nueva oportunidad que aprovechar. Sin importar dónde estemos o con lo que estemos luchando hoy, Jesús es la puerta abierta al trono del Padre. Él siempre está muy cerca, y siempre está listo para escucharnos, hablarnos y llenarnos de todo lo que necesitamos. Tengamos comunión con nuestro maravilloso Dios Creador hoy, y anímate con su amor que infunde vida.

Jesús, me acerco a ti en este instante. Tomo tiempo para dirigir mi atención a tu presencia. Por favor, acércate aún más a mí. Abruma mis sentidos con tu perfecta paz y habla a mi corazón. Yo te escucho.

CONFIANZA SEGURA

Bendito el hombre que confía en el Señor
y pone su confianza en él.

JEREMÍAS 17:7 NVI

El salmista le dice al Señor: «Vale más confiar en Dios que confiar en gente importante» (Salmos 118:8 TLA). Aunque podemos tener aliados y amigos de confianza en nuestra vida, nadie será más fiel que el Señor. Él siempre está a favor de su pueblo.

¿Qué área de tu vida está ensanchando tu fe? ¿Hay algo que tengas que superar y que no puedes hacerlo tú sola? Es bueno encontrar ayuda en la humanidad, pero es incluso mejor saber que tu verdadera confianza está en el Señor. Que tu corazón sea alentado con su ayuda y fortaleza hoy.

Jesús, gracias por tu fiel amor hacia tu pueblo. Confío en que sigues guiándome a tu bondad y que muestras tu milagrosa misericordia mediante los detalles de mi vida. Redime lo que yo no puedo. Restaura aquello con lo que yo tan solo podría soñar. Confío en ti.

DESEOS CUMPLIDOS

¡Ah, que se otorgara mi petición!
¡Que Dios me concediera mi deseo!

JOB 6:8

En este día, que puedas aprovechar la oportunidad de poner todos tus deseos delante del Señor. Él está cerca, está escuchando, y recibe con agrado tus súplicas sinceras. No te quedes con ninguna petición. Jesús animó a sus discípulos a pedir en fe sin retener nada. Que puedas aprovechar la libertad y la confianza que tienes para derramar tu corazón delante de Él.

Proverbios 13:12 dice: «Esperanza frustrada, corazón afligido, pero el deseo cumplido es como un árbol de vida» (DHH). Sean cuales sean tus deseos, que encuentres la fuerza para perseverar en la espera. Hay gracia más que suficiente. Hay plenitud de amor, paz y gozo. Cuando Dios cumpla tus deseos, que llegues a conocer la desbordante satisfacción que tienes siempre en la libertad de tener comunión con su Espíritu.

Jesús, me gozo cuando respondes mis oraciones, y he aprendido a gozarme en la espera. Sé que hay propósito en ella. Aun así, no reprimiré ni negaré los deseos de mi corazón. Aquí está mi corazón, Señor; alcánzame con la realidad de tu presencia y guíame en tu sabiduría.

EL SEÑOR ES

Él es un Dios bueno;
su amor es siempre el mismo,
y su fidelidad jamás cambia.

SALMOS 100:5 TLA

Él es un Dios bueno. ¡Qué ánimo es saber esto durante el día! Podríamos permanecer solamente en esta frase. Podemos repetirla y dejar que se asiente hasta que nuestra vergüenza se disipe, y consigamos la confianza de unas hijas que son profundamente amadas cuando estamos delante de Él. La buena noticia es que este pasaje sigue mejorando.

Su amor es siempre el mismo. ¿Alguna vez te ha sorprendido el amor que te ha demostrado alguien? *Y su fidelidad jamás cambia.* Su bondad te guiará a su presencia cada vez. Él es amable contigo, ofreciéndote cualquier cosa que necesites. Su corrección no está llena de malicia, sino de compasión. Que conozcas la incomparable bondad de recibir su amor abrumadoramente leal de formas nuevas hoy.

Jesús, gracias por la gloriosa bondad de tu amor. No quiero perderme ni una sola verdad que digas por estar distraída con las mentiras de la vergüenza y el temor. Cúbreme con tu paz, atráeme con tu bondad, y recíbeme con tu deleite.

GRACIA SOBRE GRACIA

Pues de Su plenitud todos hemos recibido,
y gracia sobre gracia.

JUAN 1:16 NBLA

La vida de Jesús estuvo llena de gracia. Él era la paz
personificada, la imagen viviente del amor, y nos enseñó
sobre la abundante misericordia del Padre. Hay innumerables
regalos de gracia a nuestra disposición siempre que lo
necesitemos. No se desperdiciará ni una gota.

¿Qué necesitas hoy? ¿Estás agotada? ¿Necesitas enfocarte
más? ¿Necesitas sabiduría para las decisiones que tienes
que tomar ahora mismo? Sea lo que sea, hay gracia
sobre gracia disponible para ti mediante la amistad con
Jesús. Hay más que suficiente para tus necesidades en la
comunión y el compañerismo con su Espíritu. Acércate
y recibe la gracia que Él te ofrece. Él siempre sabe
exactamente lo que necesitas, y no es tacaño.

*Jesús, gracias por los buenos regalos de tu amistad y tu
ayuda. Gracias por salvarme de la esclavitud del pecado,
la vergüenza, el temor y la muerte. Tú eres mi líder sabio
y mi amigo. Confío en ti para la ayuda que necesito hoy y
cada día de mi vida.*

MAYOR RECOMPENSA

Ustedes, por el contrario, amen a sus enemigos,
háganles bien y denles prestado sin esperar nada
a cambio. Así tendrán una gran recompensa y serán
hijos del Altísimo, porque él es bondadoso
con los ingratos y malvados.

LUCAS 6:35 NVI

La instrucción de Jesús de tratar a nuestros enemigos con
amor fue, y es, contracultural. Él no dijo que los ignoremos
o los tratemos con frialdad; tampoco dijo que debíamos
deshumanizarlos. El amor es un acto de resistencia contra
nuestras tendencias naturales cuando se dirige hacia los
que nos han ofendido, nos han faltado el respeto, y han
abusado de nosotras. Esto no quiere decir que debamos
permitirles tener el mismo acceso a nuestra vida que las
personas en las que confiamos.

Aun así, el amor es un acto expansivo que va en contra
del temor. Decide bendecir en lugar de maldecir. Instruye
nuestro corazón y nuestras actitudes. Es un acto desafiante
de ofrecer amor, aunque sea dentro de nuestro corazón, a los
que son desagradecidos. Nuestra recompensa es mejor que
la reciprocidad; viene de Dios mismo. Él es bueno, y cuando
escogemos la bondad, lo representamos bien a Él.

*Jesús, quiero escoger el amor incluso cuando vaya en contra
de todos mis instintos. Transfórmame en tu misericordia para
que pueda escoger la bondad sin reparos. Tú eres digno de
que me rinda al amor, y tú eres mi mayor recompensa.*

COMO UNA NIÑA

Les aseguro que quien no confía en Dios
como lo hace un niño, no puede ser parte
del reino de Dios.

MARCOS 10:15 TLA

Según crecemos en nuestro entendimiento, no nos volvamos nunca tan arrogantes que pensemos que sabemos todo lo que hay que saber. Siempre conocemos solo en parte. Nuestro entendimiento puede crecer constantemente. Estamos condicionadas por nuestra cultura, nuestra familia y nuestras tradiciones; no todo lo que hemos sabido está basado en la verdad del reino de Dios. El orgullo de saber más que otros puede impedir que alcancemos la libertad de los caminos mejores de Dios si no tenemos cuidado. Permanezcamos humildes en nuestro corazón, y abiertas a ver desde una perspectiva distinta.

Cuando abrimos nuestros brazos para recibir el reino de Dios como niñas enseñables, permitimos que el Espíritu de sabiduría nos instruya, nos corrija y nos guíe en amor. El amor deja espacio para todo; no restringe quién puede acudir. No demanda la perfección. No espera el entendimiento pleno. Que el amor nos guíe a la sabiduría de la perspectiva de Dios.

Jesús, quiero ser como una niña enseñable en lo tocante a las cosas de tu reino. Sé que no he terminado de aprender sobre ti y sobre cuán grande es tu amor. Amplía mi entendimiento hoy mientras abro mi corazón a tu guía e instrucción.

CARÁCTER JUSTO

Que estén siempre llenos del fruto de la
salvación—es decir, el carácter justo que Jesucristo
produce en su vida—porque esto traerá
mucha gloria y alabanza a Dios.

FILIPENSES 1:11

El fruto de nuestra salvación se encuentra en el carácter
justo. ¿De dónde viene esta justicia? Viene de Cristo. Él es
nuestra cobertura, y nuestra salvación es su buen regalo al
que nadie puede añadir ni quitar nada.

Anteriormente en este mismo capítulo, Pablo dice que ora
para que nuestro amor rebose más y más, porque quiere
que entendamos lo que realmente importa. El carácter justo
se produce mediante una relación de amor con Jesucristo y
al escoger vivir con el amor como nuestra bandera, nuestro
objetivo y fundamento. Hay abundancia de amor en Cristo;
es un pozo inagotable que brota hasta rebosar. El amor de
Dios y su justicia van de la mano.

*Jesús, gracias por el regalo de la salvación a través de
ti. Estoy abrumada por el amor que sigues derramando
incesantemente. Aumenta mi amor para que mi vida y
mis decisiones reflejen tu misericordia y bondad cada vez
más. Tú eres mi justicia.*

EN LO QUE ESTÁ DELANTE

Pon la mirada en lo que tienes delante;
fija la vista en lo que está frente a ti.

PROVERBIOS 4:25 NVI

Cuando pasamos tiempo pensando en el pasado, permitimos que las voces de lamento, vergüenza y decepción tomen el mando. Cuando pasamos demasiado tiempo mirando al futuro, o bien quedamos atrapadas en la fantasía de un tiempo mejor o en la ansiedad de lo desconocido. En lugar de mirar demasiado atrás o demasiado adelante, vivamos el día de hoy.

¿Qué tienes delante de ti hoy? ¿Qué tareas tienes que hacer? ¿Qué relaciones tienes que atender? ¿Qué tarea trivial tienes que abordar? No tienes que adelantarte a ti misma. Simplemente da el siguiente paso, y después de haberlo dado, da el siguiente. *Pon la mirada en lo que tienes delante; fija la vista en lo que está frente a ti.*

Jesús, gracias por el recordatorio de que este es el día que tú has creado. Quiero ser muy consciente de ello y participar en mis relaciones y en lo que estoy haciendo hoy. Ayúdame a enfocarme y reenfocarme en el aquí y ahora siempre que me sienta abrumada.

RESTAURADA EN TU REFUGIO

Protégeme, oh Dios,
porque en ti busco refugio.

SALMOS 16:1 NVI

Dios es un puerto seguro cuando rugen las tormentas de la vida. Él es un lugar de refugio cuando los enemigos nos amenazan. Somos el templo del Dios vivo; Jesús lo dijo. Los que se rinden al Señor son sus templos vivos donde reside su presencia. Nunca estamos sin su ayuda, porque nunca estamos sin su presencia.

Que podamos encontrar paz y descanso restaurador en su presencia hoy. Cuando las cargas de la vida son demasiado grandes de llevar, tomemos un descanso en Él. Hay alivio en la confianza de su fidelidad. Hay mucho espacio en su bondad para ser humana: aprender, meter la pata y volver a intentarlo. Él es nuestro máximo lugar seguro, y nunca hará nos usará mal ni abusará de nosotras.

Jesús, tú eres mejor que nadie. Tú eres más amable, más bueno, más firme, más comprensivo y más poderoso que ningún otro. Busco refugio en ti. Mantenme a salvo, afirma mi corazón, y ámame para que vuelva a vivir.

PLANES EXITOSOS

Pon todo lo que hagas en manos del Señor,
y tus planes tendrán éxito.

PROVERBIOS 16:3

Cuando ponemos nuestra confianza por completo en Dios, y no en la validez de nuestras propias ideas o en nuestra capacidad para hacer que sucedan, dejamos espacio para que Dios lleve a cabo nuestros planes como Él desee. Nuestros planes tendrán éxito cuando los acompañamos con duro esfuerzo, aunque pocas veces sucede como nos lo imaginamos. Incluso cuando hacemos planes, habrá diferencias sutiles en la realidad que no podríamos haber presagiado en las fases de planificación.

Dios es un maestro edificador. Él es un artista creativo. Él sabe cómo hacer que las cosas encajen de maneras hermosamente misteriosas. Mediante la consistencia, edificamos. Mediante la perseverancia, cultivamos. No podemos trabajar un día y después ser negligentes los demás días y esperar tener algo. Que confiemos en el Señor con nuestros planes, y mientras tanto hagamos el esfuerzo constante que se necesita para llevarlos a cabo.

Jesús, me encanta cómo entretejes los hilos de mi vida en el tapiz de tu misericordia. A medida que me dispongo a llevar a cabo los planes que tengo por delante, te entrego las riendas. Confío en que tú harás muchísimo más de lo que yo sería capaz de hacer.

NO TE OFENDAS

¡Y felices aquellos
para quienes yo no soy causa de tropiezo!

MATEO 11:6 BLPH

En estos tiempos, la ofensa está a la orden del día. Parece que cada opinión es una verdad que se defiende a capa y espada, pero eso no es así. ¿Dejamos espacio para que el amor nos corrija? ¿Tiene lugar la compasión para sacarnos de nuestra perspectiva?

Tenemos prejuicios, y tenemos fuertes valores. Cuando otras personas los interrumpen o los cuestionan, tenemos que tomar una decisión. ¿Dejaremos que la ofensa levante un muro a nuestro alrededor, o escucharemos con apertura para entender de dónde viene el otro incluso cuando no estemos de acuerdo? Solo podemos decidir cómo reaccionaremos. Por encima de todo, mantengámonos abiertas a los caminos y las enseñanzas de Jesucristo. Él nunca falla.

Jesús, mantén mi corazón humilde. No quiero ser demasiado orgullosa como para no oír otro punto de vista o una realidad opuesta a mi propia experiencia. Estoy abierta a tu misericordia, y sé que eso significa que tengo que escoger tu misericordia en mis relaciones con otros. Ayúdame a mantenerme firme en tu amor por encima de todo lo demás.

CADA MAÑANA

Señor, escucha mi voz por la mañana;
cada mañana llevo a ti mis peticiones
y quedo a la espera.

SALMOS 5:3

El versículo de hoy es un glorioso recordatorio de que el Señor está disponible ahora mismo. Él está escuchando, está listo, y lleno de compasión y de sabiduría. No importa el mucho o poco tiempo que haya pasado desde que dirigimos nuestra atención a Él; Él ya está atento a nosotras.

Toma tiempo para que afirmes tu corazón en el amor de Cristo. Derrama tu corazón y tu mente. Habla con Él. No te guardes nada. Cuéntale qué es lo que necesitas, y practica el hecho de esperar su respuesta. Sé sincera y abierta. Escucha. Él siempre está preparado para encontrarse contigo. Él siempre está escuchando.

Jesús, gracias por la amplia apertura que tengo en tu presencia. Gracias por recibirme con tu misericordia ilimitada cada vez que acudo a ti. No dejaré de mirarte, porque tú eres vida, aliento, paz y gozo. Tú eres la luz y hacia ti levanto mi rostro.

CADA DETALLE

Sabemos que Dios va preparando todo
para el bien de los que lo aman,
es decir, de los que él ha llamado
de acuerdo con su plan.

ROMANOS 8:28 TLA

Incluso las áreas que vemos como inútiles en nuestra
vida están entretejidas en el tapiz de la gran misericordia
de Dios. Él no pierde ni la más mínima oportunidad de
sacar belleza de las cenizas. Su poder redentor está
obrando en los detalles tanto como en las situaciones
generales de nuestra vida.

Que en este día puedas encontrar ánimo en el amor
restaurador de Jesucristo. Que encuentres tu confianza
arraigada en su naturaleza más que en la tuya. Su
misericordia fiel nunca falla el blanco. Que encuentres tu
propósito en ser suya y en perseguir aquello que Él ha
puesto en tu corazón. Su bondad está siempre contigo.

*Jesús, gracias por las muchas maneras en las que
entrelazas tu bondad en las pequeñas cosas de mi historia.
Creo que seguirás tratándome con bondad. No necesito
preocuparme por cómo encajará todo. Tú eres confiable,
y tengo confianza en tu carácter.*

SU BONDAD CONTINÚA

Y estoy seguro de que Dios, quien comenzó
la buena obra en ustedes, la continuará hasta que
quede completamente terminada el día que
Cristo Jesús vuelva.

FILIPENSES 1:6

Dondequiera que te encuentres hoy, no pierdas la
esperanza en la misericordia redentora de Dios. Su
poder está obrando en los detalles de tu vida, y Él no
permitirá que nada se malgaste. Cuando te apenes, no lo
hagas sin esperanza. El sol volverá a salir, y seguro que
experimentarás el deleite abrumador de su bondad en tu
vida una vez más.

Jesús sigue haciendo su obra hoy. Aún no ha cesado en
su amor, y no te ha retenido su bondad. Está tan cerca
de ti como siempre lo ha estado. Acércate a su Espíritu y
encuentra descanso en su presencia. Hay más en la vida,
y hay más que Él está haciendo en ti y a tu alrededor.

*Jesús, gracias por no rendirte nunca. Incluso cuando
batallo para tener esperanza, tú no dudas en tu gran amor,
¡ni siquiera un poco! Dame ojos para ver, oídos para oír, y
un corazón que entienda tu perspectiva. Termina tu buena
obra en mí.*

MUCHO MÁS VALIOSA

Miren los pajaritos que vuelan por el aire.
Ellos no siembran ni cosechan, ni guardan semillas
en graneros. Sin embargo, Dios, el Padre que está
en el cielo, les da todo lo que necesitan.
¡Y ustedes son más importantes que ellos!

MATEO 6:26 TLA

Cuando vivimos con un corazón completamente rendido al Padre, no hay por qué preocuparse de las necesidades de la vida. En este pasaje, Jesús animó a sus seguidores del mismo modo que el Padre enseñó a su pueblo que no tuviera miedo. Así como las Escrituras de antaño animaban a sus lectores en la fidelidad de Dios, lo mismo hizo Jesús.

Cuando haya preocupación por el futuro, acudamos a Jesús con confianza. Cuando haya ansiedad por lo desconocido que nos espera, que podamos soltar la necesidad de controlar y permitamos que la paz de Dios que sobrepasa todo entendimiento se haga cargo de nuestro corazón mediante su Espíritu. El Padre no ha cambiado. Jesús es el mismo, y el Espíritu está aquí para recordarnos su amor fiel. Que podamos soltar lo que tengamos aferrado con una amorosa confianza y nos reenfoquemos en lo que sigue siendo verdad en Él.

Jesús, te entrego mi afán y ansiedad. No quiero llevar su peso. Lléname con tu paz y sabiduría, y permite que pueda enfocarme en ti y en los propósitos de tu reino.

BENDICIONES CONTINUAS

Has hecho de él manantial de bendiciones continuas;
tu presencia lo ha llenado de alegría.

SALMOS 21:6 NVI

David escribió el comienzo de este salmo de alabanza
mientras recordaba sus experiencias con el Señor. Nosotras
también podemos convertir nuestras experiencias en
alabanzas mientras meditamos en ellas. ¿En qué momento
viste a Dios salir a tu encuentro con su fidelidad? ¿Cuándo
hizo derramar bendiciones en tu vida?

Tú estás viviendo en el derramamiento de su amor. Incluso
cuando caminas por valles donde es difícil ver y las
sombras son muy oscuras, su misericordia está contigo
mientras caminas. Que puedas aprovechar la oportunidad
de meditar sobre tu caminar con el Señor y animarte al
encontrar respuestas a tus oraciones, la incomparable
bondad de su presencia contigo, y la promesa de su
fidelidad continua.

*Jesús, al recordar mi historia contigo, ¿podrás animar
mi corazón al contemplar tu fidelidad? Creo que aún no
has terminado conmigo. Lléname de una expectativa
esperanzadora por lo que vendrá incluso mientras me
regocijo en lo que ya has hecho.*

PASIÓN DEMOSTRADA

Pero Dios nos demostró su gran amor al enviar
a Jesucristo a morir por nosotros, a pesar de que
nosotros todavía éramos pecadores.

ROMANOS 5:8 TLA

La pasión de Cristo lo envió no solo a la tierra a ser vestido de humanidad, sino también a la cruz, donde murió por nosotros. Jesús no necesitaba morir para que nosotras pudiéramos conocer el amor de Dios, y aun así el amor de Dios no tuvo límite.

No hay mayor amor que este: que alguien ponga su vida por sus amigos. Estas fueron las palabras de Jesús en Juan 15. Jesús hizo incluso más que eso. Él entregó su vida no solo por sus amigos en ese entonces, sino también por todos los que acudieran después a Él. ¡Qué Salvador tan precioso! Qué amor tan maravilloso. Donde haya habido dudas sobre el poder del amor de Cristo, que haya un entendimiento renovado y una perspectiva nueva de su misericordia.

Jesús, gracias por pagar un precio sublime para que yo pudiera conocerte y para que todo aquel que ponga sus ojos en ti sea salvo. Me vuelve a humillar tu amor. Tú eres mejor que cualquiera que haya conocido jamás.

PAN DE PAZ

En vano se levantan de madrugada,
en vano se van tarde a descansar
y comen pan ganado con esfuerzo.

SALMOS 127:2 BLPH

¿Cuánto de tu día está gobernado por la ansiedad? ¿Cuánto está alimentado por el descanso? Cuando vamos aceleradas, en algún punto nos estrellaremos contra una pared. No podemos controlar lo que nos sucederá a lo largo del día, pero ciertamente podemos confiar en que la gracia de Dios nos alcanzará en cada circunstancia.

En lugar de dar vueltas en la corriente de lo que no podemos controlar, busquemos nuestros momentos de renovación y disfrute. No nos olvidemos de crear ritmos de descanso en los que nos bajamos del ajetreo del «tengo que hacer» para llegar al «voy a hacer». Una vida bien balanceada es una vida que podemos disfrutar tanto en el trabajo como en el recreo. Valoremos nuestro descanso tanto como valoramos nuestro trabajo, porque siempre somos dignas de amor independientemente de lo que estemos haciendo o no haciendo.

Jesús, quiero aprender a estar tan presente en el descanso como lo estoy en el trabajo. No quiero sobrevalorar mi productividad y ser negligente con mi bienestar. Enséñame a equilibrar mi tiempo en tu amor.

EL FLUIR DEL CORAZÓN

Por sobre todas las cosas cuida tu corazón,
porque de él mana la vida.

PROVERBIOS 4:23 NVI

Nuestro corazón no es solamente el lugar donde sentimos
afecto; también incluye nuestros pensamientos, voluntad
y discernimiento. Es en este lugar, nuestro ser más
interno, donde vivimos. Nuestras acciones no aparecen
del aire. Reflejan nuestras creencias esenciales, nuestras
experiencias y nuestro condicionamiento.

¿Cuánto cuidas tu corazón? ¿Cuánta atención prestas a
tus pensamientos, voluntad y discernimiento? No todo lo
que pensamos es verdad, y es importante reconocerlo. Si
somos capaces de abordar nuestros pensamientos con
curiosidad en lugar de juicio, podemos abrirnos a otras
posibilidades y a la voz de la sabiduría.

*Jesús, quiero que mi corazón esté en consonancia con los
valores de tu reino. Gracias por el regalo de tu sabiduría
para guiarme, instruirme, sanarme y corregirme. Me apoyo
en ti, y confío en que tu amor llega a cada rincón de mi
ser, incluyendo mi corazón.*

PROMESAS DE PAZ

Les he dicho todo lo anterior para que en mí tengan paz.
Aquí en el mundo tendrán muchas pruebas y tristezas;
pero anímense, porque yo he vencido al mundo.

JUAN 16:33

La composición de nuestras vidas (las circunstancias,
victorias y pruebas) no es un reflejo del favor de Dios.
Aunque su misericordia es evidente en su fidelidad hacia
nosotras, no podemos medir nuestra valía según el nivel de
facilidad o dificultad que estemos experimentando.

Jesús dijo a sus seguidores que sufrirían pruebas y que
pasarían por muchas aflicciones. Esto sigue siendo
verdad hoy. Aun así, Él prometió que encontraríamos y
mantendríamos paz en Él en medio de todo eso. Su paz
es nuestra porción hoy y para siempre. Animémonos y
tengamos esperanza en las promesas de Cristo, porque Él
ha vencido al mundo. ¡Eso incluye todos nuestros temores!

*Jesús, tú eres el Príncipe de paz. Mientras acudo a ti
hoy, abrázame con tu gran bondad. Espíritu, acércame
y anímame con tu amor. Gracias por tu misericordia
interminable que nunca cambia hacia mí, no importa
lo que esté experimentando.*

MÁS QUE APRENDER

«Clama a Mí, y Yo te responderé y te revelaré
cosas grandes e inaccesibles, que tú no conoces».

JEREMÍAS 33:3 NBLA

Nunca podremos llegar a conocer a Dios del todo. Ni
siquiera hemos pasado de la superficie de los niveles de
su sabiduría. Él está lleno de visión perfecta, de amor
inconmovible, de poder inquebrantable y de gracia
inflexible. Hay cosas grandes y ocultas que podemos
descubrir en Él, y siempre hay más cosas por descubrir.

Clamemos a Él y esperemos su respuesta. Mientras lo
hacemos, Él revelará cosas que hasta entonces nos habían
estado ocultas. Él abrirá los misterios de su reino y ofrecerá
soluciones que solo Él podría conocer. Cuando confiamos
en Él como maestro y consejero, hacemos espacio para
que su voz nos muestre mejores maneras de las que
nosotras mismas podríamos encontrar.

*Jesús, gracias por tu invitación a clamar a ti en todo
tiempo. Vengo a ti de nuevo con un corazón que está
hambriento de conocerte. Revélate a mí de maneras
nuevas y muéstrame tu bondad. Gracias.*

JULIO

Señor, escucha mi voz por la mañana;
cada mañana llevo a ti mis peticiones
y quedo a la espera.

Salmos 5:3

PALABRAS QUE LEVANTAN

La angustia abate el corazón del hombre,
pero una palabra amable lo alegra.

PROVERBIOS 12:25 NVI

¿Puede haber una palabra más amable que el gozo eterno que hemos encontrado en Cristo? Él está lleno de vida, esperanza, salvación, gozo, todo lo que anhelamos, y mucho más de lo que podemos imaginar. Aunque la ansiedad es una lucha real, especialmente en los días difíciles, hay una esperanza mayor todavía viva en Jesús.

Cuando nuestro corazón esté cargado de preocupación, acudamos al Señor. Cuando estemos llenas de temor, dirijamos nuestra atención a su amor firme. Él es fiel. Él es verdadero. Él está lleno de justicia y poder. Él no fallará. Él sigue siendo Dios. Él sigue siendo bueno. Llenemos nuestra mente de la verdad, y tratemos de animarnos unas a otras en Cristo mientras vivamos el hoy.

Jesús, declara tus palabras de vida sobre mi corazón, mente y cuerpo. Lléname del conocimiento de tu bondad que no conoce límites. Levanta la pesada carga de preocupación de mi espalda mientras vuelvo a entregarte mis pensamientos una vez más.

HERENCIA ETERNA

Podrán desfallecer mi cuerpo y mi corazón,
pero Dios es la roca de mi corazón;
él es mi herencia eterna.

SALMOS 73:26 NVI

Cuando nuestro cuerpo nos falla, Dios se mantiene firme y fuerte en amor. Cuando nuestro corazón pierde la esperanza, la fidelidad de Dios es inamovible. Sin importar lo que sintamos o experimentemos, Dios sigue siendo bueno. Él sigue siendo real. Él sigue siendo poderoso. Él sigue siendo accesible a través de Cristo.

Que el Espíritu de Cristo fortalezca tu corazón en sus aguas de amor refrescante hoy. Que su abundante porción de paz nutra tu cuerpo. Que encuentres todo lo que necesitas en la abundancia de su presencia mientras te inunda con ella. Su amor nunca se seca. Es fuerte porque está lleno de nutrientes, y es combustible para cualquier cosa que tengamos que enfrentar. Él es más que suficiente, y siempre lo será.

Jesús, tú eres mi herencia eterna, mi abundancia y mi fortaleza. Lléname del fruto de tu Espíritu hoy y lávame con tus aguas vivas. Tú eres mi sustento, y te necesito más que nada.

NO HAY SEPARACIÓN

Y estoy convencido de que nada podrá jamás
separarnos del amor de Dios.
Ni la muerte ni la vida, ni ángeles ni demonios,
ni nuestros temores de hoy ni nuestras preocupaciones
de mañana. Ni siquiera los poderes del infierno
pueden separarnos del amor de Dios.

ROMANOS 8:38

Si ves que tienes tiempo extra esta mañana, tarde o en cualquier momento del día, pasa parte de ese tiempo en este capítulo de Romanos. Está lleno de sabiduría acerca de vivir mediante el poder del Espíritu Santo, nuestra identidad como hijas del Dios vivo, y el glorioso destino que nos espera en su reino.

El triunfo del amor de Dios está plenamente expuesto a la vista de todos para que lo vean, oigan, prueben y repitan. No hay absolutamente nada que pueda separarnos del amor de Dios. ¡Qué mensaje tan glorioso es este! Ninguna cosa real o imaginaria, llena de temor o llena de seducción, puede separarnos de la gran bondad del poder del amor de Cristo. Nada. Nadie. En ningún lugar. El amor es abundante, y está presente hoy y para siempre.

Jesús, gracias por el incomparable poder de tu amor que no puede ser disminuido ni ignorado. Tu amor es mayor que cualquier otra cosa, y confío en su poder en mi vida. Gracias por esta sabiduría.

CADA DÍA DE MI VIDA

Seguro estoy de que la bondad y el amor
me seguirán todos los días de mi vida;
y en la casa del Señor habitaré para siempre.

SALMOS 23:6 NVI

Cuando enfrentes preocupaciones por el futuro, que
puedas encontrar alivio en la verdad de la Palabra de Dios.
Su amor nunca te deja. Su bondad nunca te abandonará. Él
es fiel, y no puede cambiar. Una vez prometido, lo cumplirá.
Una vez dicho, respaldará sus palabras con amor fiel.

Toma unos momentos hoy para declarar este versículo
en voz alta. Proclámalo sobre tu día. Profetízalo sobre
tu vida. Si estás en Cristo, entonces eres suya. Le
perteneces. Seguro que su bondad y su amor te seguirán
todos los días de tu vida. ¡Habitarás en la casa del Señor
para siempre! Amén.

*Jesús, gracias por tu bondad y tu amor que me siguen.
Tu misericordia siempre me alcanza. Tu bondad siempre
me sigue. Te rindo mi corazón, mi vida, mi atención y mis
intenciones. Llena mi mente de tu paz mientras declaro tu
Palabra sobre mi corazón.*

CONSUELO Y FORTALEZA

Al que tropezaba, tus palabras lo levantaban,
Y las rodillas débiles fortalecías.

JOB 4:4 NBLA

¿Alguna vez has recibido consuelo del Señor en
un momento de total fracaso o debilidad? ¿Has
experimentado la fortaleza de Dios a través de su Espíritu
cuando la tristeza se había adueñado de tu corazón? Si
no recuerdas ningún momento en el que el Espíritu de
Dios haya sido consuelo y fortaleza para ti en tiempos de
dificultad, espero que te sientas sostenida y empoderada
por Él en este instante.

Cada momento es una oportunidad para experimentar
la plenitud de su amor. Cada situación, sin importar cuán
maravillosa o desafiante pueda ser, es una oportunidad
para acceder a su presencia. Que puedas conocer su paz
que sobrepasa todo entendimiento, el consuelo de su
presencia envolvente, y el alivio de su gozo.

*Jesús, sé mi consuelo en el dolor y mi fortaleza en la
debilidad. No quiero tan solo saber acerca de ti; quiero
conocerte. Sé tan real para mí como lo son mis amigos
y mi familia. Acércate a mí tanto como mis amigas más
íntimas. Quiero más, Señor.*

ACUDE CON CONFIANZA

Jesús dijo:
—¿Cómo que si puedo?
Para el que cree, todo es posible.

MARCOS 9:23 NVI

Que en las palabras de Jesús encuentres hoy valentía en lugar de condenación. Cuando oras, Él te escucha y te da la bienvenida. Cuando pidas, no pidas como una mendiga sino como una hija. Cuando hagas tu petición, no te preguntes si Él podrá hacerlo. Él lo puede todo.

Jesús está deseoso de responder con misericordia, así que no le retengas tus peticiones. Acude con confianza y no titubees por la preocupación o la duda. Incluso si lo hicieras, Él se encontraría igual contigo. Sin embargo, cuanto más lo conozcas, más serás transformada por su fiel amor. Que ese sea tu fundamento y tu confianza. ¡Acude con valentía delante del trono de tu Hacedor!

Jesús, oraré con confianza y haré todas mis peticiones con fe en tu capacidad de hacer mucho más de lo que podría pensar pedir. Tú eres mejor que yo, y creo que tú me oyes, me respondes, y eres infinitamente bueno. Confío en ti.

MUY BUENO

Entonces Dios miró todo lo que había hecho,
¡y vio que era muy bueno!

GÉNESIS 1:31

Fuiste creada a imagen de Dios. Tú, con todos los errores y defectos que crees tener, fuiste creada con intención y creatividad para reflejar su imagen. Tú no fuiste una improvisación, ni tampoco un error. ¡Fuiste creada maravillosamente!

Cuando leas el versículo de hoy, recuerda que estás incluida en todo lo que Dios creó. Él miró su creación después de esa primera semana y declaró que era bueno. Cuando Él crea, no comete errores. ¿Vas a dejar que la confianza de su amor limpie tu corazón mientras recuerdas que reflejas su bondad? Seguro que sí.

Jesús, gracias por crearme con amor e intención. No menospreciaré lo que tú has dicho que es bueno. No derribaré lo que has declarado que es digno de tu amor. He hallado plenitud de vida, amor, paz, gozo y aceptación en ti. Gracias.

MÁS MISERICORDIA

Así que acerquémonos confiadamente al trono de la gracia para recibir la misericordia y encontrar la gracia que nos ayuden oportunamente.

HEBREOS 4:16 NVI

En tu momento de necesidad no tienes por qué desesperarte. Cuando sientas que ya no puedes más, aférrate a Cristo porque Él siempre puede más. Él tiene amor más que suficiente para empoderarte, gracia para fortalecerte, y esperanza para animarte.

Acércate hoy al trono de tu Padre con confianza en el conocimiento de que eres vista, oída, bienvenida y aceptada. Ahí encontrarás la gracia que necesitas para ayudarte a enfrentar cualquier cosa que salga a tu camino hoy. No te adelantes demasiado; deja que sean suficientes los retos de hoy. Cristo es tu porción interminable, y Él está contigo aquí y ahora. Avanza paso a paso, y nunca dejes de acudir a Él en busca de más misericordia y gracia siempre que lo necesites.

Jesús, tú eres mi fuente de poder, esperanza y valentía. Tú eres la fuente de mi vida. Lléname con lo que necesito para hoy al pasar tiempo en tu presencia. Camina conmigo, porque confío en tu ayuda.

FUERZAS RENOVADAS

Pero los que confían en el Señor renovarán sus fuerzas;
levantarán el vuelo como las águilas,
correrán y no se fatigarán,
caminarán y no se cansarán.

Isaías 40:31 nvi

Cada necesidad es una oportunidad para que el Señor salga a nuestro encuentro. Cuando nos quedamos sin fuerzas, hay un almacén de gracia en el reino de nuestro Dios. Cuando estamos cansadas, confiamos en que la fortaleza de Dios nos levante y empodere.

Todas experimentamos el cansancio que se produce por vivir en este mundo. No se puede evitar. Aun así, este pasaje es un hermoso recordatorio de que, cuando ponemos nuestras esperanzas en el Señor, estamos confiando en que Él se ocupa de lo que no podemos ocuparnos por nosotras mismas. Alzaremos el vuelo como las águilas. Correremos y no nos cansaremos; caminaremos y no nos fatigaremos. En su Espíritu, experimentamos renovación una y otra vez. Apoyémonos en su vida en nosotras cuando la nuestra desfallezca.

Jesús, el hecho es que estoy cansada. Me siento débil. Confío en que tu gracia me alcance y renueve mis fuerzas. Sé todo lo que necesito, y empodérame para seguir perseverando en tu Espíritu. Por favor, dame descanso en medio de toda situación.

SABIDURÍA PURA

Sin embargo, la sabiduría que proviene del cielo es,
ante todo, pura y también ama la paz; siempre es
amable y dispuesta a ceder ante los demás.
Está llena de compasión y del fruto de buenas acciones.
No muestra favoritismo y siempre es sincera.

SANTIAGO 3:17

La sabiduría de Dios se encuentra fácilmente en Cristo.
Está en todo lo que Él hizo, en lo que dijo, y en el fruto de
su Espíritu. Él se mantiene firme en su amorosa verdad; no
ha cambiado ni un ápice. La sabiduría de Cristo a menudo
es sencilla, no compleja. No es un plan de diez pasos. Con
frecuencia es solo el siguiente paso, pero eso es lo único
que necesitamos.

Que no menospreciemos la simplicidad de los mandatos
de Cristo, y que no perdamos nunca de vista el poder de
su amor. Él no es un amo demandante sino un amigo fiel.
Él no nos degradará en nuestros errores. Él nos levanta y
nos anima con su gracia cuando somos débiles. Cuanto
más conocemos a Jesús, más fácilmente discernimos su
sabiduría.

*Jesús, gracias por la simplicidad de tu sabiduría que no
requiere más de lo que puedo ofrecer. Háblame y guíame
en tu amorosa verdad hoy. Confío en ti.*

FRUTO DE LA PACIENCIA

El buen juicio hace al hombre paciente;
su gloria es pasar por alto la ofensa.

PROVERBIOS 19:11 NVI

A muchas de nosotras no nos resulta fácil tener paciencia. Esto es especialmente cierto en esta era instantánea donde podemos tener casi todo lo que queremos pulsando un par de teclas. Que no menospreciemos nunca el proceso de la espera, porque hay muchas cosas fuera de nuestro control que no podemos forzar para que se produzcan más rápidamente.

Tal vez tu papá a menudo repetía la frase «la paciencia es la madre de la ciencia» cuando eras niña. Querías avanzar más rápido y llegar a los momentos emocionantes de tu día. Y, aunque la frase podría sonar a frase hecha, es bueno cultivar un corazón paciente. Cuando soltamos nuestra necesidad de controlarlo todo, podemos agarrarnos a la sabiduría de Dios. No podemos evitar los periodos de espera en la vida, pero podemos aprender a apoyarnos en ellos y encontrar belleza en el proceso.

Jesús, no quiero confundir la paciencia con la indiferencia, y nunca quiero buscar controlar a otro por la incomodidad de mi espera. Ayúdame a encontrar el difícil punto medio donde tú te encuentras conmigo en la espera. Confío más en ti que en mí misma.

INCLUSO ENTONCES

Aun cuando yo pase por el valle más oscuro,
no temeré, porque tú estás a mi lado.
Tu vara y tu cayado me protegen y me confortan.

SALMOS 23:4

Llegará un momento en tu vida en el que caminarás
por un valle oscuro; es inevitable. La tristeza se acerca
inmediatamente después de una pérdida. La depresión
puede anidar en tu corazón. Tal vez experimentes una
enfermedad o un diagnóstico negativo. Tienes que saber
que, incluso en el valle más oscuro, Cristo está a tu lado.

Incluso cuando parece que tu mundo se ha roto en
pedazos, Dios no te ha dejado. Él está cerca. Él es un
pastor, y cuida de sus ovejas. Tú eres su hija, y no te
perderá de vista. Él seguirá protegiéndote y consolándote.
Su Espíritu te rodea. Acércate, dirige tu atención a Él, y
déjate llevar.

*Jesús, confío en que, cuando nada tiene sentido en mi
vida, tú no has cambiado. Aún conoces el fin desde el
principio. No dejaré que el temor se apodere de mí,
porque tú eres mi Pastor, mi amigo fiel y mi consuelo.
Por favor, ¡quédate cerca!*

EL QUE ABRE CAMINOS

Busca su voluntad en todo lo que hagas,
y él te mostrará cuál camino tomar.

PROVERBIOS 3:5

Cuando miras al Señor en busca de guía y ayuda, puedes estar segura de que Él no dejará que te alejes de su amor. Él te mostrará por dónde caminar cuando no tengas ni idea de qué hacer. Cuando busques su sabio consejo, Él te lo dará gratuitamente.

Cuando no puedas discernir qué camino tomar, acércate para oír su voz. ¿Qué te está diciendo? ¿Se inclina tu corazón más por un camino que por otro? ¿Sientes la libertad de escoger qué harás y la confianza de que Dios te redirigirá si es necesario? Su voluntad no es una cuerda floja por la que solo algunas personas muy preparadas pueden caminar. Él es mucho más grande que eso. Confía en que Él te guiará con la marea de su amor.

Jesús, estoy muy agradecida de que tu amor sea más grande que mi minúsculo entendimiento de él. Confío en que me das tu ayuda cuando la necesito. Incluso, mientras camino, sé que tú vienes conmigo, y me rediriges con bondad cuando es necesario.

LEVÁNTATE CON VALENTÍA

Pero tú, Señor, eres mi escudo,
mi gloria, quien me enaltece.

SALMOS 3:3 BLPH

Jesucristo es nuestro escudo y protección. Hemos sido envueltas en Él y cubiertas por su amor ante los ojos del Padre. Estamos vestidas de la misericordia de Cristo que cubre todo nuestro pecado y vergüenza. ¡Qué regalo tan maravilloso ser pura y libre en su amor!

Sabiendo esto, podemos levantarnos con valentía para enfrentar cualquier cosa que llegue. No hay vergüenza que pueda reclamarnos como suya. La voz del temor no es nuestro maestro. La misericordiosa bondad de Dios, su gracia salvadora y su poderosa resurrección son nuestra cobertura. ¿Por qué deberíamos tener miedo de algo cuando Dios nos ha liberado completamente en su amor?

Jesús, tu misericordia es mi valentía y fortaleza. Gracias por la libertad que tengo en ti. Puedo enfrentar cualquier cosa que salga contra mí porque tú estás conmigo, y tú me has declarado liberada y completa en tu amor.

LIBRE DE LA PREOCUPACIÓN

Esten atentos y no dejen que los esclavicen el vicio,
las borracheras o las preocupaciones de esta vida,
con lo que el día aquel caería por sorpresa sobre ustedes.

Lucas 21:34 blph

Cuando permanecemos en el amor de Dios en lugar de dejar que nuestro corazón se enfríe, estamos cultivando la pasión de su compasión en nuestra vida. Donde haya apatía, es que se ha infiltrado la frialdad. Seamos diligentes al mirar nuestra propia indiferencia hacia los demás con curiosidad. Que no perdamos de vista nuestra humanidad compartida.

Las preocupaciones de esta vida tienen la habilidad de introducirse y apoderarse de nuestra carga mental. Si no somos cuidadosas, redirigirán nuestro corazón y secarán nuestra capacidad emocional. Que podamos dejar a Jesús nuestras preocupaciones y retomar solo lo que podamos hacer. No somos responsables de dominar lo desconocido. No podemos conocer el futuro, pero conocemos a Aquel que sí lo conoce. Confiemos en Él en todo lo que no podemos controlar.

Jesús, quiero vivir libre del peso de la preocupación. Enséñame a soltar lo que no me corresponde cargar. Ayúdame a permanecer fuerte en tu amor y arder en medio de la fría apatía que podemos hallar en este mundo. Confío en ti.

ESPÍRITU DE VERDAD

Cuando venga el Espíritu de verdad,
él los guiará a toda la verdad.
Él no hablará por su propia cuenta,
sino que les dirá lo que ha oído.

JUAN 16:13

El Espíritu de verdad no se encuentra en alguna tierra lejana a la que tengamos que viajar. No se halla mediante latigazos o con espada. No es algo que haya que rebasar o controlar. El Espíritu de verdad es el Espíritu de Dios mismo. Es el Espíritu Santo.

¿Alguna vez has sentido como si la verdad solo se encontrara entre las cuatro paredes de la iglesia o en los labios del predicador? El Espíritu de Dios no está confinado a edificios o personas con ciertos títulos. El Espíritu de verdad está contigo tanto como lo está con cualquier otra persona. Tienes acceso a la sabiduría, gracia y misericordia de Dios mediante el Espíritu de verdad que está contigo. No aceptes el juego de poder de nadie para controlarte. La verdad no es controladora; te hace libre.

Jesús, gracias por la libertad de tu misericordia y por la accesibilidad de tu sabia verdad mediante la comunión con tu Espíritu. Estoy muy agradecida por no tener que buscar debajo de las piedras o viajar a catedrales para encontrarte, conocerte y recibir tu enseñanza.

AMOR INTERMINABLE

Pues las montañas podrán moverse
y las colinas desaparecer,
pero aun así mi fiel amor por ti permanecerá;
mi pacto de bendición nunca será roto
—dice el Señor, que tiene misericordia de ti—.

Isaías 54:10

El mundo ha sido testigo de muchas guerras. Ha conocido plagas y hambrunas. Todo lo que experimentamos ya ha sucedido en algún momento del pasado. No nos desesperemos, porque el amor de Dios es poderoso para salvar. Él nos ayudará en medio de nuestras pruebas y desafíos. Las civilizaciones ascienden y caen; ese es el camino del mundo. Cuando veamos que nuestro propio mundo comienza a derrumbarse, recordemos que Dios es mayor que una nación. Él es más firme que cualquier gobierno.

Que puedas saciarte en el amor vivo de la presencia de Dios hoy al mirarlo a Él. Que la esperanza surja en tu corazón y atraviese el terreno de la decepción. No podemos tener lo uno sin lo otro. Dios es un maestro redimiendo lo que parecía haberse perdido para siempre y sacando vida nueva de las cenizas.

Jesús, tú eres mi paz, mi valentía y mi fortaleza. Quiero verte desde tu perspectiva hoy. Dame un destello de la grandeza de la visión de la eternidad, y sopla tu esperanza en mi endeble corazón.

MOTIVACIONES SANTAS

Pensemos en maneras de motivarnos unos a otros
a realizar actos de amor y buenas acciones.

HEBREOS 10:24

¿Cómo serían nuestras comunidades si pusiéramos
por obra estas palabras? ¿Qué pasaría si intentáramos
superarnos unos a otros en amor y bondad? Ya sabemos
cómo competir; ¿por qué no competimos entonces para
ser la bendición más grande?

¿Cómo puedes ayudar a otros a motivarnos unos a otros
en amor? Es tan simple como que empiece por ti. ¿Qué
puedes hacer para mostrar cuidado práctico a alguien de
tu comunidad? ¿Qué buena obra es obvia y aún no la ha
hecho nadie? No tiene que ser grande para que cuente.
Incluso los actos de bondad más pequeños pueden ser un
estímulo enorme para aquella persona que lo necesita.

*Jesús, ¡me encanta esta idea! Quiero ser creativa amando
a otros de maneras prácticas. ¿Me darás la idea y la
creatividad para ir y servir a otros en amor, de maneras
pequeñas y también grandes?*

LLAMADAS A LA LIBERTAD

Pues ustedes, mis hermanos, han sido llamados a vivir en libertad; pero no usen esa libertad para satisfacer los deseos de la naturaleza pecaminosa. Al contrario, usen la libertad para servirse unos a otros por amor.

GÁLATAS 5:13

Muchas de nosotras conocemos los beneficios de la libertad. Probablemente sabemos bien cuál es nuestra idea de libertad. Los detalles pueden variar, dependiendo de dónde vivamos y cuáles sean nuestros valores. Sin importar de dónde provenimos, deberíamos recordar que debemos usar nuestra libertad para demostrar amor a otros en lugar de satisfacernos a nosotras mismas.

Jesús era libre para hacer lo que quisiera, pero usó su libertad para servir a otros y mostrarles el amor del Padre. Probablemente nuestra vida no sea igual que la suya, pero ojalá las motivaciones de nuestro corazón, junto con nuestras acciones, estén alineadas con sus valores. Usemos la libertad que hemos recibido para servir a otros en amor y no solo para edificar lugares seguros de comodidad para nosotras mismas.

Jesús, quiero que mi vida refleje tu amor en todo lo que haga y en las libertades que escoja defender. Muéstrame cómo ceder mis propios derechos para servir al bien común y a tu reino.

UN REGALO DE DIOS

Dios los salvó por su gracia cuando creyeron.
Ustedes no tienen ningún mérito en eso;
es un regalo de Dios.

EFESIOS 37:4 DHH

La gracia de Dios es un regalo maravilloso. Nada de lo que hagamos puede otorgarnos más favor ante Él. Nada de lo que podamos decir puede arrebatar nada al poder de su salvación. Cuando alineamos nuestra vida con su misericordia, su fruto hablará por sí solo. Sin embargo, Dios no nos persigue por lo que podamos ofrecerle. Él no va tras nosotras para que hagamos cosas por Él.

En una relación de amor, estamos completas. Por gracia hemos sido salvadas por la fe. Nada de lo que hayamos hecho podría ni tan siquiera hacer mella en esa gracia. Que vivamos nuestra vida conociendo a Cristo y siendo conocidas por Él en una relación viva. Es un regalo que solo Él podría darnos, y todas somos receptoras del mismo regalo bueno y abundante.

Jesús, hoy dejo de esforzarme y rindo mi necesidad de ganarme tu favor. Estoy agradecida de que ya lo tengo por tu gracia. ¡Gracias! Tu amor me humilla, y me anima a compartir tu amor con otras personas. Sé que lo ofreces a todas en la misma medida.

RÍO DE JUSTICIA

En cambio, quiero ver una tremenda
inundación de justicia
y un río inagotable de rectitud.

Amós 5:24

Cuando decidimos apartar nuestros ojos de la justicia,
nuestra vida es un cascarón vacío y nuestra alabanza
es como címbalo resonante que hace ruido para
apagar las voces de los demás. Cuando sabemos que
hay personas que sufren bajo el peso de la injusticia y
decidimos ignorarlo, no estamos viviendo la misericordia
personificada de Cristo.

Que nuestra vida esté dirigida por la bondad de Dios. Que
ofrezcamos refugio a los que están desubicados y un oído
que escucha a los que han sufrido. Ofrezcamos cama,
comida y consuelo a los que están cansados de su tierra
derruida por la guerra. Juntémonos con los vulnerables y
levantémoslos. Pongamos nuestros recursos donde están
nuestras palabras, ¡y no perdamos de vista la misericordia
de Dios hacia todos!

Jesús, quiero vivir con más intención de la que he tenido.
Quiero ponerme manos a la obra en cuanto a defender
a los que son vulnerables. Tengo mucho, y voy a buscar
maneras de servir a los que están sufriendo con lo que
puedo ofrecer. Gracias por este recordatorio práctico.

PASE LO QUE PASE

Cada vez él me dijo: «Mi gracia es todo lo que necesitas;
mi poder actúa mejor en la debilidad».
Así que ahora me alegra jactarme de mis debilidades,
para que el poder de Cristo pueda actuar a través de mí.

2 Corintios 12:9

La vivacidad del reino de Dios no depende de nuestra
fortaleza. No necesita nuestro poder para ser victorioso.
Como hijas de Dios, somos ciudadanas del reino de Cristo
por encima de todo lo demás. Los caminos y valores de
su reino se convierten en los nuestros. Tenemos libertad
y pleno acceso a la gracia de Jesús en todo tiempo.
Su poder actúa mejor en nuestra debilidad, porque es
entonces cuando más confiamos en Él.

Trata cada debilidad y fracaso como una oportunidad
para que Dios intervenga y te muestre su misericordia
restauradora. Él puede hacer mucho más con un corazón
dispuesto que con uno orgulloso. Apóyate en su fortaleza
y encuentra hoy ese ánimo que necesitas.

Jesús, tú usas lo débil y necio de este mundo para
avergonzar a los orgullosos y a los que son sabios en su
propia opinión. Quiero ser hallada en ti y confiar en tu gracia.
Cubre mi debilidad, Señor. Muéstrales a todos tu poder.

MÁS GRANDE QUE EL TEMOR

Pues Dios no nos ha dado un espíritu de temor
y timidez sino de poder, amor
y autodisciplina.

2 TIMOTEO 1:7

Cuando el temor se sienta en el asiento del conductor de nuestra mente, nuestro corazón o nuestra vida, podemos estar seguras de que Dios no nos está moviendo. No digo esto para avergonzar a nadie por esas veces en las que el temor se apoderó de nosotras. ¡De ninguna manera! El temor es una respuesta al estrés y también al trauma. Aun así, no confundamos el temor con la guía de Dios.

Hay espacio en la sabiduría de Dios. Hay amor en su guía. Hay un gran poder para hacer más de lo que podríamos por nosotras mismas. Hay autodisciplina para movernos a un ritmo razonable y correcto. No nos quedemos atascadas ni avancemos aceleradas por el temor. Invitemos a Dios a liderarnos a través del Espíritu Santo para fortalecernos, guiarnos y ayudarnos en todas las cosas.

Jesús, sé que tú no negocias con el temor, y no requieres una obediencia ciega. No tendré miedo a entregarte mis preocupaciones y reticencias más sinceras, y dejaré que tu amor me atraiga a ti una vez más. Por favor, establece tu paz en mi corazón.

RESPONDIDA

En mi angustia clamé al Señor,
Y Él me respondió.

Salmos 120:1 nbla

Amada, no importa cuán pequeños o grandes, cuán complejos o sencillos sean tus problemas; Dios te ayudará con todos ellos. No retengas tus oraciones o peticiones ante Él. No dudes en clamar a Él en todas las cosas. Él es un padre amoroso y está dispuesto a ayudarte.

En Joel, Dios habló a través del profeta y dijo: «Todo el que invoque al Señor será salvo». Cualquiera que invoque el nombre de Jesucristo recibirá una respuesta y será salvo. Esta es la verdad de Dios. Clama a Él con confianza no solo por tu alma, sino también por tus circunstancias. Él es un abogado preparado y fuerte que se levantará a favor tuyo.

Jesús, gracias por la promesa de tu ayuda cuando clame a ti. No dudaré en clamar a tu nombre en cualquier circunstancia. Confío en ti más que en ningún otro. No dejaré de clamar a ti, Señor.

EN UN ABRIR Y CERRAR DE OJOS

Sucederá en un instante, en un abrir y cerrar de ojos, cuando se toque la trompeta final. Pues, cuando suene la trompeta, los que hayan muerto resucitarán para vivir por siempre. Y nosotros, los que estemos vivos, también seremos transformados.

1 CORINTIOS 15:52

Aunque lo días pueden parecer largos, todo puede cambiar en un momento. No perdamos de vista cuán rápidamente un cambio puede dar un giro a toda nuestra vida. Que estemos llenas de gracia, esperanza y reverencia. Que no nos aferremos con fuerza a lo que tenemos, y que podamos apreciar las bendiciones de nuestras vidas.

El proceso de transformación no es ni rápido ni fácil, pero hay momentos que lo cambian todo. Miremos al futuro con esperanza a medida que el poder de la resurrección de Jesús continúa operando. Él cumplirá cada promesa que ha hecho. Él hará todo lo que dijo que haría. Mientras tanto, vivamos con intención, amor, y un corazón abierto y lleno de gracia.

Jesús, tú eres la plenitud de la esperanza. En ti habrá realización para cada anhelo de la tierra. Tú volverás otra vez, y cuando lo hagas, establecerás todo según las leyes de tu reino. Tú arreglarás todo lo que no esté bien. ¡Aleluya!

JUSTICIA INTERMINABLE

Pero según su promesa, nosotros esperamos
un cielo nuevo y una tierra nueva,
en los que habita la justicia.

2 Pedro 3:13 nvi

Cuando el mundo es demasiado para nosotras, cuando el peso del trauma y de los problemas aumenta por momentos, que puedas encontrar descanso en la presencia de Jesús. Él no ha dejado de ser Dios. Él no ha perdido de vista a nadie ni a nada. Él aún es poderoso en misericordia. Él sigue siendo el Dios de lo imposible. Él está lleno de amor fiel y gracia salvadora.

Quizá puedas fijar tus ojos en la promesa de su reino venidero. Obtenemos destellos de su gloria mediante su Espíritu en nuestra vida. Experimentamos milagros de misericordia. La plenitud de su reino y su perfección sigue llegando. Hay más, y es bueno. Es mejor de lo que podemos imaginar, y así es Él.

Jesús, gracias por el recordatorio de tus promesas de establecer un nuevo cielo y una nueva tierra, de enjugar cada lágrima de nuestros ojos, y de traer una paz perfecta a lo que ahora es un caos. Confío en ti. Por favor, llena mi corazón de esperanza mientras te miro.

ALÁBALO

¡Que todo lo que respira
cante alabanzas al Señor!
¡Alabado sea el Señor!

SALMOS 150:6

Con cada respiración tenemos la oportunidad de alabar
al Señor. No es necesario hacerlo con gritos o canciones.
Puede ser con un callado agradecimiento y un corazón
de gratitud. Puede ser tan simple como recordar que el
Creador de todas las cosas te ve y te conoce. Puede ser
tan minúsculo como un momento de reconocer que su
presencia está contigo.

Tal vez no te sientes agradecida por mucho. ¿Puedes
darle gracias por el aire que llena tus pulmones en este
momento? ¿Puedes darle gracias por la tierra que hay
debajo de tus pies? ¿Por el alimento que hay en tu
estómago? Cualquier cosa que te nutra y te mantenga en
este momento es una vía de agradecimiento si lo permites.

*Jesús, te alabo por el sol que entra por mi ventana. Te alabo
por el aire que entra y sale de mis pulmones. Te alabo por
otro día de vida. Por todo esto y por mucho más, te alabo.*

AUN ASÍ

Si somos infieles, él permanece fiel,
pues él no puede negar quién es.

2 Timoteo 2:13

La constancia del carácter de Dios, su naturaleza misma, es una noticia maravillosa para nosotras. Él es misericordioso por la naturaleza convincente de su amor y no por lo que hagamos o dejemos de hacer. Él es fiel porque su naturaleza es cumplir su Palabra. Él no depende de nuestra fe o de nuestro seguimiento. Él está muy por encima de nosotras.

Gloria a Dios porque su fidelidad no depende de nosotras. Él no nos necesita, y sin embargo, nos escoge para colaborar con Él cuando le entregamos nuestro corazón y nuestra vida. Que nuestra confianza en su amor fiel aumente al darnos cuenta de que Él no está atado por nuestros errores, ni tampoco le retienen. El poder de su resurrección vivifica lo que está muerto.

Jesús, estoy muy agradecida de que tus caminos sean más altos que los míos. Siempre me humillará tu amor. Tú no necesitas mi sí para cumplir tus promesas, pero honras mi sí cuando te lo doy. Gracias.

NAVEGAR EN LAS ENSEÑANZAS DE CRISTO

Que el mensaje de Cristo, con toda su riqueza,
llene sus vidas. Enséñense y aconséjense unos a otros
con toda la sabiduría que él da. Canten salmos e himnos
y canciones espirituales a Dios
con un corazón agradecido.

COLOSENSES 3:16

Las enseñanzas de Cristo son ricas y abundantes. Están llenas de sabiduría que da vida, llenas de poder para vencer, y llenas de ánimo frente a la decepción. No olvidemos el gozo de sus lecciones. La instrucción de Pablo de enseñarnos y aconsejarnos unos a otros mediante cantos es un recordatorio importante de que la música espiritual es santa.

¿Cuáles son tus canciones de adoración favoritas? ¿Hay algún himno, salmo o canto de alabanza que se te haya quedado en la mente durante estos días? Pasa algo de tiempo escuchándola. Hay sabiduría en la palabra hablada, la verdad cantada y el acorde inspirado. Que tu corazón sea impregnado en la verdad de la enseñanza de Cristo mientras suena mediante una música que ministra a tu espíritu.

Jesús, hoy te cantaré una nueva canción. Escucharé música que refleje tu amor, tu sabiduría y tu poder. Gracias por el lenguaje de la música que hace participar no solo a mi mente, sino también a toda mi alma.

FORTALEZA INTERIOR

Pido en oración que, de sus gloriosos e inagotables
recursos, los fortalezca con poder en el ser interior
por medio de su Espíritu.

EFESIOS 3:16

Pablo oraba que el amor de Cristo rebosara en los lectores
de su carta. Pedía que los ilimitados recursos del reino de
Cristo les fortalecieran con poder en su interior. Oraba que
el poder del Espíritu de Dios les fortaleciera y animara.

Mientras escribo estas palabras, pido lo mismo para ti. «Pido
en oración que, de sus gloriosos e inagotables recursos,
los fortalezca con poder en el ser interior por medio de su
Espíritu». Que conozcas la gloriosa esperanza de Aquel
que ha dicho que le perteneces. Tú eres parte del reino de
Dios y coheredera con Cristo. Que seas llena de todo lo
que necesites, y más aún de lo que puedas imaginar, en
comunión con su Espíritu. Que seas bendecida hoy.

*Jesús, gracias por el poder de la oración mediante todas
las generaciones y los siglos. Sé que hay poder en tu
Palabra, y creo que lo que ha sido proclamado es para que
lo haga mío.*

PERDÓN COMPASIVO

Por el contrario, sean amables unos con otros,
sean de buen corazón, y perdónense unos a otros,
tal como Dios los ha perdonado a ustedes
por medio de Cristo.

EFESIOS 4:32

Cuando nuestro corazón se mantiene humilde en el amor de Cristo, somos capaces de escoger perdonar antes que el orgullo de nuestras ofensas. Cuando perdonamos, nos liberamos de quedar atrapadas en las amargas raíces de la decepción y la acusación. Aunque la sanidad toma tiempo y es importante rendir cuentas, debemos aprender a caminar en todos los caminos de Jesús. Una de las maneras más importantes es caminar en una tierna misericordia.

Se nos han perdonado todas nuestras faltas, errores y fracasos en el gran amor de Cristo. Él no tiene nada contra nosotras. Lo que Él rehúsa echarnos en cara, aprendamos nosotras a no utilizarlo en contra nuestra ni en contra de otros. Seamos rápidas para perdonar; eso deja espacio para que la abundancia del amor nos llene incluso más.

Jesús, tu amor es mi motivación en todas las cosas. Con tu misericordia, capacítame para soltar mi rencor. Sé que no me hace bien. Confío en que me mostrarás cómo perdonar y cómo honrarte a ti, a otros y a mí misma en esa acción.

AGOSTO

El llanto podrá durar toda la noche,
pero con la mañana llega la alegría.

S<small>ALMOS</small> 30:5 <small>NTV</small>

NO HAY NADA OCULTO

No hay nada en toda la creación que esté oculto a Dios.
Todo está desnudo y expuesto ante sus ojos;
y es a él a quien rendimos cuentas.

HEBREOS 4:13

No podemos ocultarle nada a Dios. Él lo ve todo con claridad. A Él no le sorprenden nuestros prejuicios o nuestros hábitos. Él nos conoce mejor que nosotras mismas. Sin embargo, esto no es excusa para seguir actuando basado en la vergüenza cuando somos conscientes de ello. Tenemos que rendirle cuentas. No podemos ofender a Dios, pero aun así somos llamadas a vivir en su amor.

¿Hay alguna área de tu vida que no esté alineada con su misericordia? ¿Hay algo que has seguido haciendo, pensando o diciendo aunque sabes que eso no refleja la bondad de su corazón hacia ti o hacia los demás? Llévaselo hoy a Jesús. Él está listo para recibirte con bondad y verdad.

Jesús, tu sabiduría es mejor que cualquier excusa que yo haya puesto. Creo que eres bueno, eres verdad y estás lleno de poder libertador. Te busco, y acudo a ti con las cosas que he intentado ocultar. Te pido que tu misericordia venga sobre mí aquí y ahora.

CUANDO ESTÁS CANSADA

Él da poder a los indefensos
y fortaleza a los débiles.

Isaías 40:29

Tómate esto como una invitación para encontrar fortaleza
y descanso en Jesús hoy. Cuando estás cansada, Él te
ofrece su propia gracia para fortalecerte. Cuando eres
débil, Él te da su poder. Hay más que suficiente en su
almacén abundante. Él nunca tiene escasez, ni se queda sin
existencias. Apóyate en Él, y Él te levantará.

Tal vez te ves con energía suficiente. Si ese es el caso, quizá
sería una buena oportunidad para echar una mano a alguna
persona necesitada. Reflejamos la bondad de Dios cuando
damos con generosidad de la abundancia de nuestras
vidas. Dondequiera que te encuentres hoy, ya sea en el lado
de recibir o en el lado de dar, que seas bendecida con la
generosidad del poder de Dios en tu vida.

Jesús, me apoyo en tu fortaleza cuando me falta la mía.
Gracias por amarme igual, ya sea que esté cansada o llena
de vitalidad. Me alineo con la intención de tu corazón hoy.
Lléname para que pueda suplir también las necesidades
de otros.

RECIBE EL ABRAZO

Todos los que mi Padre ha elegido para que sean
mis seguidores vendrán a buscarme;
y cuando vengan, yo no los rechazaré.

JUAN 6:37 TLA

Los brazos de Jesús están abiertos para ti. Él no ha
cambiado de idea con respecto a ti. Las cargas o los fallos
de ayer no le han convencido para que dé un paso atrás. Él
está tan lleno de amor leal hacia ti ahora como siempre lo
ha estado y como siempre lo estará.

Eres un regalo para Jesús. Acude a Él y recibe su abrazo.
Él nunca te rechazará. Él no te abandonará cuando estés
necesitada. Él no te reñirá, ni abusará de ti. Él es tierno y
está lleno de una misericordia que sana, restaura y redime.
No dejes que nada te retenga hoy, y acude a Él con toda tu
vergüenza, todos tus temores y todas tus preguntas. ¡Ven a
Él y recibe su abrazo!

*Jesús, gracias por recibirme con brazos abiertos de amor.
No me mantendré alejada, y no cederé al temor de la
vergüenza de ser vista. Sé que tú ya me ves y me conoces
completamente. Acércame con tu cálido abrazo cuando
acudo a ti.*

BRILLA INTENSAMENTE

Nadie enciende una lámpara para después cubrirla
con una vasija o ponerla debajo de la cama,
sino para ponerla en un candelero, a fin de que
los que entren tengan luz.

Lucas 8:16 nvi

No dejes nunca que nadie apague tu luz. Cuando sientas
que eres demasiado grande, no te achiques para encajar
en las expectativas que otros tengan de ti. Cuando
sientas que no eres suficiente, no intentes compensarlo
amoldándote a los ideales de otros.

Jesús te ha hecho libre en su amor. ¡Fuiste creada de
forma única y maravillosa! Cuando vives en la luz de su
misericordia, eres libre para ser tú en toda tu esencia. Hay
mucho espacio en su amor para que brilles. Fuiste creada
para resplandecer. Como la luna refleja el brillo del sol en
la noche, así reflejamos su luz en nuestra vida. Abandona
la necesidad de agradar a otros y busca agradar a Dios tal
como fuiste creada para hacerlo.

*Jesús, gracias por tu amor liberador. No quiero acobardarme
o conformarme a los estándares de nadie que no seas tú.
Confío en que tu misericordia es lo suficientemente grande
para mí. No necesito ser algo ni alguien que no soy. Acudo a
ti, y me levanto para brillar sin avergonzarme.*

UNA ESPERANZA MEJOR

La esperanza de los justos es alegría,
Pero la expectación de los impíos perecerá.

PROVERBIOS 10:28 NBLA

Cuando sentimos curiosidad por la motivación de nuestra esperanza, puede que encontremos sistemas de creencias subyacentes en nuestro corazón que no sabíamos que existían. Todas somos productos de nuestros entornos, y no podemos escapar del condicionamiento de nuestras comunidades, familias y culturas. Cuando se trata de nuestra esperanza, que la alineemos a la luz de quien Jesús era, es y siempre será.

Cuando piensas en una mala persona, ¿qué rasgos vienen a tu mente? Cuando piensas en una persona justa, ¿qué valores y rasgos posee? Al leer las Escrituras, y más específicamente las enseñanzas de Jesús, que encuentres revelación de justicia y un entendimiento más profundo. Que todas tus esperanzas encuentren su fuente y su cumplimiento en Él.

Jesús, no quiero poner mi esperanza en la persecución de cosas vanas que no tengan su inicio o final en ti. Enséñame en tu verdad y guíame con tu sabiduría. Confiaré en ti.

ALEGRE SALVACIÓN

¡Con alegría ustedes beberán abundantemente
de la fuente de la salvación!

ISAÍAS 12:3

¿Has experimentado el gozo de la ayuda de Dios en tu
vida? ¿Has probado la bondad de su salvación? A través
de Cristo, tienes una puerta abierta al Padre. ¡Sí, tienes una
invitación al trono de Dios! Él te da la bienvenida con los
brazos abiertos, y no te rechazará cuando acudas a Él.

En Juan 3:16, Jesús dijo que Dios mostró lo mucho que
amaba al mundo cuando envió a su único Hijo. Todo el
que crea en Él tendrá vida eterna. Este es el gozo de
nuestra salvación: saber que se nos ha ofrecido vida
eterna, abundante, alegre y plena en Cristo, que vino para
hacernos libres en el amor del Padre. ¡Qué herencia tan
gloriosa compartiremos con Él en su reino venidero!
¡Qué día tan emocionante nos espera!

*Jesús, gracias por la vida eterna en ti. Te he dado el
liderazgo de mi vida y te he entregado mi corazón, y creo
que eres el Hijo de Dios. Que pueda experimentar gozo en
la fuente de tu salvación hoy.*

BAJO SU RESPLANDOR

Haz resplandecer Tu rostro sobre Tu siervo;
Sálvame en Tu misericordia.

SALMOS 31:16 NBLA

¿Has tenido un día, una semana o una época difícil en la que parecía que no podías escapar de que te ocurrieran cosas malas? Ciertamente, el dolor es parte de la vida. El sufrimiento es algo con lo que hay que contar, pero no deberíamos ponerlo en un pedestal, ni esperar solamente sufrimiento en la vida. Jesús nos aseguró que pasaríamos por aflicciones de muchos tipos, y nos ofrece paz en medio de ellas. Con el paso de las etapas, nuestras circunstancias también cambian.

Que puedas experimentar el resplandor de Dios hoy quitando la pesada carga de tus problemas presentes. El peso del mundo no es algo que te corresponda cargar. Su amor eterno y su gracia gloriosa te rodean, y tienen el poder para quitar las pesadas cargas que llevas. Que Dios haga brillar su rostro sobre ti, y seas cubierta en la gloria de su presencia.

Jesús, tú eres mi Salvador y el que levanta mi cabeza. Confío en ti más que en las noticias negativas que parecen retransmitirse incesantemente. Confío en que tú sigues obrando en este mundo y en mi vida, y te pido que irradies tu amor sobre mí hoy.

SEGUIR VIVIENDO EN AMOR

Ustedes lo aman a pesar de no haberlo visto;
y aunque no lo ven ahora, creen en él
y se alegran con un gozo indescriptible y glorioso.

1 Pedro 1:8 nvi

Hay un gran valor en decidir vivir tu vida en el amor constante y abrumador de Cristo. «Ustedes lo aman a pesar de no haberlo visto». Que sigas escogiéndolo a Él una y otra vez. Él es digno de todo sacrificio y rendición. Su amor es puro y sus motivaciones puras. Él no condiciona o anula tus decisiones. Él no manipula ni abusa.

Él ve cada movimiento que haces, ya sea que tú te hayas dado cuenta o no. Él ve la motivación de tu corazón y tus decisiones. Él sabe lo que te mueve. Él sabe lo que no te deja dormir en la noche. Puedes confiar en su amor. Él no busca controlarte; te hace libre con la libertad de su misericordia. Que vivas cada vez más en esa libertad, y sigas decidiendo amar en todas las cosas.

Jesús, te amo. Decido seguir buscándote sin importar cuántas veces caiga. Sé que tu amor es mejor que cualquier otra cosa. Tú me has hecho verdaderamente libre.

ÉL LO HARÁ

Pues todas las promesas de Dios se cumplieron
en Cristo con un resonante «¡sí!»,
y por medio de Cristo, nuestro «amén»
(que significa «sí») se eleva a Dios para su gloria.

2 CORINTIOS 1:20

Lo que Dios ha prometido, lo hará. Él llevará a cabo aquello a lo que se ha comprometido. Que nuestra confianza esté en su naturaleza, su fidelidad y su amor incesante. Prosigamos para ser más como Él mientras lo conocemos más.

Cuando haces una promesa, ¿cuáles son las probabilidades de que la cumplas? Amigos leales hay pocos y de mucho valor. Que seas una persona de palabra, y cuando falles, que seas humilde para pedir entendimiento y admitir tus límites. Incluso aunque tú falles, Dios no lo hará. Él es mucho mayor que nosotros, los humanos.

Jesús, tú eres el sí y el amén a todas las promesas de Dios. Tú eres el cumplimiento de cada anhelo. Confío en que sigas cumpliendo tu Palabra y llevando a cabo cada promesa que has hecho. Que sea yo leal en amor como tú lo eres.

OBRAS MARAVILLOSAS

Dios es muy tierno y bondadoso,
y hace que sus maravillas
sean siempre recordadas.

SALMOS 111:4 TLA

Cuando nuestro corazón está cansado, podemos animarnos recordando lo que Dios ha hecho ya. Miremos mediante las lentes de la historia con curiosidad y volvamos a contar las historias de la fidelidad de Dios. Dios aún se mueve de formas maravillosas. ¿Qué avances y victorias, tanto grandes como pequeñas, hemos dejado atrás y echado en el olvido?

Al recordar las cosas maravillosas que Dios ha hecho, que eso nos motive a alabarlo. Él está lleno de gracia y tierna misericordia. Él no ha dejado de cumplir fielmente su Palabra. Él es justo, está lleno de verdad, y sigue moviéndose con la longitud ilimitada de su amor.

Jesús, recuérdame tu poder. Refréscame en tu presencia, la cual obra maravillas. Gracias por las maneras milagrosas en las que te has movido. Estoy agradecida por esta prueba como señal de las cosas mayores que vendrán.

ESPERAR CON CONFIANZA

Pero si deseamos algo que todavía no tenemos,
debemos esperar con paciencia y confianza.

ROMANOS 8:25

No podemos escapar de las épocas de espera de la vida.
Ya sean los momentos antes de la visita a un doctor o el
tiempo necesario para desarrollar una práctica desde un
plan, la paciencia y la confianza nos serán muy útiles. La
paciencia no es una evasión pasiva. No significa que no
hagamos nada. Significa que aprendemos a apreciar el
viaje de un punto al siguiente.

Que nuestra confianza esté siempre dirigida hacia Cristo.
Él es el vencedor y, a través de Él, nosotras también
vencemos. Mientras esperamos, Él es nuestra fortaleza.
Mientras trabajamos en lo que tenemos a la vez que
esperamos más, Él es nuestra fuente de ayuda constante.
Con Él, la espera se convierte en una esperanza gozosa
y expectante.

*Jesús, hay más esperanza en ti de la que podría hallar
fuera de ti. Anhelo conocerte más y ser hallada en tu
amor fiel en cada etapa del alma. Lléname de fortaleza
y confianza, mientras sigo confiando en ti con respecto
a todo lo que necesito.*

DICHO Y HECHO

El Señor tan solo habló y los cielos fueron creados.
Sopló la palabra, y nacieron todas las estrellas.

SALMOS 33:6

Dios solo necesita un pensamiento y una palabra creativa para crear lo que no existía antes. Su poder supera nuestras imaginaciones, y su creatividad no tiene fronteras. Que su capacidad para crear solo con un suspiro nos anime hoy.

Cada estrella del cielo comenzó como un pensamiento. Cada persona en el planeta fue creada intencionalmente en la imaginación de Dios. En lugar de dudar de la importancia de nuestras vidas, cobremos ánimo en que Dios no cometió error alguno al crearnos. Fuimos creadas de manera asombrosa, maravillosa y amorosa. Deseemos su presencia aún más, dejando que su verdad construya nuestra identidad y rompa las mentiras de la vergüenza.

Jesús, en ti, toda mi vergüenza se ha diluido. Tú me recibes con amor en el trono del Padre. Vengo a ti con mi corazón abierto y mi mente lista para recibir mayores revelaciones de tu misericordia.

PALABRAS CUIDADOSAS

Quien mide sus palabras
guarda su vida de aprietos.

PROVERBIOS 21:23 BLPH

¿Qué cuidado pones en las palabras que dices? No solo cuando hablas con alguien, sino también cuando hablas sobre ellos. Jesús dijo en Lucas 6:45: «Porque su boca habla de lo que rebosa el corazón». No deberíamos preocuparnos solamente por lo que decimos, sino también por qué lo decimos.

Aprovecha esta oportunidad para ser cuidadosa con lo que dices, y evalúa también el fruto de tus pensamientos y reacciones. Sabemos que Dios no solo mira lo que hacemos, sino que también ve lo más hondo de nuestro corazón: nuestras motivaciones e intenciones. En su misericordia, podemos ser transformadas continuamente en su amor tanto con nuestras acciones como con nuestro corazón.

Jesús, no quiero perder el punto de tu sabiduría. No quiero pintar un cuadro bonito para enseñárselo a otros y perderme la obra profunda de sanidad y alineación del corazón. Muéstrame dónde mis pensamientos no están alineados con tu misericordia; estoy abierta a ti.

TÚ YA LO SABES

¡Él te ha mostrado, oh mortal, lo que es bueno!
¿Y qué es lo que espera de ti el Señor?:
Practicar la justicia, amar la misericordia
y caminar humildemente ante tu Dios.

MIQUEAS 6:8 NVI

El evangelio de Cristo es simple. Es alcanzable y accesible para todos. Dios no es un amo exigente que mueve la marca constantemente para que sigamos intentando averiguar lo que quiere de nosotras. *¡Él te ha mostrado!* lo que espera de ti. Tú ya lo sabes.

Que puedas usar el versículo de hoy como un poste de referencia para proseguir hacia las cosas que importan y soltar todo lo que no es importante. Simplemente, *practicar la justicia, amar la misericordia y caminar humildemente ante tu Dios.* Es así de simple.

Jesús, gracias por la comunión de tu presencia. Gracias por el recordatorio de que tus expectativas de mí son simples y que tu gracia es suficiente para mí. Guardaré tu palabra en mi corazón hoy y viviré conforme a tu sabiduría.

CONFIANZA INQUEBRANTABLE

En ti confían los que conocen tu nombre,
porque tú, Señor, jamás abandonas a los que te buscan.

SALMOS 9:10 NVI

Pase lo que pase, sigue confiando en el Señor. Él no se rendirá contigo, no te abandonará y nunca te rechazará. Sigue persiguiéndolo y buscando su corazón. No es difícil encontrarlo. Dondequiera que encuentres el fruto de su Espíritu, ahí está Él. Dondequiera que encuentres verdadera paz, descanso, gozo, amor y aceptación, Él está en medio de ti.

Verdaderamente puedes confiar en Él. Incluso cuando no tengas fe, Él sigue siendo fiel. Su bondad no depende de tu creencia. Tu corazón puede estar tranquilo, descansando en su amor infalible. En lugar de insistir en cargar con el peso de tus preocupaciones, puedes soltarlas y confiar en que Él se hace cargo de lo desconocido que tú no puedes controlar. Él está contigo, y está de tu lado.

Jesús, confío en ti. Confío en ti en mis esperanzas y mis decepciones. Confío en ti en mis mayores victorias y en mis mayores derrotas. Creo que tú reconstruirás, repararás y redimirás lo que pensaba que se había perdido. Sé que nada se pierde en tu misericordia.

CONFIANZA EN LA FIDELIDAD

Nunca olvido el fiel amor que me tienes;
tu fidelidad guía mis pasos.

SALMOS 26:3 PDT

Cuando confiamos en la fidelidad de Dios, no estamos siendo necias sino sabias. Aunque podemos hacer nuestros planes y ejecutarlos lo mejor que sepamos, no podemos controlar el futuro. No podemos asegurar un resultado favorable. Siempre habrá variables en juego en el mundo y en esta vida que no sabemos considerar.

Pero Dios es fiel. Él lo ve todo; lo conoce y te conoce. Él nunca se sorprende, y nunca se desvía. Él seguirá moviéndose en la bondad misericordiosa y en el poder de su amor. Lo que ha puesto en acción, nadie lo puede desviar. Confía en Él. Él es fiel.

Jesús, viviré hoy confiando en tu fidelidad, en tu amor infalible y en tu soberanía. Suelto la necesidad de pensar ansiosamente lo que no puedo controlar, y permito que tú me dirijas.

EL ÚNICO CAMINO

«Yo soy el camino, la verdad y la vida;
nadie puede ir al Padre si no es por medio de mí».

JUAN 14:6

¿Por qué íbamos a agotarnos intentando encontrar un camino hacia la pureza, bondad y misericordia inagotable cuando ya tenemos el camino de vida delante de nosotras? Jesús nos ha invitado a tener comunión con el Padre a través de sí mismo. Mediante la unión con Jesucristo, tenemos una puerta abierta a la presencia del Padre.

Incluso en este momento, el Espíritu nos dirige en fe. Pongamos nuestra mirada en Jesús, quien es el autor y el consumador de nuestra fe. No hay nada más que tengamos que hacer. No tenemos que prepararnos, ponernos nuestro mejor vestido, o arreglar el enredo de nuestra vida. Simplemente acudimos. Seguimos a Jesús: el camino, la verdad y la vida.

Jesús, tú eres el camino al Padre. Lo creo. Me dirijo a ti y me alejo de la seducción de la ambición egoísta. Quiero conocerte más. Quiero conocer el puro deleite del corazón del Padre. Quiero ver que prevalezca tu anhelo por la justicia, la misericordia y la verdad. Te quiero a ti.

REBOSAR EN MISERICORDIA

Ustedes deben ser compasivos con todas las personas, así como Dios, su Padre, es compasivo con todos.

Lucas 6:36 TLA

La misericordia y la compasión que el Padre derrama continuamente sobre nosotras no tiene fin. Entonces, ¿por qué dejamos tan pronto de ser misericordiosas? ¿Por qué tenemos que dar portazos y levantar muros en el nombre de Cristo? Hacer eso va en contra de su propia naturaleza.

Cuando abrimos el corazón en compasión y mostramos misericordia a otros, no importa que pensemos que los demás «merezcan» o no tal bondad, reflejamos el amor que Dios nos muestra a nosotras. Dios es bueno con todos, no solo con los amigables y abiertos. Con todos. Jesús amó a sus enemigos tanto como amó a sus amigos más íntimos. Que lleguemos a ser como Él y hagamos lo mismo.

Jesús, sé que no hay excusa para mi falta de amor hacia algunas personas. No quiero albergar rencor o mostrar mi desdén. Ablanda mi corazón con tu amor. Empodérame para ofrecer misericordia y bondad a los que me resultan difíciles de amar.

APRENDE DE ÉL

Carguen con mi yugo y aprendan de mí,
pues yo soy apacible y humilde de corazón,
y encontrarán descanso para sus almas

MATEO 11:29 NVI

¿A qué tipo de líder te sientes atraída? ¿Alguien carismático y ruidoso? ¿Alguien que tiende a liderar con el ejemplo? Hay muchos estilos de liderazgo, y el estilo por sí solo no es un indicador del corazón de una persona, de sus motivaciones, o de la sustancia de lo que está ofreciendo.

Jesús es verdad. Él está lleno de una sabiduría que no falla, y no es enérgico. Es amable, confiable y humilde, y sin embargo, tiene todas las respuestas. Él no necesita gritar para que lo escuchen. No necesita menospreciar a otros para elevarse a sí mismo o a otra persona. No importa los rasgos de personalidad que admiremos en otros, aprendamos a valorar la esencia de la vida de una persona, el fruto de su trabajo y su integridad personal por encima de todo lo demás.

Jesús, me alegro de que no seas dominador. Me encanta que das espacio a tus seguidores y amigos para que tomemos nuestras propias decisiones. Tú no te ves amenazado por la libertad; tú ofreces verdadera liberación. Te sigo, y quiero que mi alma conozca su verdadero descanso en tu amor.

LA BENDICIÓN DE HOY

Que te conceda lo que tu corazón desea;
que haga que se cumplan todos tus planes.

SALMOS 20:4 NVI

Que puedas encontrar eso que estás buscando. Que Dios te conceda el deseo de tu corazón. Que bendiga el trabajo de tus manos. Que haga que todos tus planes prosperen mientras te rindes continuamente a su liderazgo.

Sobre todas las cosas, que conozcas la superabundante bondad de conocer a Cristo. Él es la fuente de toda buena dádiva, y su fidelidad no se ve interrumpida por los problemas de este mundo. Aunque tu vida puede cambiar con las etapas y los tiempos, su amor nunca cambia. Él es infalible en su misericordia. Él seguirá moviéndose de maneras poderosas.

Jesús, confío en ti en cuanto a los deseos más íntimos que tengo. Te he entregado el liderazgo de mi vida, y confío en que bendecirás la obra de mis manos y harás que todo encaje en tu redención misericordiosa. Haz lo que quieras en mi vida, Señor. Sé glorificado.

MÁS ALTO QUE LOS CIELOS

Porque su misericordia para los que le temen es tan grande como la altura de los cielos sobre la tierra.

SALMOS 103:11 NBV

Cuando los afanes de este mundo se amontonan, que seamos capaces de hacer lo que hizo el salmista y alcemos la mirada a los cielos. A pesar de lo altos que están, el amor de Dios llega aún más alto. En la abundante expansión del universo, la misericordia de Dios llena cada espacio. Se está expandiendo constantemente, multiplicándose en su poder, incluso mientras nuestro universo se expande.

Nuestra tristeza y nuestros problemas también son reales. El amor firme y leal de Dios también es real. Se extiende mucho más lejos que nuestras imaginaciones. Llega más allá de la proyección de nuestros temores. Salgamos de nuestras pequeñas vidas y entremos en la posibilidad de realidades más grandes. El gran reino de Cristo es nuestro hogar final, y podemos descansar nuestro corazón en Él, incluso mientras esperamos su regreso.

Jesús, quiero ver desde tu perspectiva más alta hoy. Siempre que los problemas me abrumen, saldré de ahí y respiraré en el espacio que tenga. Recordaré que yo soy solo una parte pequeña de un todo mayor, y que tu amor no tiene límites.

VIDAS JUSTAS

Busquen el reino de Dios por encima de todo lo demás
y lleven una vida justa, y él les dará todo
lo que necesiten.

MATEO 6:33

La instrucción de Jesús de «busquen el reino de Dios por encima de todo lo demás» va después de la advertencia de no preocuparnos por lo que comeremos, beberemos o vestiremos. En lugar de canalizar nuestra energía preocupándonos por posibles resultados que están fuera de nuestro control, confiemos en que Dios nos proveerá como el buen Padre que es, y busquémoslo a Él.

Cuando buscamos el reino de Dios primero, anteponemos sus valores antes que los de este mundo. Cuando nos ponemos como meta vivir una vida justa, todo lo que necesitamos se ordena. Vivamos con integridad, honor y misericordia. Escojamos la bondad en lugar de la ambición egoísta. La justicia se encuentra en Cristo, y no confiamos en nuestros propios méritos para alcanzarla. Alineemos nuestra vida en Cristo y confiemos en que Dios proveerá para lo que necesitemos. Él lo hará.

Jesús, busco vivir para tu reino primero y por encima de todo. Tu reino está por encima de cualquier sistema de este mundo, incluyendo cualquier estructura religiosa. Te escojo a ti, y avanzo hacia tu presencia ahora. Transfórmame en tu bondad mientras te miro.

ESFUERZO CONSTANTE

Pues todo el que pide, recibe;
todo el que busca, encuentra;
y a todo el que llama, se le abrirá la puerta.

LUCAS 11:10

Por muy cómoda o desesperada que te sientas hoy, mira al Señor. Él te visita con la abundancia de su misericordiosa gracia sin importar el estado en que estés. Él está contigo incluso ahora. Pídele lo que necesitas. Búscalo y lo encontrarás. Él está más cerca de lo que crees. Llama a la puerta del cielo, y Él te la abrirá.

Hay belleza en la simplicidad de la comunión con Jesús. No tenemos que orar de forma perfecta, hacer las cosas bien, o fingir que somos lo que en verdad no somos. Jesús nos cubre con su amor grande y perfecto, y nos acepta como somos. No te rindas hoy. Sigue avanzando, aunque sea a paso de tortuga. Tu esfuerzo constante siempre se encontrará con la abundancia de la misericordia de Dios en Cristo.

Jesús, gracias por ser constante al buscar mi corazón. No me alejaré ni me distraeré con las cosas que no importan. Quiero conocerte más. Háblame, respóndeme, y encuéntrate conmigo ahora.

EL BUEN PASTOR

Yo soy el buen pastor. El buen pastor
da su vida en sacrificio por las ovejas.

JUAN 10:11

Jesús es el buen pastor. ¿Qué significa eso para nosotras?
Un pastor es un cuidador, pero también es un guerrero. Los
pastores luchan contra los que intentan matar y destruir al
rebaño. Leones, osos, cualquier depredador que aceche al
rebaño: no pueden espantar a un buen pastor. De hecho, él
está dispuesto a dar su vida por sus ovejas.

Jesús estuvo dispuesto a hacer eso por nosotras. Él dio
su propia vida para salvarnos. Él luchó contra la muerte y
la condenación eterna, pero no estuvo muerto por mucho
tiempo. La muerte fue vencida y perdió su poder cuando
Jesús resucitó al tercer día. Ahora Él vive, y su vida es
nuestra. No solo nos salvó, sino que también nos liberó de
la fortaleza de la muerte en el proceso. Ahora tenemos una
vida eterna que esperar en su reino glorioso.

*Jesús, gracias por enfrentar mis temores y por salvarme
de la maldición del pecado y de la muerte. Tú has vencido
a cada uno de los enemigos que enfrento, y colaboro
contigo para estar firme en tu victoria. Confío en que
seguirás guiándome en esta vida y protegiéndome.*

SOLTAR

Olviden las cosas de antaño;
ya no vivan en el pasado.

ISAÍAS 43:18 NVI

La culpa puede atraparnos en un ciclo de pensar demasiado. Todas tenemos nuestros momentos en los que la vergüenza toma el timón de nuestra mente y nos lleva a lugares familiares a los que preferiríamos no ir. Solo porque algo sea familiar no significa que esté bien.

Pongamos en práctica las palabras de Dios a través del profeta Isaías mientras soltamos lo que no podemos cambiar. *Olviden las cosas de antaño; ya no vivan en el pasado.* Él está haciendo algo nuevo. No podemos cambiar nada mediante la introspección de las cosas que son parte de nuestra historia. La vergüenza nos atrapa y equipara nuestros errores a nuestra valía, pero Cristo nos ha liberado de la vergüenza. Él tiene la última palabra sobre quiénes somos. Somos dignas de amor en este momento, y Él no ha cambiado de idea con respecto a nosotras. Y nunca lo hará.

Jesús, cuando comience a enredarme en el pensamiento basado en la vergüenza, te pido que me ayudes a volver a enmarcar mis pensamientos en tu verdad. Tú dices que soy digna de tu amor. Tú me creaste, y lo hiciste con propósito. Tú no me echas en cara mis errores, así que soltaré lo que no puedo cambiar y confiaré en ti en cuanto a mi presente y mi futuro.

LA PERSISTENCIA ES LA CLAVE

Perseverar con paciencia es lo que necesitan ahora
para seguir haciendo la voluntad de Dios.
Entonces recibirán todo lo que él ha prometido.

HEBREOS 10:36

Cuando se te acabe la motivación, hay una clave a la
que te puedes aferrar para continuar. Cuando ya no te
emocione lo que estás haciendo, pero es necesario hacer
esa tarea, perseverar con paciencia es vital. La persistencia
es clave para tu éxito al margen de cuál sea ese éxito.

La motivación es útil para que comiences algo, pero no
será lo que te mantenga haciéndolo. Lo que te mantiene
haciéndolo es el enfoque y la visión, pero también la
disposición a seguir en ello. Los tiempos intermedios no
se celebran, pero son necesarios. El ministerio de Jesús no
consistió en experiencias cumbre todo el tiempo. Seguro
que Él no tenía ganas de levantarse cada mañana, pero
lo hacía para pasar tiempo con el Padre. Sea lo que sea
lo que te está costando hacer hoy, anímate para seguir
haciéndolo. Con o sin motivación, tú puedes persistir.

*Jesús, gracias por el recordatorio práctico de la
persistencia en tu reino. No dejaré de pasar tiempo
contigo, y no perderé de vista las cosas que necesito para
continuar en la vida. Confío en que tú seguirás siendo mi
ayuda y mi visión.*

CREER

Pero de una cosa estoy seguro:
he de ver la bondad del Señor
en esta tierra de los vivientes.

Salmos 27:13 nvi

El Señor no ha dejado de ser bueno con nosotras solo
porque nos cueste reconocer su bondad en nuestras
circunstancias. Él no ha dejado de ser misericordioso con
nosotras, incluso cuando no podemos verlo con tanta
facilidad como antes lo veíamos. Él es siempre fiel,
su amor leal siempre rebosa, y nunca se cansa.

Aunque nuestro estado de ánimo y nivel de energía
cambian constantemente, Jesús es firme y constante. Él no
se decepciona fácilmente, y no nos amenaza con eliminar
su presencia de nosotras cuando dudamos. No importa
cuánta fe tengamos en este momento, recordemos que
Dios es fiel. Que nuestra confianza descanse en su carácter
constante. Tanto en nuestros días buenos como en los
malos, recitemos con el salmista: «Pero de una cosa estoy
seguro: he de ver la bondad del Señor en esta tierra de los
vivientes».

*Jesús, tú eres mi confianza y mi fortaleza. Tú eres mi
esperanza y donde reside mi satisfacción. Confío en que
seguirás obrando tu bondad en mi vida y en este mundo.
¡Sé que aún no has terminado!*

PERFECCIONADA EN CRISTO

Pues mediante esa única ofrenda, él perfeccionó
para siempre a los que está haciendo santos.

HEBREOS 10:14

Antes del sacrificio de Cristo, eran necesarios los sacrificios animales para expiar los pecados en el antiguo pacto que Israel tenía con el Señor. El sacrificio de Cristo reemplazó el antiguo pacto por uno totalmente nuevo. En este pacto ya no son necesarios más sacrificios. De una vez por todas, hemos sido hechas santas por la sangre de Jesús.

Por muchas fallas que veas en ti, por muchos defectos que luches por aceptar, has de saber esto: en Cristo, ya has sido perfeccionada en su misericordia. Con tu vida rendida a su liderazgo, no debes cuestionar nunca si necesitas hacer más, ser más o desempeñar más. Eres perfeccionada, y estás completa en Él. Deja que su amor te transforme continuamente, porque eres libre de la maldición del pecado y estás viva en Cristo.

Jesús, tú eres mi libertador y mi líder amoroso. Someto mi vida a la tuya, porque sé que eres bueno. Gracias por tomar la responsabilidad de nuestra santidad y por darnos la bienvenida a tu familia con misericordia y gracia. Soy tuya.

RENDICIÓN CONTINUA

Y vivan amando a los demás, siguiendo el ejemplo de Cristo, que nos amó y se entregó por nosotros en sacrificio, como ofrenda de perfume agradable a Dios.

EFESIOS 5:2 NBV

La rendición a menudo se considera una debilidad en este mundo. Los poderosos a menudo ridiculizan la humildad y un corazón compasivo. Sin embargo, no hay nada más poderoso que una vida rendida vivida con amor. Jesús vivió rendido al Padre. Él escogió la misericordia cuando quienes estaban a su alrededor escogieron el juicio o la apatía.

Que nosotras también vivamos con un corazón rendido al amor de Dios. Él es nuestra fuente y nuestra fortaleza. Vivamos en ese amor que rebosa de su corazón y llega hasta nosotras, y que podamos ofrecer gratuitamente a otros la misma compasión que hemos recibido. Que sometamos continuamente nuestro corazón a Cristo, porque Él es digno de nuestra adoración y confianza.

Jesús, gracias por el ejemplo de tu amor. Puedo mirarlo cuando me siento abrumada por el peso y las responsabilidades de este mundo. Tu amor es mi guía en lugar de la retórica de los que tienen el poder. Decido rendirme a ti con amorosa confianza. Sigue guiándome hacia tu bondad.

PRESTA ATENCIÓN

Controla tu carácter,
porque el enojo es el distintivo de los necios.

ECLESIASTÉS 7:9

El enojo es un buen indicador de que algo está mal. El enojo no es pecado. Es lo que hacemos con él, cómo reaccionamos ante otros, lo que puede llevar al daño y al pecado. En lugar de descartarlo o desear que desaparezca, sintamos curiosidad por las áreas de nuestro corazón y de nuestra vida en las que estemos lidiando con el enojo.

Presta atención a lo que te enoja. ¿Hay algún hilo o tema común? ¿Qué tipo de acciones te superan? El enojo puede surgir de muchas situaciones. Tal vez necesitas ser consciente de cuándo tienes hambre o estás cansada. Cuando nos permitimos reaccionar con enojo o albergarlo en nuestro corazón contra otros, eso nos llevará a sufrir algún daño. Cuando nos damos cuenta de que es un indicador de áreas en las que nos sentimos invisibles, fuera de control, o donde la injusticia corre a rienda suelta, podemos tratarlo y tratarnos a nosotras mismas de modo diferente.

Jesús, no quiero enojarme con facilidad o guardar rencor. Muéstrame cuál es la raíz del enojo que aparece en mi vida. Dame sabiduría para ajustar mis límites cuando sea necesario. Muéstrame cuándo debo simplemente pasar por alto la ofensa. Gracias.

JARDINES DE GOZO

Los que con lágrimas siembran,
con regocijo cosechan.

SALMOS 126:5 NVI

Ninguna lágrima que hayas derramado en tu vida ha pasado desapercibida. No hay angustia que hayas sentido que el Señor no haya notado. Aunque no puedes escapar de las experiencias dolorosas que conlleva la humanidad y vivir en el mundo en que vivimos, hay esperanza incluso en tu dolor.

Jesús es nuestro Redentor. Él toma lo que nos quebranta y nos edifica con vida nueva. Cuando nos sentimos rotas y creemos que no tenemos remedio, su amor se expande para llenar cada grieta y cada rincón y sembrar nueva vida con esperanza y promesa. Él es mucho mejor de lo que podemos imaginar. Él no ha terminado de sembrar su misericordia en la tierra de nuestra vida aunque la tierra esté llena de cenizas de derrota y decepción. Hay nueva vida en camino. Florecerá, y cosecharemos ese jardín de gloria con cantos de gozo.

Jesús, gracias por obrar siempre incluso cuando no puedo percibirlo. Confío en que sigues redimiendo lo que parece irredimible. Restaura lo que parece que se ha perdido para siempre. Tú eres mejor de lo que puedo imaginar, y pongo mi esperanza en ti.

SEPTIEMBRE

El Señor es justo en medio de ella;
No cometerá injusticia.
Cada mañana saca a luz Su juicio,
Nunca falta;
Pero el injusto no conoce
la vergüenza.

Sofonías 3:5 nbla

UN CORAZÓN AGRADECIDO

Dedíquense a la oración
con una mente alerta y un corazón agradecido.

COLOSENSES 4:2

La oración no requiere los sentimientos perfectos ni un estilo específico. Es una puerta abierta de comunicación entre nosotras y el cielo. La oración es mayor que una afirmación que hacemos en las catedrales. Es más que una petición que hacemos que nace de la desesperación. Puede ser tan constante como nuestra respiración. Nuestra vida puede ser una conversación abierta con el Creador.

La devoción no es nada más que dar nuestra amorosa atención a algo. Cuando nos dedicamos a la oración, hagámoslo con intención y agradecimiento. Tiene que ver menos con lo que decimos y ofrecemos, y más con Aquel a quien estamos orando. Sabemos que Jesús está lleno de misericordia, y podemos esperar que su amor se encuentre con nosotras cada vez que acudamos a Él en oración.

Jesús, te presto mi amorosa atención. Te invito a seguir hablándome, guiándome en la vida, y llamando mi atención cuando me distraiga. Gracias por la belleza de la comunión contigo mediante tu Espíritu. Anhelo conocerte más.

ARMARSE DE FUERZA

Es él quien me arma de valor
y hace perfecto mi camino.

SALMOS 18:32 NVI

Si nos sentimos solas en nuestros esfuerzos, recordemos que Dios camina con nosotras, nos fortalece y nos guía. Nunca estamos realmente solas. El Espíritu de Dios es nuestro acompañante. El Espíritu nos ofrece consuelo cuando estamos tristes, perspectiva cuando la nuestra está nublada, gozo en la presencia del Señor, y sabiduría siempre que la pidamos.

Cuando pasamos por un territorio sin explorar, Él limpia el camino que tenemos por delante. Cuando cae la noche y es difícil ver, Él es la luz que nos guía paso a paso. Él es confiable, poderoso y fiel. Animémonos en su compañía y refugiémonos en su paz viva.

Jesús, tú eres el que me arma de fuerzas cuando soy débil. Tú me mantienes segura mientras te sigo. Incluso cuando mi mundo está patas arriba, tú nunca cambias. Confío en ti.

ABIERTA A LA CORRECCIÓN

Consigue todo el consejo y la instrucción que puedas,
para que seas sabio por el resto de tu vida.

PROVERBIOS 19:20

Es importante que no seamos demasiado sabias en nuestra propia opinión. Necesitamos espacio para crecer, aprender y transformarnos en personas de amor, justicia y misericordia. Si queremos caminar en los caminos de Jesús bajo su liderazgo, entonces tenemos que someternos a su corrección.

Jesús corrigió a sus seguidores y amigos, y nosotras deberíamos esperar que haga lo mismo. Su corrección no nos degrada ni nos avergüenza, sino que nos anima a crecer en nuestra fe. Jesús reprendió a sus discípulos por su falta de fe cuando estaban bajo la tormenta en la barca. Incluso corrigió los celos de Pedro con respecto a Juan animándolo a enfocarse en él mismo. Si Jesús corrigió a sus discípulos, también nos corregirá a nosotras. Recordemos que lo hace porque nos ama.

Jesús, no quiero ser demasiado orgullosa para recibir la corrección. Cuando me desafías, incluso entonces lo haces con amabilidad. Agradezco el camino que has trazado para mí, pues es el mejor. Me humillo ante ti mientras continúo siguiendo tu guía amorosa.

COMPLACIDO

Porque el Señor se complace en su pueblo;
a los humildes concede el honor de la victoria.

SALMOS 149:4 NVI

Como hijas del Dios vivo, no solo recibimos un lugar en su reino, sino que también nuestro buen Padre se complace con nosotras. ¿Alguna vez has visto el deleite de unos padres con sus hijos? Dios está lleno de amor hacia nosotras, y su gozo por nosotras nunca disminuye.

Tu Padre se complace con lo que le ofreces. Así como un padre se complace con las cosas sencillas que un hijo le da, ya sea un dibujo o un snack en la merienda, tu Padre se complace del mismo modo contigo. Él te conoce mejor de lo que tú conoces a nadie, y le gusta mucho, mucho, quién eres. Disfruta estar en los brazos de tu Padre mientras Él te revela su corazón en mayor medida.

Jesús, ¿me mostrarás de maneras reales y tangibles cómo el Padre se complace conmigo? Quiero recibir tu amor al estar hoy en tu presencia. Te amo.

MENTE TRANSFORMADA

No se amolden a la conducta de este mundo;
al contrario, sean personas diferentes en cuanto
a su conducta y forma de pensar.
Así aprenderán lo que Dios quiere, lo que es
bueno, agradable y perfecto.

ROMANOS 12:2 NBV

¿Has evaluado el fruto de tus pensamientos últimamente? ¿Has dedicado tiempo a observar lo que consume tu mente? Ten curiosidad por tus pensamientos hoy. ¿Estás llena de ansiedad? Si es así, considera cuántas noticias has estado consumiendo. ¿Te sientes inadecuada? Mira cuánto tiempo has pasado viendo las redes sociales.

En nuestro mundo de hoy, donde la información y el entretenimiento continuos están al alcance de nuestros dedos, es importante descansar de la tecnología para enfocarnos y llenar nuestra mente de lo que verdaderamente nos importa. Nuestra mente sacará sentido de aquello con lo que la llenemos, así que llenémosla con intención. Que Cristo sea nuestra mayor influencia y nuestro maestro.

Jesús, sé que lo que pongo en mi mente es importante. No quiero que el mundo me moldee, sino tú y la verdad de tu reino. Enfoco mi corazón y mi mente en ti, y te pido tu ayuda para establecer límites alrededor de la información que consumo. Por favor, trae balance a mi vida.

UN ESPÍRITU DISPUESTO

Restaura en mí la alegría de tu salvación
y haz que esté dispuesto a obedecerte.

SALMOS 51:12

Cuando estamos pasando por tiempos difíciles, los salmos es un lugar fantástico al que acudir para obtener ánimo. David y los demás salmistas no se retrajeron de mostrar todas las experiencias humanas. No es pecado lidiar con las cosas emocionalmente; es humano.

Cuando lo estés pasando mal, pasa algo de tiempo en el libro de Salmos. En él encontrarás algo parecido a lo que tú estás atravesando. Tal vez escuchar cómo los poetas convirtieron su sufrimiento en alabanza te ayude a ti a hacer lo mismo.

Jesús, estoy muy agradecida de saber que no estoy sola en mis luchas. Tú lloraste, tú te cansaste y tuviste hambre, y experimentaste la aflicción y la alegría. Confío en que, en mis experiencias, sabré cómo identificarme contigo. Te amo, Señor, y continuaré siguiéndote.

NINGUNO DEMASIADO PEQUEÑO

«Les digo la verdad, cuando hicieron alguna de estas cosas al más insignificante de estos, mis hermanos, ¡me lo hicieron a mí!».

MATEO 25:40

El Señor mira su creación y no se le escapa nada. Nadie pasa desapercibido ante Él. Nunca deberíamos ser tan orgullosas como para pensar que algún ser humano es prescindible para Él. Él ama con una devoción feroz, y no permitirá que los vulnerables se consuman.

Seamos más como Jesús y salgamos más allá de nuestro círculo. Defendamos a los vulnerables, alimentemos a los hambrientos y vistamos a los pobres. No pasemos tanto tiempo en nuestros lugares seguros que confundamos lo diferente con lo indigno. Seguir el amor de Jesús no nos mantendrá en nuestra comodidad. Que ayudemos a los que lo necesitan sin que nos tengan que reconocer o recompensar. Hagámoslo por amor y no para ser heroínas. Seamos las manos y los pies de Jesús. Lo que hacemos por otros, lo hacemos por Él.

Jesús, corrige mis percepciones erróneas en la verdad de tu misericordia. No quiero idolatrar mi comodidad por encima de la humanidad y los derechos de otro. Decido seguirte en tu camino de amor sin importar dónde me lleve. Tú eres digno de toda entrega.

EN LA MAÑANA

Pasa lo mismo con ustedes. Ahora están tristes,
pero los volveré a ver y se pondrán felices.
Nadie podrá quitarles esa felicidad.

JUAN 16:22 NVI

No podemos escapar de las épocas de tristeza que
traen las pérdidas. Mediante cada prueba y transición, el
Espíritu está cerca para consolarnos y sostenernos. Jesús
es nuestro sanador, y no dejará de curar nuestras heridas
incluso mientras siguen apareciendo por las batallas que
peleamos en la vida.

Si tu tiempo de tristeza es ahora, recuerda que el gozo
viene en la mañana. Llegará. El dolor no te vencerá ni te
apagará. No será así de intenso para siempre. Aunque
pueda ser difícil de creer, su misericordia siembra semillas
que producirán nueva vida en este espacio. Tal vez no seas
capaz de verlo claramente hasta que no estés al otro lado,
pero lo verás. Te alegrarás. Lo conocerás más a Él y tendrás
más compasión y empatía. Aguanta en medio de tu noche
oscura. La mañana llegará.

*Jesús, gracias por tu consuelo. Te miro en cada etapa de
mi alma. En mi dolor, sé mi consuelo. En mi paz, que yo
sea consuelo para otros. Confío en que el gozo vendrá
de nuevo.*

ÉL LO HA HECHO

Pero fue herido por nuestras faltas, triturado por nuestros pecados; aguantó el castigo que nos salva, con sus heridas fuimos curados

ISAÍAS 53:5 NBLA

Todo lo que Jesús soportó, desde su arresto hasta el tormento que sufrió en la cruz, fue brutalmente atroz. Fue tan solo unas horas antes de su redención, y de la nuestra. Cuando pasamos por pruebas difíciles de cualquier índole, tenemos la promesa de la redención. Cualquiera que sea el fin que aparezca delante de nosotras, en realidad no es nuestro fin.

Jesús venció la muerte, y Él es nuestra salvación y nuestra esperanza. Él es nuestro Redentor. Él venció las sombras del pecado y la muerte que reclamaban nuestra alma; Él nos liberó de las tinieblas de la desesperación. Hemos revivido en su amor, y vivimos en el poder encarnado de su resurrección. En cualquier cosa que enfrentemos, somos más que vencedoras a través de Cristo.

Jesús, gracias por tu sacrificio. No puedo comenzar a entender su profundidad, pero me humillo ante ti y te doy gracias. Tú eres mi esperanza y mi sanidad. Tú eres mi Redentor.

TODO LO QUE NECESITO

El Señor es mi pastor;
tengo todo lo que necesito.

SALMOS 23:1

Con el Señor Jesús como nuestro pastor tenemos todo lo que necesitamos. Él cuida de nosotras, nos vigila, nos dirige, y pelea contra nuestros enemigos. Cuando nos descarriamos, Él llega y nos encuentra. Cuando somos incapaces de movernos, Él nos carga en sus brazos. Es amable, atento y fuerte. Él nos guiará hasta aguas refrescantes, y cuidará de todas nuestras necesidades terrenales.

¿Confías en Jesús como tu buen Pastor? ¿Verdaderamente crees que Él proveerá para tus necesidades? ¿O andas por ahí preocupada por lo que te deparará el mañana? Deja que el hoy sea hoy y fija tus ojos en Jesús. Él es el dador de vida, y te ama mucho. Él no dejará que estés fuera de su alcance. Puedes confiar en Él. Puedes descansar en su cuidado. Él tiene paz perfecta de sobra, y te guardará en tu perfecto amor.

Jesús, quiero confiar más en ti y preocuparme menos. Quiero estar segura en tu carácter antes que preguntarme qué ocurrirá en el futuro. Guíame con tu paz y cálmame con tu presencia cercana. Ayúdame a mantenerme agradecida en este momento y en este día que tú has creado.

NO HAY DECEPCIÓN

Una esperanza que no decepciona, porque al darnos
el Espíritu Santo, Dios nos ha inundado
con su amor el corazón.

ROMANOS 5:5 NBLA

No es una estupidez poner nuestra esperanza en Cristo.
Él es mayor que nuestras circunstancias. Él está fuera del
tiempo y del espacio y no está limitado por los confines de
nuestro mundo. Él está lleno de misericordia que libera a
los cautivos, sana a los enfermos y resucita a los muertos.

Sigamos poniendo en Él nuestra esperanza con valentía. Él
es fiel a su Palabra, y es fiel a cada promesa que ha hecho.
Cuando titubeamos, Él se mantiene firme. Cuando las
dudas nos inundan, Él se mantiene constante en su verdad.
El Espíritu Santo es nuestra ayuda en todas las cosas, y eso
incluye creer. Apoyémonos en la presencia de nuestro Dios
y pongamos toda nuestra esperanza en Jesús.

*Jesús, creo que eres el camino, la verdad y la vida. Creo
que harás todo lo que te has dispuesto a hacer, incluso
aunque sea diferente a lo que nosotras esperamos. Pongo
toda mi esperanza en ti, porque estás lleno de amor puro
y misericordia maravillosa.*

SOSTENIDA

No tengas miedo, porque yo estoy contigo;
no te desalientes, porque yo soy tu Dios.
Te daré fuerzas y te ayudaré;
te sostendré con mi mano derecha victoriosa.

ISAÍAS 41:10

¿Por qué crees que Dios le dice a su pueblo que no tenga miedo más de trescientas veces en su Palabra? ¿No será porque tenemos la tendencia, en nuestra humanidad, a dejarnos atropellar por el temor? No deberíamos avergonzarnos cuando nos atrapa el temor, pero tampoco tenemos que ser víctimas.

Cristo ha vencido cada temor con su victoria en la cruz. Su poder de resurrección soltó el control que el temor tenía sobre nuestra vida. En Cristo, somos libres para vivir con su triunfo inconmovible. Hemos sido resucitadas en su vida, y ha prometido estar siempre con nosotras. Cuando tengamos miedo, animémonos en su presencia. Él nos fortalecerá y nos ayudará, y seguirá manteniéndonos cerca de Él.

Jesús, gracias por el recordatorio de tu cercanía. Tú eres mi valor y mi fortaleza. Mantenme cerca en tu amor y cúbreme con tu perfecta paz. Confío en ti, y no dejaré que la voz del temor ahogue tu susurro.

SON SOLO PERSONAS

Así que podemos decir con toda confianza:
«El Señor es quien me ayuda,
por tanto, no temeré. ¿Qué me puede hacer
un simple mortal?».

HEBREOS 13:6

Es una declaración osada decir: «¿Qué me puede hacer un simple mortal?». Refleja una confianza en la ayuda del Señor que transciende nuestros cuerpos mortales y nuestras experiencias. ¡Las personas pueden hacernos bastante daño! Este versículo no desecha esa posibilidad. Es un reconocimiento de un lugar en nosotras que ninguna persona puede controlar. Nuestras almas son nuestras, y nosotras escogemos en quién confiaremos.

Cuando te veas tentada a temer a otras personas, arráigate en la verdad de que son solo personas. Quizá tengan mucho poder sobre ti, pero no son más especiales. Tal vez salgan en contra tuya, pero no pueden ir contra el Dios que hay en ti. Aférrate al Señor y a su ayuda en todas las cosas. No dejes que el temor te dirija; deja que tu alma descanse en el Señor.

Jesús, confío en ti más que en cualquier otro. Tú eres fiel, y no dejaré que el temor me convenza de lo contrario. Sé mi fortaleza, mi valor y mi líder sabio en todas las cosas. Seguiré confiando en ti.

DEJA ALGO DE ESPACIO

Sean siempre humildes y amables. Sean pacientes
unos con otros y tolérense las faltas por amor.

EFESIOS 4:2

Nadie es perfecto: ni tú ni yo, ni ninguna otra persona.
Cristo no espera de nosotras la perfección, así que, ¿por
qué nos ponemos esa presión sobre nosotras o sobre
otras personas? La necesidad de misericordia, humildad
y perdón viene del hecho de que todos cometemos
errores. Seguiremos cometiendo errores. La manera en
que reparamos las relaciones y asumimos nuestras propias
fallas reflejará cuán humildes somos verdaderamente, así
como cuán dispuestas estamos a ser como Cristo.

Tomémonos en serio este versículo. Busquemos ser
humildes y amables con nosotras mismas y con los demás.
La compasión es un hermoso rasgo en nuestro corazón. En
lugar de dejar que el perfeccionismo dicte cómo debemos
tolerar los errores, démosle a la paciencia espacio para
crecer. Dejemos que haya algo de espacio para las fallas de
los demás en lugar de echárselas en cara. Hay fortaleza en
una bondad sincera.

*Jesús, gracias por tu amor que no exige la perfección. No
quiero exigir, ni a mí misma ni a otros, unas expectativas
irreales. Al soltar eso, hago espacio para que tu amor
florezca y crezca en mis relaciones. Ayúdame a soltar la
perfección hoy.*

ÉL VE

Tú llevas la cuenta de todas mis angustias
y has juntado todas mis lágrimas en tu frasco;
has registrado cada una de ellas en tu libro.

SALMOS 56:8

Dios no sigue solo nuestras victorias y éxitos; Él también registra cada una de nuestras angustias. Su amor no es mayor en nuestro gozo que en nuestra tristeza. Su amor siempre rebosa y siempre llega hasta nosotras. Él ve nuestras lágrimas, y las entiende.

Isaías 53:3 dice que Jesús era un hombre de dolores, familiarizado con la tristeza más profunda. Jesús conoce nuestras dificultades personales, y experimentó nuestras tristezas más profundas y un dolor increíble. Él entiende nuestras pérdidas. Él entiende nuestra tristeza. Que no se nos olvide nunca que es Dios quien vivió lo que es la experiencia humana. Él lo entiende. Hay consuelo en su compañía.

Jesús, me alivia saber que tú no pasas por alto o ignoras mi dolor. Tú no te alejas de mis duras emociones. Tú estás conmigo en todo, y entiendes lo que es ser humano. Gracias, Señor.

LA LUZ DE LA VIDA

Yo soy la luz del mundo. El que me sigue no caminará en tinieblas, sino que tendrá la luz de la vida.

JUAN 8:12 BLPH

Cuando decidimos seguir a Jesús, andamos en los pasos resplandecientes del Creador de este mundo. Él no nos llevará a la oscuridad, y las tinieblas de este mundo no nos empujarán. Él es la luz del mundo. Él es el sol, que irradia calor y luz y da vida a todo lo que toca. Cuando lo miramos, ilumina el camino. Todo se vuelve más claro en su presencia.

Abracemos a Jesús como la luz de nuestra vida. Volteémonos hacia Él como los girasoles se voltean hacia el sol. Él es nuestra fuente vivificadora de fortaleza y crecimiento. En Él no hay sombra. Él es todo lo que necesitamos, todo lo que estamos buscando, y mucho más. No dejemos de acudir a Él.

Jesús, gracias por tu luz vivificadora. Tú eres mi esperanza, mi fortaleza y mi fuente. Tú eres mi canción, y te adoro con mis decisiones. Te amo más de lo que puedo expresar.

ÉL TE TIENE

Él no permitirá que tropieces;
el que te cuida no se dormirá.

SALMOS 121:3

Cuando estamos preocupadas, eso puede impedirnos descansar en la paz de Dios. Nuestra mente intenta encontrar sentido a cuáles posibilidades nos depara el futuro y qué podemos hacer al respecto, pero en realidad, no podemos saber lo que sucederá. Podemos hacer planes, pero solo Dios sabe cómo saldrán. Después de haber hecho lo que somos capaces de hacer, aprendamos a descansar en la capacidad de Dios para cuidar de nosotras.

Él es un buen padre, y nunca se cansa ni se distrae. Él nos cuida como lo hace un padre amoroso con su pequeño. Podemos confiar en que no se le pasará nada, y que puede hacer mucho más y hacerlo mucho mejor de como lo haríamos nosotras. Podemos estar tranquilas sabiendo que, mientras dormimos, Él nos está guardando y sigue actuando en misericordia.

Jesús, gracias por recordarnos que tú nunca te cansas. Entrego mis preocupaciones, mi ansiedad y mis afanes delante de ti, y suelto la necesidad de seguir viviéndolas. Descanso en tu paz, porque tú me sostienes.

PRACTICAR LA PACIENCIA

Pero procuren que la paciencia complete su obra,
para que sean perfectos y cabales,
sin que les falta nada.

SANTIAGO 1:4 RVC

El versículo anterior al que tenemos para hoy dice que la prueba de nuestra fe produce en nosotras el poder para aguantar. No tenemos que ser pacientes cuando todo nos va bien. No tenemos que aguantar en los tiempos difíciles; es una alegría vivirlos.

La paciencia es necesaria para los momentos intermedios entre la fe y el cumplimiento. Está hecha para los tiempos de espera cuando se produce la prueba de nuestra fe. Cuando atravesamos dificultades, fortalecemos nuestra alma mientras resistimos. El favor de Dios no se encuentra en la falta de problemas en nuestra vida, sino en su presencia constante con nosotras en medio de ellos.

Jesús, a veces la paciencia no es algo que me resulte fácil tener. Quiero aprender a soportar con gracia y a cómo aferrarme del presente y sus bendiciones sin desear que este tiempo pase. Confío en ti. Por favor, ayúdame.

COSECHAS APACIBLES

Ninguna disciplina resulta agradable a la hora de recibirla. Al contrario, ¡es dolorosa! Pero después, produce la apacible cosecha de una vida recta para los que han sido entrenados por ella.

HEBREOS 12:11

Cuando escuchas la palabra «disciplina», ¿qué evoca en ti? ¿Qué imágenes o emociones surgen? Antes de que equipares tu experiencia de cómo ha sido la disciplina en tu vida con la disciplina de Dios, indaga qué significa la palabra para ti. Si un padre o un socio hubiera abusado de ti, tu idea de disciplina estaría muy torcida.

La disciplina de Dios se parece a la corrección, e incluso su corrección está envuelta en amor. Él nunca te menosprecia ni te degrada. Él no te humillará ni te herirá. La corrección no es fácil de soportar, pero es algo necesario para la vida. Es dolorosa porque no es lo que queremos, pero nunca debería parecerse al abuso. El entrenamiento nos hace resistir más allá de nuestra zona de comodidad, pero no busca controlarnos. Los caminos de Dios son mayores y mejores que eso.

Jesús, tú eres mi paz. Quiero vivir de manera justa y seguirte en todo lo que hago. Cuando me desvíe, sé tú quien corrija mi curso. Abrazo tu disciplina en mi vida, porque confío en tu carácter.

CANCIONES DE VICTORIA

Pues tú eres mi escondite;
me proteges de las dificultades
y me rodeas con canciones de victoria.

SALMOS 32:7

Cuando vivimos nuestra vida bajo el señorío de Cristo, le permitimos que nos enseñe, nos guíe y nos corrija. Él es nuestro escondite, y también nuestra verdad. A la luz de su vida, vemos con más claridad las áreas que no se alinean con su amor. No hay excusa para no seguir a Jesús y afirmar que no tenemos pecado. Ninguna de nosotras da la talla, pero su misericordia nos cubre.

Con humildad, vivamos ante su mirada. Nuestra victoria procede de escondernos en Cristo. No nos ganamos nuestro lugar en su reino. Se le da a todos por la pura misericordia de su corazón. Su gracia es nuestra fortaleza suficiente, y su comunión es nuestro mayor regalo. Mantengámonos en la seguridad de su presencia sin importar dónde nos lleven los pies.

Jesús, tú eres mi canción de victoria. Tú eres el que me completa y me guía a una vida abundante. Tú me proteges de los problemas, y me guías a la bondad de tu reino. Gracias.

PLANTA BUENAS SEMILLAS

Así que no nos cansemos de hacer el bien,
porque si lo hacemos sin desmayar,
a su debido tiempo recogeremos la cosecha,

GÁLATAS 6:9 NBV

Si no nos cansamos de hacer el bien, nuestro trabajo dará sus frutos. Después de plantar semillas del reino de Dios mediante buenos actos de justicia, verdad y compasión, recogeremos la cosecha de vidas que están edificada sobre el fundamento de Cristo.

Cuando parece que otros están avanzando en sus vidas sin preocuparse, recordemos que cada una tenemos un viaje y un calendario distinto. Mantengámonos enfocadas en nuestros propios jardines y plantemos semillas donde estamos y donde Dios nos esté llevando. Cuidemos del crecimiento de nuestras propias vidas y no nos distraigamos por cómo otros deciden vivir. Dios está con nosotras en cada paso y temporada. Él no nos olvidará.

Jesús, no quiero estar tan preocupada comparándome con otras que me olvide y pase por alto las bendiciones que tengo aquí y ahora. Cuando me parezca que estoy retrocediendo mientras otras están avanzando, confiaré en ti y seguiré haciendo lo que me corresponde. Tú eres mi visión. Anímame con tu amor.

MUCHO MÁS

A Dios sea la gloria, pues por su poder eficaz que actúa en nosotros, él puede hacer muchísimo más de lo que nos podemos imaginar o pedir.

EFESIOS 3:20 NBV

Mediante su amor abundante e interminable, el gran poder de Dios está obrando en nosotras. Trasciende nuestro entendimiento y rebosa de nosotras con la plenitud de Dios. Este poder nos transforma en misericordia, compasión y entendimiento. Nos da fuerza en nuestra debilidad, claridad en nuestra confusión, y esperanza en nuestra decepción.

Dios es capaz de hacer mucho, mucho más de lo que podríamos incluso soñar pedirle que haga. Es infinitamente mejor que nuestra imaginación más extravagante. Animémonos para pedir a lo grande, para vivir con más osadía, y para ser más libres en este amor desmedido de Dios que se mueve en nuestra vida. Su poder es milagroso, y nos vigoriza desde dentro.

Jesús, te alabo por tu poder que obra maravillas. Sigue moviéndote de formas más grandes y mejores de lo que pueda imaginar. Te amo. Soy tuya, y estoy expectante de que tu amor continúe encontrándome, moviéndome y transformándome a tu imagen.

VALIDADA

Me alegro y me regocijo en tu amor,
porque tú has visto mi aflicción
y conoces las angustias de mi alma.

SALMOS 31:7 NVI

¿Alguna vez has guardado algo en secreto por miedo a que nadie te entendiera? ¿Te has frenado de compartir algo porque habías visto la incredulidad o duda de otros en tus experiencias anteriores? Aunque otros quizá no lo entiendan, Jesús sí te entiende. Él ve cada aflicción de tu alma, tanto las que son claras para el ojo humano como las que otros no pueden ver. Él te ve, te conoce y te entiende.

Que te cubra hoy el amor de Dios a través de Cristo. Que conozcas la abrumadora aceptación de su amor envolvente que cubre toda tu decepción, lamento y vergüenza. Él nunca negará tu experiencia ni a ti, pero tampoco permitirá que te quedes en ella. Él te sanará, te restaurará y te consolará. Él te transformará y te retará. En todo esto, Él te amará, querida.

Jesús, no puedo comenzar sin darte gracias por las formas en que me ves. Soy validada en tu presencia, y vivo en tu amor. Sáname, Señor. Dame valor para ser vulnerable con amigas de confianza, de manera que lo que me ha tenido cautiva en la sombra sea desarmado en la luz.

SABIDURÍA INCOMPARABLE

¡Qué grande es la riqueza, la sabiduría
y el conocimiento de Dios!
¡Es realmente imposible para nosotros entender
sus decisiones y sus caminos!

ROMANOS 11:33

Las riquezas de Dios son mucho más valiosas que el
oro, las joyas y los bienes. Su riqueza se encuentra en la
incomparable sabiduría y conocimiento de su reino. Todo
lo que Él hace viene de un lugar de amor fiel. Él obra
constantemente con misericordia. Su justicia es final, y
enderezará todo error en su tiempo perfecto.

Incluso cando no podemos entender lo que Él está
haciendo, miremos su carácter constante. Miremos las
huellas de su misericordia en este mundo. Busquemos
las pistas de su reino que se encuentran en la justicia, la
verdad y la rectitud. Lo que Él hace es mucho mejor que
cualquier líder de este mundo. Él no tiene hambre de
poder, ni es egoísta. Él nos libera para vivir en la luz de su
amor, y lo mismo hace su sabiduría.

*Jesús, confío en tu sabiduría más de lo que confío en la
sabiduría de este mundo. Sé que mi entendimiento es solo
parcial, y sé que tú estás obrando en todo el mundo de
varias maneras. Buscaré el fruto de tu Espíritu, y cuando
lo encuentre, sabré que tu sabiduría está presente.*

REGALOS PERFECTOS

Todo lo que es bueno y perfecto es un regalo
que desciende a nosotros de parte de Dios
nuestro Padre, quien creó todas las luces
de los cielos. Él nunca cambia ni varía
como una sombra en movimiento.

SANTIAGO 1:17

Dios es santo y puro. Él nunca cambia ni tiene sombra
de duda. Él es coherente, verdadero y justo. ¡Él no tiene
nada que esconder! Lo que Dios dice, lo dice en serio. Esto
no significa que siempre lo entendamos por completo.
No podemos meter a Dios en una caja o un sistema que
creamos para controlarlo o entenderlo. Él está fuera, por
encima, y es demasiado majestuoso para tal cosa.

Aceptemos los buenos regalos de esta vida como regalos
del Padre. Él nos dio a Jesús, el regalo más sublime, para
que por medio de Él podamos acudir ante el Padre sin
faltas. No necesitamos intentar descifrar códigos ocultos
de la sabiduría de Dios. Aunque intentemos complicarlo, Él
habla de forma simple. Sigamos a Cristo de todo corazón,
la pureza de Dios, y la expresión viva del Padre. Hay más
bondad en Él de la que podamos encontrar fuera de Él.

*Jesús, tú eres el mejor regalo que jamás haya recibido. Tu
amistad, ayuda y presencia constante en mi vida mediante
tu Espíritu es lo que necesito. Gracias por las bendiciones
que me das. Agradezco todo lo que haces con un amor fiel.*

RIQUEZAS ESPIRITUALES QUE COMPARTIR

Hay dolor en nuestro corazón, pero siempre
tenemos alegría. Somos pobres, pero damos riquezas
espirituales a otros. No poseemos nada,
y sin embargo, lo tenemos todo.

2 Corintios 6:10

Incluso en las dificultades, podemos experimentar el gozo
profundo y duradero de conocer a Cristo. Aunque seamos
pobres, tenemos riquezas espirituales en Cristo que ofrecer
a otros. Aunque no tengamos nada, tenemos todo lo que
anhelamos en Cristo.

¿Es esto una realidad en tu propia experiencia? Si es así,
¿cómo lo has visto de forma práctica en tu vida? Si te parece
un concepto ajeno a ti, pero es algo que quisieras conocer,
considera reajustar tu enfoque con respecto a lo que es el
éxito. ¿Necesitas tener cierto estatus en este mundo para
sentirte realizada? ¿Estás mirando constantemente lo que
quieres adquirir para sentir que tienes algo que ofrecer? Si
tu enfoque está más en lo que será y no en lo que es, prueba
a practicar la presencia y la gratitud a lo largo de este día.
Cristo en ti es la esperanza de gloria.

*Jesús, ayúdame a permanecer arraigada y cimentada en tu
amor hoy. No quiero adelantarme o poner mi valía en algo
que no es mío en este momento. Tú estás conmigo, y tú
eres abundantemente bueno. Eso es más que suficiente.*

DÉJALO AHÍ

Así que pongan sus preocupaciones en las manos de Dios, pues él tiene cuidado de ustedes.

1 Pedro 5:7 TLA

Hoy es otro día, otra oportunidad, para entregarle a Dios tus preocupaciones y tu estrés. No solo puedes volcarlo sobre Él, sino que también puedes dejarlo ahí. No lo cargues contigo tras haberlas dejado. ¡Cristo cuida de ti! Él está lleno de ternura hacia ti. Vuelca todo aquello que te carga y suéltalo.

Cuando Jesús dijo: «Ustedes viven siempre angustiados y preocupados. Vengan a mí, y yo los haré descansar. Obedezcan mis mandamientos y aprendan de mí», en Mateo 11, nos estaba invitando a hacer lo que Pedro repite en el versículo de hoy. Solo podemos dejar nuestras cargas y dejarlas ahí al unir nuestra vida a Cristo. Ahí, encontraremos refrigerio y descanso para nuestra alma.

Jesús, dejo mis pesadas cargas, todas mis preocupaciones y estrés a tus pies. Te entrego mi vida y la uno a la tuya. Guíame, refréscame y restáurame en tu amor que da paz.

COMPLETO

Para no quitarle valor a la muerte
de Cristo en la cruz.

1 CORINTIOS 1:17 DHH

El mensaje de la cruz es que encontramos nuestra vida,
nuestra salvación y nuestra libertad solo en Cristo.
Todo lo demás es secundario. Su misericordia se ofrece
gratuitamente a todos. No hay restricciones en cuanto a
quién puede acudir a Él. Cristo nunca ha sido exclusivo
o demandante con su amor. Él es nuestra salvación y
esperanza. Él es nuestra realización y nuestra fuente.

Cualquier requisito fuera de Cristo, incluyendo buscar
constantemente lo milagroso o cualquier cosa que nos
lleve al éxito según la idea del mundo, es algo sin sentido.
Eso no nos lleva a un conocimiento más profundo de
Dios. Nos conduce a encontrar realización fuera de Cristo,
pero Cristo es nuestro líder celestial y el verdadero Rey.
Busquemos su salvación por encima de todo lo demás.

*Jesús, tú eres mi Salvador y mi Rey. Te sigo a ti, y los
caminos de tu reino. Decido alinearme en tu amor,
incluso cuando parece una necedad a los ojos de quienes
están constantemente buscando satisfacción en la
comodidad o en la próxima gran cosa que salga. Creo
que tus caminos son mejores.*

SEGUIR EDIFICANDO

Así que aliéntense y edifíquense unos a otros,
tal como ya lo hacen.

1 Tesalonicenses 5:11

Cada día es una oportunidad para animar a alguien. Cada momento es una oportunidad de recibir ánimo. Que no nos distraigamos tanto con nuestras listas de quehaceres, que olvidemos lo importante que es conectar con otras personas de formas significativas.

¿Cuándo fue la última vez que edificaste a alguien intencionalmente con una palabra de ánimo, una sonrisa o echando una mano? En este día, aprovecha cada oportunidad que tengas para tratar a alguien con amabilidad. Que seas un rayo de luz del sol en el día nublado de otra persona. Recuerda lo que a ti te ha resultado útil en tus propios días grises y dáselo a otra persona. Cada movimiento con amor es significativo; Dios no pasa por alto ninguno.

Jesús, gracias por el poder del ánimo para nuestras vidas. Anímame en tu Palabra y a través de otros hoy mientras me esfuerzo por dar lo mismo a otros.

ÉL BRILLA

Ahora tenemos esta luz que brilla en nuestro corazón,
pero nosotros mismos somos como frágiles vasijas
de barro que contienen este gran tesoro.
Esto deja bien claro que nuestro gran poder proviene
de Dios, no de nosotros mismos.

2 Corintios 4:7

Por muy destrozada que te encuentres, recuerda que la luz
de Dios brilla desde dentro. No importa lo frágil que sea la
vasija, Cristo brilla a través de cada grieta. Su luz que da
vida es tu fortaleza y tu fuente, y ésta brilla a través de ti
para que otros la vean.

Voltea para ver a Jesús hoy y llénate en su presencia.
Pasa tiempo en su Palabra y medita en su verdad que te
hace libre. Si tienes una canción, cántala libremente. Si
tienes una oración, hazla con valentía. Si tienes un acto de
bondad que ofrecer, hazlo con compasión. Él está brillando
a través de cada movimiento de rendición a su amor.

*Jesús, quiero que tu luz brille en mi corazón y purifique
mis motivaciones, mis pensamientos y mis decisiones.
Gracias por tu poder que obra en mi vida a través de tu
misericordia. Incluso cuando siento que no tengo nada
que ofrecer, tengo tu plenitud.*

OCTUBRE

Bueno es el Señor;
es refugio en el día de la angustia
y conoce a los que en él confían.

Nahum 1:7 nvi

CONOCERLO A ÉL

Mediante su divino poder, Dios nos ha dado todo lo que necesitamos para llevar una vida de rectitud. Todo esto lo recibimos al llegar a conocer a aquel que nos llamó por medio de su maravillosa gloria y excelencia.

2 Pedro 1:3

Conocer a Jesús es la mejor manera de crecer en sabiduría, en amor y en integridad. Por medio de la comunión con Él mediante su Espíritu llegamos a conocer cómo es Él cada vez más. Cuando pasas tiempo con alguien, llegas a conocer su tono de voz. Adquieres unas maneras únicas. Cuando pases tiempo con Jesús, llegarás a conocer el tono y el sentimiento de su voz y también lo que dice.

A través de Cristo tienes todo lo que necesitas para vivir una vida de rectitud. No encontrarás un ejemplo mejor de vida rendida que la de Cristo con el Padre. Su reino es abundante y está lleno de todo lo que tú necesitas. Su amor será tu fortaleza, su gracias será el poder que te permita perseverar, y su gozo será tu combustible para vivir. Nadie puede quitarte su paz. Encuentra en su presencia hoy cualquier cosa que necesites.

Jesús, es un honor pasar mi vida conociéndote. Te entrego mi tiempo y mi atención. Te ofrezco mi corazón y mi mente. Enséñame, ten comunión conmigo y guíame.

UNA SOLA COSA

Una sola cosa pido al Señor y es lo único que persigo:
habitar en la casa del Señor todos los días de mi vida,
para contemplar la hermosura del Señor
y buscar orientación en su Templo.

Salmos 27:4 NVI

¿Alguna vez has tenido un día perfecto con alguien que amabas, en el que todo lo que hiciste te pareció tener sentido, por muy trivial que fuera, porque lo hiciste con dicha persona? En el Salmo 84, el salmista escribe: «Vale más pasar un día en tus atrios que mil fuera de ellos». Mejor es pasar un día en la presencia de Dios que pasar mil años tú sola.

Que conozcas la superabundante bondad de la presencia de Dios de esta manera. Que lo anheles como David anhelaba la presencia del Señor. Que encuentres la satisfacción que encontró el salmista en los atrios de su Rey.

Jesús, tú eres lo único que busco. Tú eres lo que me sostiene. Tú eres lo que me llena con un gozo y agrado inexpresables. Tú eres lo único.

VISIÓN SANTA

Hermanos, yo sé muy bien que todavía
no he alcanzado la meta; pero he decidido
no fijarme en lo que ya he recorrido, sino que ahora
me concentro en lo que me falta por recorrer.

FILIPENSES 3:13 TLA

En el versículo previo al que estamos contemplando hoy, Pablo dejó claro que aún no había conseguido la plenitud que estaba persiguiendo. También dijo que estaba corriendo con pasión hacia la abundancia de Dios (3:12). Pablo era un perseguidor de Dios, así como Dios era un perseguidor de Pablo. Animémonos a seguir avanzando hacia Cristo Jesús del mismo modo.

No es nuestra fortaleza lo que nos llevará donde queremos ir. La gracia de Dios nos empodera y ayuda para avanzar hacia su amor. Soltemos los lamentos del ayer y fijemos nuestros ojos en Jesús como el premio de nuestra vida. Él es mejor de lo que creemos. Él está lleno de más de lo que podamos imaginarnos como deleite. Su reino es nuestra meta, y es nuestro enfoque. Mantengamos nuestros ojos enfocados en Él.

Jesús, tú eres santo, y tú eres mi visión. No sé lo que me deparará el futuro, pero sé que tú estarás conmigo hasta el final. Tú nunca dejarás de amar, y nunca me soltarás. ¡Aleluya!

CAMINO QUE DA VIDA

Me has dado a conocer el camino de la vida;
me llenarás de alegría en tu presencia
y de dicha eterna a tu derecha.

SALMOS 16:11 NVI

¿Estás lidiando con la dirección? ¿Necesitas algo de ayuda para decidir dónde ir desde aquí? Deja que Jesús sea tu consejero, porque Él está lleno de sabiduría abundante. Es pura, y es para tu beneficio. Al escoger, has de saber que tienes libertad. Él estará contigo dondequiera que vayas. Cuando vayas, Él seguirá guiándote a su bondad.

El camino de la vida se encuentra a través de Jesús. Su camino está marcado por un amor entregado, y no se ajusta ni nos mima. Nos desafía a la vez que nos refina. Aun así, hay un gran gozo en su presencia. Su ayuda está siempre cercana. Él nos guía a su reino con misericordia, y seguirá haciéndolo.

Jesús, busco tu dirección y sabiduría. Confío en que tú me ayudarás sin importar hacia dónde me lleven mis pasos. Dirige mi camino mientras lo recorro. Confío en que tú me guías.

ESPERANZA PERSISTENTE

Vivan alegres por la esperanza,
animosos en la tribulación y
constantes en la oración.

ROMANOS 12:12 BLPH

En Cristo, siempre tenemos esperanza. No hay ni un
solo momento en el que no la tengamos. Incluso cuando
la negrura de la noche nubla nuestra visión, Cristo es
constante. Su luz sigue brillando. Podemos confiar en que
Él seguirá guiándonos. Podemos confiar en su liderazgo y
en que nos cuidará.

Cuando lleguen los problemas, seamos pacientes y
aferrémonos a la esperanza. Mientras seguimos orando
en todo tiempo, nuestra alma se fortalecerá en nuestra
comunión con Él de Espíritu a espíritu. Nuestro corazón
conocerá el ánimo de su amor inagotable mientras
seguimos confiando en Él. Él es nuestra esperanza,
y nuestra esperanza nunca fallará.

*Jesús, me gozo en tu presencia ahora. Tú estás muy cerca
de mí. No importa lo que suceda o no suceda en mi vida;
tú me sostienes con tu paz, gozo, amor y esperanza.
No dejaré de orar. Gracias por oírme.*

CALMA EN SU PRESENCIA

Cuando mis inquietudes se multiplican dentro de mí,
Tus consuelos deleitan mi alma.

SALMOS 94:19 NBLA

Cuando nuestros pensamientos giran descontrolados por la ansiedad, sintonicémonos con la cercana presencia de Dios. Podemos concentrarnos en su cercanía. Nunca estamos solas. Cuando nuestras cargas nos desgastan, recordemos que no tenemos que llevarlas solas.

En el consuelo de la presencia de Cristo no solo hay consuelo; también hay gozo. Cuando somos aliviadas de nuestra ansiedad en su reconfortante paz, hay espacio para recibir el deleite de su amor. Siempre que nos veamos abrumadas por las dificultades de la vida, que nos calme la presencia del Espíritu que sopla vida, paz, gozo y esperanza en nuestro corazón. En su amor, vemos con más claridad.

Jesús, tu amor es mejor que cualquier cosa que haya conocido. Tú quitaste las cargas de mi corazón y trajiste claridad a mi confusión. Tú das paz y descanso. Tú calmas y alivias mi corazón en tu abrazo misericordioso. Hazlo otra vez, Señor, y que me llene de tu deleite una vez más.

NUNCA LO OLVIDES

«Enséñenles a obedecer todo lo que yo les he
enseñado. Yo estaré siempre con ustedes,
hasta el fin del mundo».

MATEO 28:20, TLA

Cuando Jesús dijo a sus discípulos que salieran a hacer
más discípulos anunciando las buenas nuevas del reino
de Dios, los animó de dos maneras. Primero, les dijo que
enseñaran a sus propios discípulos a seguir fielmente sus
palabras y enseñanzas. También los animó a recordar que
su presencia estaría con ellos.

Jesús no estaba siendo filosófico con este recordatorio.
Dijo en serio que estaría con ellos todos los días. No estaría
de la forma a la que estaban acostumbrados, pero estaría
ahí mediante el Espíritu Santo. Él prometió que nunca los
dejaría, y esto es también para nosotras. Nunca olvides,
querida, que Cristo está contigo todos los días.

Jesús, gracias por la promesa de tu presencia cada día.
Revélate a mí de maneras nuevas y sigue guiándome en
tu verdad. Escojo alinear mi vida con tus enseñanzas,
y dependo de tu presencia como mi ayuda y mi guía.

SIMPLEMENTE PERMANECER

Yo soy la vid y ustedes son las ramas.
El que permanece en mí, como yo en él,
dará mucho fruto; separados de mí
no pueden ustedes hacer nada.

JUAN 15:5 NVI

Al vivir en una época de autodependencia, es fácil olvidarnos de cuán dependientes somos de Cristo y en su obra en nosotras para producir fruto espiritual. Aunque trabajamos en asociación con Él, es su vida en nosotras la que produce el fruto de su reino. No tenemos que esforzarnos por ganarnos su amor, y no tenemos que exigirnos hasta el límite para recoger su cosecha.

Jesús es nuestra vid verdadera, y nosotras somos las ramas. El Padre nos poda para ayudarnos a crecer y producir fruto. No nos olvidemos de permanecer en Cristo. ¿Nos hemos ido por nuestro propio camino y hemos añadido algo a los requisitos que Él estableció? ¿Tenemos estándares irreales de nosotras mismas y de otros? Aprovechemos la oportunidad de simplificar hoy y regresar a la meta principal: permanecer conectadas a Cristo.

Jesús, gracias por la obra que haces en el mundo y en mi vida. Confío en que tú produces el fruto de tu reino en mi vida mientras aprendo a descansar en ti. Cuando llegue la poda, que simplemente permanezca y confíe en tu proceso.

UNA VIDA FRUCTÍFERA

¿Quién es sabio y entendido entre ustedes?
Que muestre por su buena conducta sus obras
en sabia mansedumbre.

SANTIAGO 3:13 NBLA

La sabiduría de Dios no grita ni rechaza a la gente.
Nos invita al amor de Dios con gentileza y humildad.
¿Qué tipo de sabiduría estamos mostrando en nuestra
vida? ¿Estamos viviendo de acuerdo al misericordioso
entendimiento de Cristo o mediante los duros estándares
del mundo?

Cuando vivimos alineadas en el amor de Dios, su paz,
gozo y paciencia son evidentes. El fruto de la persistencia,
compasión y rendición sincera a los caminos de Cristo
serán evidentes a vista de todos. Enfoquémonos primero
en el jardín de nuestro propio corazón antes de comenzar a
juzgar a otros. La sabiduría de Dios está llena de humildad,
amabilidad, servicio para el bien común, y la verdad de Jesús.

*Jesús, no quiero estar llena de la sabiduría terrenal que
no está basada en ti. Miro tu ejemplo, tus enseñanzas y
tu vida para encontrar la expresión viva de la verdadera
sabiduría. Que mi vida refleje tus valores.*

NO HAY RAZÓN PARA TEMER

El Señor es mi luz y mi salvación;
¿A quién temeré?
El Señor es la fortaleza de mi vida;
¿De quién tendré temor?

Salmos 27:1 nbla

Cuando Jesús es nuestra luz y nuestra salvación, ¿por qué íbamos a temer lo que puedan hacernos los humanos? Con el Señor dirigiendo nuestra vida, sosteniéndonos con seguridad en su misericordioso amor, ¿por qué íbamos a dejar que el temor dirija nuestros pasos? No hay razón para temer, incluso cuando pasemos por las noches oscuras del alma. Cristo está con nosotras. Él es nuestro Salvador, y no nos soltará.

Cuando el temor está en el asiento del conductor, intentará alejarnos del dolor. Podría dejarnos atascadas en ciclos de vergüenza. Podría hacernos regresar hacia cosas que habíamos dejado atrás. No somos víctimas del temor. Cristo nos ha liberado en su amor, y su perfecto amor echa fuera el temor. Levantémonos voluntariamente y rehusemos dejar que el temor nos dirija cuando el amor es nuestro pastor.

Jesús, no quiero vivir bajo el liderazgo del temor en mi vida. Rehúso seguir haciéndolo. Confío en tu corazón y en tu sabiduría. Te seguiré mientras me guías con pasos calmados y firmes.

VISIÓN MÁS ALTA

Al no poner nuestra vista en las cosas que se ven,
sino en las que no se ven. Porque las cosas que se ven
son temporales, pero las que no se ven son eternas.

2 Corintios 4:18 nbla

El reino de Dios no se puede ver a simple vista. No se
encuentra en alguna tierra lejana. o en una iglesia en
particular, o en personas de fe. No se encuentra en una
nación, y no está en los gobiernos de este mundo. Un día
viviremos en la esfera física de su reino, pero ahora mismo
vivimos en esta era presente, y este mundo algún día pasará.

Que Jesús, a quien no podemos ver aunque sí conocer,
sea nuestra visión. Su Espíritu está con nosotras. Tenemos
destellos de su glorioso reino mediante el fruto de su
misericordia en nuestras vidas. Él se mueve en milagros, y
nos calma con su paz. Su presencia es tangible, y siempre
está con nosotras.

*Jesús, los caminos de tu reino son misteriosos y a la vez
muy reales. Dirijo mi atención a ti y uso mi imaginación
para enfocarme en tu amor, bondad y misericordia. Te
miro con mi mente, y me enfoco en la maravillosa verdad
de quién eres.*

PALABRAS POR LAS QUE VIVIR

Hermanos, les rogamos que amonesten
a los perezosos. Alienten a los tímidos.
Cuiden con ternura a los débiles.
Sean pacientes con todos.

1 Tesalonicenses 5:14

Las palabras de aliento son un bálsamo para nuestra alma
y nos dan ánimo cuando lo necesitamos. Una palabra
bien dicha en el momento correcto puede redirigirnos y
alinearnos. Con bondad, podemos animar a los que se
sienten ineptos recordándoles que Dios está con ellos.
Él será su fortaleza. Cuando vemos a los débiles, y todas
seremos débiles en algún momento, deberíamos cuidarlos
y levantarlos en lugar de pasar de largo.

En la parábola del buen samaritano, Jesús ilustra que
cuando cuidamos de otros sin prejuicios, estamos
mostrando el amor del Padre. Cuando demostramos
bondad y misericordia, andamos en la luz del amor de
Cristo. Busquemos maneras de hacer eso hoy mediante el
ánimo y el cuidado.

*Jesús, tú eres el mejor animador. Yo estoy de pie por
tus palabras de amor, y tu verdad es mi fundamento.
Ayúdame a ser alguien que levante el corazón de los
demás, así como su cuerpo y su alma, tal como tú lo
haces con todo aquel que te busca.*

HAY UNA LUZ

Luz resplandece en las tinieblas para el que es recto;
Él es clemente, compasivo y justo.

SALMOS 112:4 NBLA

Cuando vivimos con un corazón abierto y compasivo que es tierno, amable y verdadero, podemos descansar seguras en que la brillante luz de Cristo resplandecerá incluso en nuestras noches más oscuras. Con la integridad como nuestro sistema de valores, el reino de Dios se amplifica. Al margen de lo que enfrentemos, sigamos viviendo como canales de la misericordia de Dios.

A medida que continuamos escogiendo la generosidad y la compasión, Cristo sigue brillando a través de nosotras. Nuestra confianza está en Cristo y en su fidelidad. No está en lo que hacemos. Aun así, decidimos vivir para Él, porque su amor es incomparable. Que veas la luz de su presencia brillando con fuerza hoy. Que seas la luz de su presencia para otros.

Jesús, gracias por tu presencia constante de luz que da vida. Decido vivir para tu reino y alineada con tus caminos. Escojo la compasión antes que la autoprotección, la misericordia antes que el juicio, y la bondad antes que la apatía. Tú eres mi luz y mi fortaleza.

PUERTA ABIERTA

Yo soy la puerta; los que entren
a través de mí serán salvos.
Entrarán y saldrán libremente y
encontrarán buenos pastos.

JUAN 10:9

Jesús es la puerta a la vida, la libertad y la satisfacción del alma. Solo a través de Él encontramos el descanso que estamos buscando. Él está lleno de paz, cuidado tierno y verdad que separa el hueso y el tuétano.

Jesús es nuestro buen pastor. Él nos lleva hasta los campos de abundancia. Nos guía a pastos verdes y nos lleva junto a aguas tranquilas donde podemos refrescarnos. Él es nuestra paz y nuestra vida; Él es nuestra salvación. Cuando entramos a través de Él, por su invitación, encontramos todo lo que estamos buscando y más de lo que podemos esperar. Él es mejor de lo que podamos imaginar.

Jesús, solo tú eres el buen pastor. Te entrego toda mi vida. Mi corazón es tuyo, y te sigo. Que siempre pueda reconocer tu voz y distinguir entre tu verdad y las mentiras de los lobos. Confío en ti.

FE QUE EMPODERA

Por la fe sabemos que Dios formó el universo
por medio de su palabra; así que lo que ahora vemos
fue hecho de lo que no podía verse.

HEBREOS 11:3 NBV

El versículo de hoy viene del capítulo conocido
generalmente como el capítulo de la fe de Hebreos. Aquí
se nos recuerda el fruto de la fe de los que vivieron antes.
Si estamos alineando nuestra vida con Cristo, no tenemos
que preocuparnos por si la fe nos empodera o no. Son
todo semillas de la obra de Cristo en nuestro interior.
Nosotras decidimos qué semillas regar, así que cuidemos
intencionalmente de nuestro corazón.

El universo, y todo lo que hay en él, es obra de las manos
de nuestro Creador. Él habló, y lo que no existía comenzó
a existir. No hay accidentes en la creación. Todo está
maravillosamente diseñado, detalladamente coordinado y
estupendamente conectado. Salgamos un rato al aire libre
para observar los patrones mostrados de formas hermosas,
y que nuestra fe crezca en el asombro de todo ello.

*Jesús, tu fidelidad es más fuerte que mi fe, y estoy muy
agradecida por ello. Gracias por las hojas que cambian y
caen, por el cambio de estaciones, y por la gloria de las
estrellas en el cielo. Despierta mi corazón de asombro
y maravilla al considerar tu creación.*

QUEDARSE QUIETA

Ustedes quédense quietos,
que el Señor presentará batalla por ustedes.

ÉXODO 14:14 NVI

Hay algunas batallas que tenemos que pelear en esta vida. El trabajo tampoco es algo que solo experimentaremos en esta vida. Sin embargo, hay una diferencia entre colaborar con Dios en lo que hacemos y sobrevivir a una batalla para la que no estamos bien equipadas.

Habrá momentos en los que Dios pelee nuestras batallas por nosotras. Cuando las probabilidades nos sean contrarias, cuando otros calumnien nuestro nombre y carácter sin razón, cuando nos veamos ante factores imposibles que estén fuera de nuestro control, apoyémonos en la presencia de Dios con nosotras. Él es Emanuel. Él es Yahvé. Él es poderoso para salvar. Si te encuentras en una situación imposible, quédate quieta en la presencia de Dios y deja que Él pelee por ti.

Jesús, confío en que, cuando me dices que descanse, lo dices en serio. También confío en que, cuando necesito actuar, tú me dirigirás. Por ahora, descanso en tu presencia y me animo y fortalezco en tu fidelidad. Pelea tú las batallas que no puedo ganar, Señor.

DERRAMAR

¡Y derramo ante él mis quejas
y le cuento mis problemas!

SALMOS 142:2 NBV

Haya lo que haya en tu corazón hoy, derrámalo ante el Señor. Cuéntale tus afanes y problemas. No retengas nada. Él se preocupa por ti. Cuando estés desesperada, agobiada y a punto de rendirte, busca la ayuda en el Señor, y Él te mostrará por qué camino ir.

El Señor es tu escondite, y no te abandonará. Clama a Él en tu angustia y alábalo en tu celebración. Dondequiera que estés, sea lo que sea que estés viviendo, llévalo todo ante el Señor. Él puede con tus complicadas emociones. Él puede leer tu corazón, incluso cuando no tengas palabras. Confía en Él, y no dejes de correr hacia Él.

Jesús, sé que no tengo que correr lejos para encontrarte. Tú estás muy cerca y eres muy real para mí. Derramo mi corazón ante ti hoy. Encuéntrate conmigo aquí y ámame en tu presencia.

BUENA RECOMPENSA

Recuerden que el Señor recompensará a cada uno
de nosotros por el bien que hagamos,
seamos esclavos o libres.

EFESIOS 6:8

En este capítulo de Efesios, Pablo habla sobre cómo debemos amar en nuestras familias y en nuestros lugares de trabajo. El contexto de este versículo tiene que ver específicamente con la ética laboral. Cualquier bien que hagamos en nuestro trabajo, el Señor nos lo recompensará. Cuando trabajamos con integridad, Él se da cuenta, y también los demás. Al margen de cuál sea nuestro título o descripción de trabajo, la manera en que trabajamos es importante.

Tomémonos nuestro trabajo en serio y hagamos lo correcto en todo tiempo. No busquemos formas de librarnos del trabajo, sino hagamos todo lo que tengamos delante con ingenuidad, una buena ética laboral e integridad. A Cristo le agrada cuando servimos a aquellos con los que trabajamos y para los que trabajamos, como si le estuviéramos sirviendo a Él. Que seamos personas que hacen lo correcto siempre sin tener en cuenta si otros nos están mirando o no. Sabemos que Cristo lo ve todo.

Jesús, hoy necesitaba este recordatorio. Seguiré decidiendo trabajar con integridad y honor porque tú te lo mereces. ¡Lo hago primero por ti!

CONTINUAR

Pero ustedes, hermanos,
no se cansen de hacer el bien.

2 Tesalonicenses 3:13 NBLA

¿Sabías que tu trabajo puede ser una forma de adoración? Tu manera de hacer lo que haces, día a día, refleja tus valores. Cuando eres honesta cumpliendo con tus compromisos y poniendo límites apropiados en torno a tu trabajo, puedes estar segura de tu ofrenda delante del Señor.

Mientras vives tu vida como un sacrificio vivo delante del Señor, hay veces en las que estarás motivada en amor y otras veces en las que estarás cansada. Sigue constante en el bien que tienes que te corresponde hacer. Incorpora ritmos de descanso en tu agenda, así como Dios ejemplificó. Cada día es una nueva oportunidad de seguir adelante y continuar. Al final habrá una cosecha abundante.

Jesús, tú eres mi fortaleza, mi apoyo y mi visión. Cuando me canse, empodérame por tu gracia para seguir escogiendo hacer el bien. Que mi vida sea una fragancia agradable de adoración ante ti.

TODO EL DÍA

Guíame con tu verdad y enséñame,
porque tú eres el Dios que me salva.
Todo el día pongo en ti mi esperanza.

SALMOS 25:5

¿Cuán diferente sería tu mundo interior si decidieras conscientemente poner tu esperanza en Dios durante todo el día? ¿Te has visto ante un problema imprevisto? Dale gracias a Dios por su ayuda, pon tu esperanza en Él, y recibe algún consejo. ¿Estás devastada por las malas noticias que inundan los noticieros? Ora por los afectados, pon tu esperanza en Él, ayuda en lo que puedas y tómate un descanso de ver noticias.

Hay tantas maneras de practicar el poner nuestras esperanzas en Dios, como personas hay en este mundo. No nos cansemos de confiar en Él, porque Él es fiel. No nos cansemos de confiar en su ayuda, porque Él nunca cambiará en su amor fiel. Durante todo el día, pongamos nuestra esperanza en Él.

Jesús, ayúdame a escoger poner mi confianza activa en ti una y otra vez mientras voy avanzando en el día. Dirige mi atención a ti cuando me distraiga, y recuérdame tu fiel bondad y poder para salvar.

PODER DEL ESPÍRITU

Porque no es un espíritu de cobardía el que Dios
nos otorgó, sino de fortaleza, amor y dominio
de nosotros mismos.

2 TIMOTEO 1:7 BLPH

Jesús es la luz del mundo. No hay sombra de temor en él.
Él es luz pura y radiante. Él es amor puro y radiante.
Primera de Juan 4:16 dice: «Dios es amor, y quien
permanece en el amor, permanece en Dios y Dios
permanece en él». Un par de versículos después, continúa
diciendo: «Amor y temor, en efecto, son incompatibles; el
auténtico amor elimina el temor». En Cristo, no estamos
esperando el castigo; estamos viviendo en libertad. «El
temor», dice Juan, «está en relación con el castigo, y el que
teme es que aún no ha aprendido a amar perfectamente»
(versículo 18).

Nos ha sido dado el Espíritu que está lleno de amor
poderoso. Vivamos en la libertad de la misericordia de
Cristo y no nos atemos de nuevo al temor del que hemos
sido liberadas.

*Jesús, gracias por tu Espíritu. Mientras que el temor
intenta restringir, tú has derribado las paredes para
expandir tu amor. Estoy muy agradecida de que seas
mejor que los líderes de este mundo que buscan controlar
mediante el temor. Estoy arraigada, y crezco sobre la base
de tu amor.*

EN SU NOMBRE

Nuestra ayuda está en el nombre del Señor,
que hizo el cielo y la tierra.

SALMOS 124:8 NVI

En el nombre de Jesús está nuestra ayuda. Proverbios 18:10 declara: «Torre fuerte es el nombre del Señor; a ella corren los justos y se ponen a salvo». Cuando no sabemos dónde más acudir, nuestro Salvador es un refugio y escondite. No dejemos nunca de invocar su nombre.

El nombre del Señor es poder. En Juan 14 Jesús dijo: «Cualquier cosa que ustedes pidan en mi nombre, yo la haré; así será glorificado el Padre en el Hijo. Lo que pidan en mi nombre, yo lo haré». El nombre de Jesús no es un truco para una fiesta o algún tipo de mantra místico. Clamamos a la persona de Jesús para que intervenga en nuestra vida y en el mundo, y Él responde. Él es así de bueno.

Jesús, estoy agradecida de conocerte mediante la comunión con tu Espíritu. Anímame hoy mientras clamo a ti y oro en tu nombre. Tu poderoso amor es incomparable, y no dejaré de esforzarme por conocerte más.

LA LIBERTAD ESTÁ AQUÍ

Pues el Señor es el Espíritu, y donde está el
Espíritu del Señor, allí hay libertad.

2 CORINTIOS 3:17

Solo a través de Cristo podemos entender el reino de Dios
con claridad. Es mediante su Espíritu que somos libres para
conocerlo, seguirlo, y ser transformadas en su gloria. No
hay mejor momento para mirarlo a Él que ahora. No hay
mejor momento que el presente.

¿En qué áreas de tu vida tienes la libertad del amor
de Cristo brillando a través de ti? ¿Dónde quieres más
libertad? El Espíritu del Señor está contigo, y por el poder
del Espíritu eres libre. Experimenta una libertad más
profunda en su amor de la que has conocido hasta ahora.
Siempre hay más sabiduría que encontrar, más misericordia
para expandir nuestro entendimiento, y más libertad para
escoger nuestro camino.

*Jesús, confío en ti como mi líder y mi amigo. Estoy en
deuda contigo como mi Salvador y Redentor. No dejaré
de mirarte, y sé que no has terminado aún de obrar en mi
vida con tu poder.*

FIDELIDAD ASOMBROSA

Amplios como los cielos son tu bondad y tu amor.
Tu fidelidad llega hasta el cielo.

<small>SALMOS 57:10 NBV</small>

¿Alguna vez te ha asombrado la fidelidad de Dios? Tal vez has caminado con alguien por largos periodos de espera y pudiste ser testigo de sus victorias. Quizá has experimentado un milagro de la misericordia de Dios en tu propia vida.

Pasa un tiempo en la Palabra y leyendo los testimonios de personas que han experimentado el deleite de las promesas cumplidas de Dios. Que eso aumente tu fe en áreas en las que aún estás esperando que llegue un cambio. Anímate en la presencia de Dios mientras te maravillas de cuán extravagantemente bueno es su amor hacia todos los que confían en Él.

Jesús, te miro a ti. Confío en ti. He probado y he visto tu bondad, y anhelo más. Aumenta mi fe mientras medito en tu fidelidad con otros. Abre mis ojos para ver dónde me has encontrado con tu misericordia una y otra vez. ¡Te adoro!

ACCIÓN EN AMOR

Hijos, no amemos de palabra
ni de lengua, sino de hecho
y en verdad.

1 JUAN 3:18 NBLA

El amor no es un amor que no pone en obra sus intenciones. Si afirmamos amar a Cristo y queremos vivir como Él, nuestras vidas lo demostrarán. Cuando mostramos bondad y compasión, reflejamos el amor de Dios vivo en nosotros. Cuando promovemos la paz y practicamos la misericordia de maneras tangibles, mostramos que el amor es un valor que no solo afirmamos tener sino que vivimos por él.

Piensa en alguien que ves de forma regular. ¿Con quién interactúas todos los días? ¿Te conocen como una persona de amor? ¿Han sido testigos de la compasión en acción a través de ti? Si necesitas refrescar lo que es el amor, puedes mirar a Jesús, y también puedes pasar tiempo en 1 Corintios 13. Que seas una persona que practica lo que predica.

Jesús, tu amor no es solo un sentimiento; es mucho más. Es algo activo, algo que se demuestra y se practica. No quiero decir una cosa y luego vivir mi vida de otra forma. Muéstrame dónde está ausente el amor en mi vida y ayúdame activamente a escogerlo en mis relaciones.

CORRE PARA GANAR

¿No saben que los que corren en el estadio, todos en verdad corren, pero solo uno obtiene el premio? Corran de tal modo que ganen

1 Corintios 9:24 nbla

Aunque nuestra vida no sea una competencia contra otros, podemos entrenar la excelencia para correr la carrera que tenemos por delante. La carrera de la vida no se gana sacando a otros por el camino; se alcanza confiando en la gracia y fortaleza de Jesús, manteniendo nuestra visión en Él, y apoyándonos en otros cuando necesitemos su ayuda.

¿Sabes lo que estás edificando en tu vida? ¿Hay metas que estás entrenando para alcanzar o lugares que estás viendo para visitar? Nuestras ambiciones pueden ser tan simples como amar bien a los que están a nuestro alrededor o dejar un legado de sabiduría para los que vendrán detrás de nosotras. Recordemos lo que dijo Cristo cuando resumió la ley en una frase: «Por eso, todo cuanto quieran que los hombres les hagan, así también hagan ustedes con ellos» (Mateo 7:12). Qué señal tan importante es ésta para la carrera de la vida.

Jesús, gracias por tu sabiduría sencilla. Quiero correr la carrera de esta vida con paciencia y apoyándome en tu gracia para recibir fortaleza y entendimiento cuando me falten. Tú eres mi visión.

FE QUE AGRADA

De hecho, sin fe es imposible agradar a Dios.
Todo el que desee acercarse a Dios debe creer
que él existe y que él recompensa a los que
lo buscan con sinceridad.

HEBREOS 11:6

Cuando sabemos cuán profundamente somos conocidas,
cuán detalladamente somos aceptadas, y la forma tan
completa en que Dios nos ama, nuestra fe se fortalece.
En Cristo, toda nuestra vergüenza y nuestro pecado han
sido cubiertos por completo. Su misericordia es fuerte; nos
purifica, fortalece y transforma.

Que tu fe se fortalezca a medida que prosigues para
conocer la verdad de quién es Jesús, su legado eterno, y
cómo es la vida con Él. Su reino no puede ser conmovido,
y cada promesa que Él ha hecho se cumplirá. Él es fácil de
agradar, así que sigamos buscándolo con pasión.

*Jesús, tú eres el gozo de mi vida. Tú eres la fuente de mi
fe. Sopla en mi corazón y permite que la esperanza surja
de maneras nuevas hoy. Te busco a ti, Señor.*

SOMETERSE A DIOS

Así que sométanse a Dios.
Resistan al diablo y él huirá de ustedes.

SANTIAGO 4:7 NVI

Para tener un entendimiento más claro de lo que estaba diciendo Santiago con respecto a someternos a Dios, es importante leer los versículos anteriores. Se estaba dirigiendo a un grupo de personas que se peleaban entre sí por envidia. Buscaban satisfacer sus placeres mediante lo que fuera necesario. Santiago los reprende, pero también les recuerda la abundante gracia de Dios: «Pero él nos da más gracia. Por eso dice la Escritura: "Dios se opone a los orgullosos, pero da gracia a los humildes"» (Santiago 4:6).

¿Cuál es el camino hacia la humildad? Someternos a Dios. Ese es siempre el primer paso. Cuando nos sometemos a Cristo, podemos resistir las tentaciones de este mundo. Si queremos vivir en la verdadera libertad del amor de Cristo, nos someteremos a Él. La libertad viene al vivir en la luz de su misericordia.

Jesús, tú eres mi Salvador. Someto mi vida a ti. Confiaré en tu poder que obra en mí para empoderarme a fin de vivir con integridad, misericordia y paz. Gracias.

ENTENDIMIENTO INFINITO

Grande es nuestro Dios,
y grande es su poder;
¡su entendimiento no tiene fin!

SALMOS 147:5 TLA

En un mundo donde estamos continuamente descubriendo más sobre el universo y sobre cómo funciona, sabemos que hay más misterio que entendimiento en medio nuestro. Sin embargo, nada es un misterio para Dios. Nada le sobrepasa. Él está lleno de entendimiento infinito sobre todo.

Es nuestro gozo, por lo tanto, crecer y aumentar nuestro conocimiento de Jesús cuya sabiduría no tiene límites. Su poder es capaz de hacer mucho más de lo que podríamos imaginar. Entreguémonos al conocimiento de Cristo cada vez más. Tengamos comunión con Él en medio de cada prueba y victoria, de cada colina y valle de esta vida. Él es muy grande, y también muy cercano.

Jesús, cuando no puedo ver el camino para salir de mi confusión, guíame con tu paz. Quiero conocerte más hoy. Revela tu sabiduría incomparable de maneras nuevas a mi mente, mi corazón y mi vida. Te amo, y es un honor conocerte.

AFECTO GENUINO

Ámense unos a otros con un afecto genuino
y deléitense al honrarse mutuamente.

ROMANOS 12:10

El amor no se puede fingir. Tampoco es algo que tenemos que esperar para experimentar. Decidimos mostrar misericordia a otros no por obligación, sino con un corazón que ha recibido esa misma misericordia. ¿Necesitas un toque fresco del amor de Dios? ¿Necesitas un recordatorio de cuán fuerte es? Acude hoy a Jesús en busca de ayuda. Él te la dará.

Piensa con quién eres genuinamente afectuosa. Probablemente tengas al menos unas cuantas personas. Ahora, piensa en la compasión de Cristo que llega hasta ti con un afecto genuino. Él te ama porque te ama. Cuando estás llena de este amor, tienes la misma compasión para ofrecérsela a otros. Que decidas amar a otros deleitándote y honrando a aquellos con quienes compartes tu vida.

Jesús, sé que a medida que experimento tu afecto genuino, tengo una fuente rebosante de bondad para ofrecer a otros. Lléname hoy hasta que tu amor sea mi fuente de fortaleza, misericordia y valentía. Gracias.

COLMADA

Cólmanos de tu amor por la mañana,
para que cantemos alegres toda la vida.

SALMOS 90:14 BLPH

El amor de Dios es fuerte y seguro. Siempre nos alcanza, y es eternamente abundante. No hay falta de misericordia en el corazón de nuestro Padre bueno. A través de Cristo, tenemos una comunión con Él sin obstáculos. Cada mañana, cada día, cada momento, hay más amor para recibir.

Cuando estamos llenas del amor de Dios, siempre hay razón para cantar y alegrarnos. Él nunca nos suelta. Incluso cuando andamos por valles oscuros de tristeza, está la promesa de que el gozo vendrá con la luz de la mañana. Cuando estamos viajando por noches oscuras del alma, el amor de Cristo es abundante y claro incluso en esos momentos. Que conozcamos la bondad de su afecto que lo supera todo y nos gocemos en su amor todos los días de nuestra vida.

¡Jesús, no hay nadie como tú! Tú no cambias con las estaciones, ni con las noticias del día. Tú no te dejas llevar por los políticos o los pesimistas. Tú eres eternamente fuerte, siempre fiel, y siempre abundante en amor. Me gozo en tu amor.

NOVIEMBRE

Por el gran amor del Señor
no hemos sido consumidos
y su compasión jamás se agota.
Cada mañana se renuevan sus bondades;
¡muy grande es su fidelidad!

Lamentaciones 3:22-23 nvi

ORACIONES SECRETAS

Pero tú, cuando te pongas a orar, entra en tu cuarto, cierra la puerta y ora a tu Padre, que está en lo secreto. Así tu Padre, que ve lo que se hace en secreto, te recompensará.

MATEO 6:6 NVI

No tenemos que retransmitir o compartir con otros todas las oraciones que hacemos. El Señor conoce nuestra vulnerabilidad y nuestras esperanzas. Él conoce nuestras mayores luchas y súplicas. No es necesario compartir nuestras oraciones más sagradas o nuestras esperanzas más santas con cualquiera que nos quiera escuchar. Estas cosas solo deberíamos compartirlas con nuestros confidentes más cercanos.

No debemos a nadie la información que hay entre nosotras y el Señor. No quiero decir con esto que no haya lugar para la confesión, para compartir las cargas unas con otras, o para ser vulnerable con amigas de confianza. Sin embargo, deberíamos cuidarnos de aquellos que demandan saber más de lo que nos sentimos cómodas compartiendo. En su lugar, oremos primero a nuestro Padre. Vaciemos nuestro corazón y nuestra vida ante Él como una oración viva. Entonces, podemos ser sabias en cuanto a quién más darle el privilegio de conocer nuestro corazón.

Jesús, quiero seguir tu ejemplo. Tú encontraste tiempo para apartarte con el Padre y orar en privado con Él. Tú eres el fundamento de mi día y el lugar donde puedo derramar todo. Confío en que tú eres suficiente. Tú me darás sabiduría sobre cuándo, dónde y con quién compartir pedazos de mi corazón.

CONFÍA Y CREE

No se turbe su corazón. Ustedes creen en Dios;
crean también en mí.

JUAN 14:1 RVC

Antes de pronunciar estas palabras, Jesús comunicó a sus discípulos que no estaría con ellos mucho más tiempo. Les dijo que ellos, quienes lo habían seguido por tres años, no podían ir con Él. Esto debió ser impactante para los discípulos. Habían seguido a Jesús, habían vivido con Él y aprendido de Él. Era su maestro, pero se estaba preparando para lo que le esperaba en la cruz.

Aun así, Jesús consoló a sus amigos. Les dijo que no se angustiaran, ni tuvieran miedo. El temor nos paraliza y se adueña de nuestro sistema nervioso, pero Jesús es nuestra paz. Él tiene un lugar para nosotras en el reino de su Padre así como lo tiene para sus discípulos. Aun así, sabía lo que les esperaba a Él y a sus seguidores. Él sabe lo que nos espera a nosotras ahora. Confía en Él y sigue confiando. No te preocupes ni te rindas al temor. Su Espíritu va contigo a cada lugar.

Jesús, no cederé a mi preocupación hoy. La pongo a tus pies, y rindo mi temor a tu paz. Creo que eres el camino, la verdad y la vida. Empodérame con la gracia de tu presencia mientras continúo caminando contigo.

UNIDAD DIVINA

Les suplico, hermanos, en el nombre de nuestro
Señor Jesucristo, que todos vivan en armonía
y que no haya divisiones entre ustedes,
sino que se mantengan unidos en
un mismo pensar y en un mismo propósito.

1 Corintios 1:10 NVI

En este pasaje, Pablo estaba hablando sobre unas
divisiones específicas en la iglesia de Corinto. Estaban
divididos acerca de a qué apóstol seguir, por su estatus
socioeconómico, y por los dones espirituales. Estaban tan
distraídos con estos asuntos que se estaban alejando del
mensaje de Cristo. Pablo apeló a la iglesia de los corintios a
estar unidos en torno al amor de Cristo.

Nuestra meta y ambición más alta es amarnos bien unos
a otros. Tampoco es difícil localizar áreas de división en
nuestras iglesias. Parece haber una sobreabundancia de
opiniones que nos mantienen luchando por asuntos poco
importantes. Aun así, el llamado a amar bien a Dios y a
los demás es el llamado principal. Donde nos hayamos
distraído y dividido, enfoquémonos de nuevo en lo que
enseñó Cristo: el amor. El amor es la única fuerza lo
suficientemente potente para unirnos.

*Jesús, perdóname por las veces que me he distraído con
asuntos que dividen a tu pueblo. Quiero escoger el amor
por encima de todo lo demás.*

PONERSE LA ARMADURA

Pónganse toda la armadura de Dios
para poder mantenerse firmes contra todas
las estrategias del diablo.

EFESIOS 6:11

La armadura de Dios es nuestra a través de Cristo. Mediante nuestra comunión y unión con Jesús, tenemos acceso a toda la fortaleza sobrenatural que necesitamos. Él es nuestra victoria, y nuestras vidas son conductos de su poder.

¿Cuándo fue la última vez que pensaste en la importancia de la armadura de Dios? En este día, ponte intencionalmente el cinturón de la verdad y la coraza de justicia para proteger tu corazón. Prepara tus pies para moverse con el evangelio de la paz. Usa la fe como tu escudo contra los dardos de fuego del maligno. Ponte el casco de la salvación para proteger tus pensamientos de las mentiras. Por último, toma la afilada espada del Espíritu de la Palabra de Dios. A medida que leas el resto del capítulo, piensa en cómo esta armadura te protege y te prepara para vivir victoriosamente en Cristo.

Jesús, gracias por tener comunión contigo por encima de todo. Me pondré toda la armadura que me ofreces y confiaré en que me guiarás en las batallas de esta vida. Gracias.

EVIDENCIA DE LO INVISIBLE

La fe demuestra la realidad de lo que esperamos;
es la evidencia de las cosas que no podemos ver.

HEBREOS 11:1 NTV

Anímate para seguir perseverando en la fe hoy mientras miras a Cristo. Si tienes unos minutos libres, lee todo el capítulo de Hebreos 11. ¿Qué evidencia de fe reconoces en tu propia vida, en tu comunidad y en el mundo?

La fe no es frágil. Permanece a través de sequías y tormentas. Sigue perseverando en medio de las dificultades y los fracasos. El amor de Dios nunca nos suelta, y la misericordia de Dios obra en los obstáculos de nuestras historias. Dios es fiel para hacer todo lo que prometió que haría, así que sigamos avanzando en la fe. No perdamos la esperanza, porque el que nos ha llamado, nos guía y nos redime es fiel y verdadero. Él nunca fallará.

Jesús, gracias por el poder de tu amor fiel. Al mirar la evidencia de tu fidelidad en mí y a mi alrededor, dame ojos para ver dónde has estado obrando todo el tiempo. Tú eres grande, y confío en que sigues siendo el que restaura las cosas rotas y perdidas.

LA ÚLTIMA PALABRA

«Nadie puede deshacer lo que he hecho».

Isaías 43:13 ntv

El Señor tiene un propósito en todo lo que hace. Él no titubea en sus decisiones, y una vez que decide actuar, nadie puede revertirlo. Él es infinito en misericordia y poder que producen vida de lugares desolados. Él tiene la última palabra. Cuando Él escoge a alguien como suyo, nadie puede impedir que lo ame.

Amada, ¿sabes que, en Cristo, tienes libertad para tener comunión con el Padre? Él te ha escogido, y eres suya. No titubees por tus propias dudas o tu vergüenza. Acude a Él, porque Él te recibe con los brazos abiertos. Jesús abrió el camino al Padre mediante su muerte y resurrección. Su amor, que es incomparable, no se puede exagerar. El poder de su resurrección es nuestra vida y fortaleza. Nadie puede deshacer el poder de su sacrificio. Él tiene la última palabra sobre todo; eso incluye nuestra propia vida.

Jesús, tú eres mi Salvador. No puedo comenzar a expresar mi gratitud por tu vida resucitada y el poder de tu amor. Abre mi entendimiento para conocerte más en Espíritu y en verdad. Pongo mis ojos en ti.

LA FUENTE DE LA VIDA

Sólo en ti se encuentra la fuente de la vida,
y sólo en tu presencia podemos ver la luz.

SALMOS 36:9 TLA

Esta descripción de la comunión con el Señor, ¿te parece demasiado hermosa para ser cierta? ¿Te suena un tanto «ajena» a tu experiencia? Si es así, acepta este reto: pídele a Jesús que te revele la bondad de su presencia de esa manera hoy.

Si ya has tenido antes este sentimiento pero te parece distante ahora, anímate a perseguir un nuevo encuentro con su gracia abrumadora. Su amor es como una fuente que fluye. Siempre es fresca, pura y llena de alivio. Bebemos de su vida, y brota en nuestro interior para satisfacer nuestra alma. En la luz de su presencia recibimos la luz de la revelación. Que todo esto y mucho más sea tu experiencia al pasar tiempo con el Señor hoy.

Jesús, quiero conocer la fuente refrescante de tu vida fluyendo en la mía. Despierta mi corazón a tu bondad, aviva mi alma en tu afecto, y amplía mi entendimiento de tu gloriosa sabiduría.

PRUEBA DE PACIENCIA

Pues ya saben que la prueba de su fe
produce perseverancia.

SANTIAGO 1:3 NVI

No podemos escapar de los tiempos de prueba en
nuestra vida. Los problemas imprevistos son parte de la
experiencia humana, y no podemos controlarlos. Aun así,
sabemos que Dios está con nosotras. Él está con nosotras
en medio de toda situación. ¡Qué alivio saber que a Dios
nada le agarra desprevenido! Sus planes nunca descarrilan.

Cuando llegan los tiempos de prueba, prosigue para
conocer la presencia de Dios contigo. Él te fortalecerá para
que continúes. Él producirá paciencia y perseverancia en
tu corazón al acercarte a Él. Su ayuda siempre está cerca.
No les falta nada a los que aprenden a buscar la ayuda de
Jesús en todas las cosas. Su gracia es más que suficiente
para empoderarte en tu debilidad.

*Jesús, me gustaría que la vida fuera más fácil. Sin
embargo, tú no prometiste una vida cómoda y perfecta
para los que te siguieran. Tú prometiste no abandonarnos
nunca. Gracias. Sé mi fortaleza, mi esperanza y mi canción
para siempre.*

ELEGIDA

Ustedes no me eligieron a mí, yo los elegí a ustedes.
Les encargué que vayan y produzcan frutos duraderos,
así el Padre les dará todo lo que pidan en mi nombre.

JUAN 15:16

Lee este versículo de nuevo. En lugar de imaginarte a
Jesús hablando a sus discípulos, visualízalo hablándote
directamente a ti aquí y ahora. Antes de que tú lo eligieras
a Él, Él te había elegido a ti. Tú no eres un pensamiento de
última hora, y no entraste en su reino de casualidad.

Él te conoce de pies a cabeza, y te ha encomendado una
tarea. Esa tarea es producir fruto en tu vida. ¿Cómo lo
haces? Permaneciendo en Él. A medida que vas creciendo
y conociendo a Cristo más y más, sabrás cómo suena
su voz. Sabrás qué senda escoger cuando estés en una
encrucijada en el camino. Sabrás que el mayor llamado de
tu vida es amar. Producirás el fruto del Espíritu de su reino
mientras lo buscas a Él en todas las cosas.

*Jesús, gracias por elegirme. Gracias por amarme. Sé que
todo lo que vale la pena y lo hermoso viene de ti. Quiero
conocerte más.*

CONFIANZA MAYOR

Sólo quienes no conocen a Dios se preocupan por eso.
Dios, el Padre de ustedes, sabe que
todo eso lo necesitan.

Lucas 12:30 TLA

Puede resultar difícil no quedar atrapada en las pasiones
y opiniones de otros cuando las comparten con mucha
frecuencia. Vivimos en una época en la que podemos ver
lo que están haciendo las personas en todo el mundo tan
solo mirando nuestro teléfono. Ahora más que nunca,
estamos inundadas de llamamientos a ser mejores, hacer
cosas mejores, y a luchar por numerosas causas.

Aunque es bueno ser retada, no perdamos de vista
nuestras propias líneas. ¿A qué nos ha llamado Dios?
¿Dónde nos ha plantado? ¿Con quién tenemos ya alguna
relación? ¿Podemos esforzarnos en amar más, animarnos
unas a otras, y confiar en que Dios cuidará de nosotras? Él
conoce nuestras necesidades concretas y especializadas,
y no nos fallará. Enfoquémonos en nuestra propia vida,
en nuestro propio jardín, y en las persona con las que
interactuamos. Él se ocupará del resto.

*Jesús, gracias por la bondad de tu cuidado. Confío en que
tú me proveerás. Confío en que seguirás guiándome en tu
sabiduría que da claridad. Ayúdame a no preocuparme por
dónde pienso que debería estar y, en cambio, a confiar en
ti en todas las cosas.*

MISERICORDIA FIEL

Tú, oh Señor, no retengas Tu compasión de mí;
Tu misericordia y Tu fidelidad me guarden
continuamente,

SALMOS 40:11 NBLA

Jesús no retuvo su misericordia de aquellos a quienes otros juzgaban rápidamente. En Juan 8, los líderes religiosos llevaron a una adúltera delante de Él. Querían atraparlo consiguiendo que rompiera las leyes de Moisés. La ley en cuestión era que una mujer en esa situación debía ser apedreada.

La respuesta de Jesús fue pedir que el que no tuviera ningún pecado fuera el primero en lanzar la piedra. Después, escribió en la arena con su dedo. No sabemos lo que escribió o dibujó, pero todos los acusadores de la mujer terminaron alejándose. La Palabra dice que sintieron convicción, así que la verdad confrontadora los alcanzó. Al final, no quedó nadie para condenar a esta mujer, y Jesús la bendijo y le dijo misericordiosamente que era libre de una vida de pecado. Este tipo de misericordia es lo que encontramos en Cristo una y otra vez. Es hermosa, liberadora y poderosa.

Jesús, tú no enseñaste que deberíamos condenar o juzgar a otros. Tú predicaste la misericordia, y la viviste. Quiero que mi vida refleje el mismo amor liberador.

SER MISERICORDIOSAS

Que el Dios que infunde aliento y perseverancia
les conceda vivir juntos en armonía, conforme
al ejemplo de Cristo Jesús.

ROMANOS 15:5 NVI

La unidad que estamos buscando se encuentra primero
en nuestra relación con Jesús. Ninguna de nosotras tiene
más favor que las demás. Somos hermanos y hermanas a
quienes se ha ofrecido las mismas bendiciones y recursos
del reino de Cristo que a cualquier otro.

Busquemos maneras de animarnos unas a otras según
lo necesitemos. Ofrezcámonos misericordia unas a otras
así como esperamos recibir misericordia de los demás.
Seamos amables, sinceras, y estemos llenas de ese
amor que soporta las épocas duras. Eso que anhelamos,
podemos ofrecérselo a otros. Lo que Cristo nos ofrece,
podemos compartirlo con otros.

*Jesús, tú eres mi fuente. En comunión contigo, descubro
lo que es verdaderamente el amor. No quiero albergar
rencor o falta de perdón hacia nadie. Ayúdame a soltarlo,
a escoger el amor antes que el juicio, y a vivir una vida de
misericordia.*

CIMIENTOS FIRMES

«Cayeron las lluvias, crecieron los ríos, soplaron los vientos y azotaron aquella casa; con todo, la casa no se derrumbó porque estaba cimentada sobre la roca».

MATEO 7:25 NVI

¿Cuál es el cimiento sobre el que está edificada tu vida? Jesús dijo que los que escuchan su mensaje y lo aplican a su vida son como personas sabias que edificaron su casa sobre un cimiento inconmovible. Cuando cayeron las lluvias, crecieron los ríos, y fuertes vientos soplaron contra su casa, se mantuvo firme.

Cuando alineamos nuestras vidas en Cristo, no solo sabiendo lo que enseñó, sino también aplicándolo a nuestra vida, podemos vivir con la confianza de un cimiento inconmovible. Aunque lleguen las tormentas, no derribarán nuestra vida. Creamos las palabras de Jesús y sigámoslo.

Jesús, tú eres el cimiento firme sobre el que está edificada mi vida. Tu amor es mi fundamento, y no seré movida. Mientras sigo edificando mi vida sobre ti, que pueda confiar en tu fiel misericordia para que me mantenga situada firmemente en tu reino.

CORAZÓN DE GRATITUD

El Señor es mi fortaleza y mi escudo;
confío en él con todo mi corazón.
Me da su ayuda y mi corazón se llena de alegría;
prorrumpo en canciones de acción de gracias.

SALMOS 28:7

¿Cómo te ha ayudado el Señor? ¿Cómo has experimentado su misericordia en tu vida? Que tu testimonio acerca de su bondad sea el punto de partida de tu gratitud hoy. Cuando practicamos el agradecimiento y le damos al Señor nuestra alabanza por lo que ya ha hecho, nuestro corazón se edifica por el ánimo de su fidelidad.

Que tu confianza en el amor infalible de Cristo se fortalezca hoy. Que veas claramente su gracia. Él no te ha soltado, y no te soltará. Él te rodea con amor fiel, y te sostiene con la fuerza de su victoria. Derrama el gozo que surge en tu interior y ofrece tu alabanza libremente.

Jesús, tú eres muy digno de mi alabanza. Estoy agradecida por cómo has intervenido en mi vida, y espero que sigas siendo fiel todos los días de mi vida. ¡Esta es mi canción de alabanza!

TENER CUIDADO

Cuídense unos a otros, para que ninguno de ustedes deje de recibir la gracia de Dios. Tengan cuidado de que no brote ninguna raíz venenosa de amargura, la cual los trastorne a ustedes y envenene a muchos.

Hebreos 12:15

Qué declaración tan hermosa se entreteje en este pasaje. El escritor no dice: «Cuídense unos de otros, para evaluar cómo viven su fe». Él anima a la comunidad a cuidar unos de otros para que nadie se pierda en la revelación de la gracia de Dios. La gracia de Dios es lo que nos salva y lo que nos empodera para vivir para Cristo. Se nos ofrece gratuitamente a todos en la misma medida abundante.

Mientras cuidamos unos de otros, animémonos en la gracia de Dios. Tengamos cuidado de nuestro propio corazón para asegurarnos de que no crezca amargura hacia los demás. La amargura solo causa problemas. El amor cubre multitud de pecados. Recordemos esto en nuestras relaciones y comunidades.

Jesús, tus caminos son mejores que mis propias tendencias. Donde yo pudiera dejar que creciera la amargura, tú me ofreces un camino mejor. Me alineo en tu amor incluso mientras soy confrontada con áreas dentro de mí que no están de acuerdo con tu reino. Por favor, transfórmame en tu amor.

ENTRAR CON CONFIANZA

Gracias a Cristo y a nuestra fe en él, podemos entrar en la presencia de Dios con toda libertad y confianza.

EFESIOS 3:12

¿Qué significa entrar con confianza ante el trono de Dios? Como hijos e hijas del Dios vivo, podemos expresarnos plenamente y libremente. Nuestra confianza está en quién dice Dios que somos y no en nuestro propio mérito.

Que crezcas en la confianza de tu identidad como hija de Dios hoy. Cristo ha cumplido a la perfección con las demandas de la ley, y puedes acudir al Padre sin reticencias. Comparte libremente con Él lo que hay en tu corazón, porque Él es un padre bueno y se deleita en ti. Incluso cuando lo que compartes no es algo feliz, Él se agrada de ti. No le retengas nada, porque Él es tu ayudador, abogado y maestro.

Jesús, gracias por hacer añicos cada obstáculo entre la humanidad y el Padre. Gracias por escogerme, por cubrirme con tu misericordia, y por salvarme. Entro hoy con confianza, y espero conocer más a Dios gracias a lo que tú has hecho.

VALENTÍA Y FORTALEZA

Esfuércense, y aliéntese su corazón,
Todos ustedes que esperan en el Señor.

SALMOS 31:24 NBLA

¿Has puesto tu esperanza en el Señor? Sé fuerte y valiente, y prosigue con tus planes. ¿Has puesto tu confianza en Cristo? Ten confianza en su liderazgo y su ayuda cuando lo necesites. No tienes que deshacerte del temor antes de proceder. Aguanta y continúa con tu esperanza, confianza y creencia en que Dios está de tu lado.

Habrá veces en las que no estés segura de lo que Dios quiere para ti. En esos momentos, recuerda quién es Él. ¿Cómo es el fruto de su reino? ¿Qué sabes ya que es verdad acerca de Él? Mientras caminas con valentía, confía en que Dios no te defraudará. Él es fiel.

Jesús, tú eres mi fortaleza y valentía. Pongo mi esperanza en ti y la dejo ahí. Dejo mi confianza contigo, y arrojo mi ancla de esperanza en el mar de tu amor inagotable. Sé que estás conmigo incluso cuando no puedo sentirlo.

SER CONSCIENTE

Porque tal como juzguen se les juzgará,
y con la medida que midan a otros,
se les medirá a ustedes.

MATEO 7:2 NVI

Cuando nos negamos a reconocer nuestros prejuicios al valorar a otros, el orgullo se enmascara como justicia. Jesús no bromeaba cuando dijo que deberíamos amar a otros como queremos que nos amen. El mismo principio se aplica al juicio. ¿Queremos que otros basen sus opiniones de nosotras en relación a las cosas en las que discrepamos?

En este pasaje de la Escritura, Jesús animaba a su pueblo a no juzgar a los demás. ¿Criticamos duramente a otros, pero después queremos salir airosas? ¿Deshumanizamos a los que discrepan de nosotras mientras dejamos espacio para nuestros propios errores? Espero que nos tomemos en serio a Jesús y dejemos el juicio a Dios. Él no necesita nuestra ayuda; Él ve claramente cada corazón. Hagamos que nuestra primera prioridad sea mostrar misericordia a otros en lugar de juicio.

Jesús, gracias por este recordatorio. Confieso que juzgo a otros con más dureza de la que yo quiero que usen conmigo en cosas similares. Confío en que tu misericordia es suficientemente fuerte para todos. Perdóname, y concientízame siempre que me aparte del camino del amor.

VIVIR CON GENEROSIDAD

Y Dios puede hacer que toda gracia abunde
para ustedes, a fin de que teniendo siempre
todo lo suficiente en todas las cosas,
abunden para toda buena obra.

2 CORINTIOS 9:8 NBLA

No hay atajos en el reino de Dios. Su gracia es más que
suficiente, su amor rebosa, y su paz es abundante. Vivamos
como reflejos de la generosidad de nuestro Padre bueno.
Que nunca sintamos la necesidad de acumular lo que
tenemos en lugar de cuidar misericordiosamente de los
necesitados que nos rodean.

Dios es generoso. Él siempre nos da más de los recursos
inagotables de su reino. Cada bendición es un regalo de
Él. No tenemos que acumularlos por miedo a que un día
Él cambie de opinión, ni tampoco tenemos que asirnos
con firmeza a cosas que ya no nos sirven. Compartamos
caritativamente y libremente con los que tienen menos
que nosotras. Ofrezcamos nuestra abundancia como frutos
compartidos para edificar nuestras comunidades. Fuimos
creadas para progresar juntos y ayudarnos unos a otros.

*Jesús, quiero ser generosa en mi vida y en lo que doy.
Donde me haya desorientado, haz que regrese al camino.
Bendice la obra de mis manos mientras comparto lo que
tengo con otros.*

TESORO ESCOGIDO

Pero ustedes son raza elegida, sacerdocio real, nación consagrada, pueblo de su posesión, destinado a proclamar las grandezas de quien los llamó de las tinieblas a su luz maravillosa.

1 PEDRO 2:9 BLPH

Cada persona que se somete a Cristo es parte del reino de Dios. Nos convertimos en sacerdotes y reyes de su reino y coherederos con Cristo. Somos el tesoro escogido de Dios como personas que han sido apartadas para dedicarse a Él. Ya no habitamos en las tinieblas del pecado, el temor o la vergüenza; estamos vivas en la luz de Cristo.

Cobra aliento hoy en tu identidad como hija de Dios y sacerdotisa de su reino celestial. Eres parte de una familia de Dios que es más grande de lo que puedes imaginar. Hay personas de cada tribu, lengua y nación, unidas bajo la bandera del Cordero de Dios. Gózate en tu lugar en la familia de Dios, y conecta con tus hermanos y hermanas en Cristo.

Jesús, qué maravillosa realidad saber que soy parte de una familia de creyentes tan diversa como esta. Me encanta tu creatividad, y me siento honrada de conocerte y de que tú me conozcas. Que pueda avanzar con confianza y compasión hoy.

SEGUIR BUSCANDO

Busquen al Señor y a su fuerza;
búsquenlo continuamente.

SALMOS 105:4

Hoy es el día que ha hecho el Señor. No te rindas con el bien que tienes que hacer. No dejes de buscar al Señor. Él no te ha abandonado, así que no te des por vencida antes de experimentar tu avance. Pase lo que pase, sigue buscándolo a Él.

Como dijo el salmista, busca más de su fortaleza cuando te sientas débil. Cuando no sepas qué más hacer, ¡busca más de Él! Cuando estés en la oscuridad de la confusión, el sufrimiento o la tristeza, busca siempre la luz de su rostro. Para cada momento, hay una razón para buscarlo. Él es mucho mejor que la vida misma, y satisfará los anhelos más profundos de tu alma.

Jesús, te doy el sacrificio de mi alabanza, incluso cuando no tengo ganas de hacerlo. Te busco cuando preferiría irme. Confío en ti en todo, así que no me decepciones, Señor. Seguiré perseverando para conocerte más y más.

ÉL PUEDE

Por eso puede salvar—una vez y para siempre—
a los que vienen a Dios por medio de él, quien vive
para siempre, a fin de interceder con Dios
a favor de ellos.

HEBREOS 7:25

Cuando Jesús resucitó de la tumba donde estuvo enterrado, rompió el poder del pecado y de la muerte. Cuando ascendió al Padre, se convirtió en nuestro sumo sacerdote, y lo sigue siendo. Él intercede ahora continuamente por nosotras delante del Padre. ¡Qué Salvador tan maravilloso es Jesús!

Jesús no se desconcierta con nadie que acude a Él en busca de ayuda. Él puede salvar a todo el que acude a Dios a través de Él. Él es santo sin indicio de maldad alguna, e incapaz de engañar o decir una mentira. Él no puede pecar, y está exaltado con el más alto honor en los cielos (Hebreos 7:26). Por muy desamparada que te hayas sentido con respecto a ti misma o a otra persona, has de saber que no hay nada imposible para Jesucristo. Él puede salvar a todo aquel que acude a Él.

Jesús, tú eres el Salvador del mundo, y creo que eres más poderoso de lo que mi mente mezquina puede comprender. Confío en que tú puedes hacer mucho más y mucho mejor de lo que yo pueda pedir. Aumenta mi fe mientras hago oraciones más atrevidas hoy.

SANTA CONFESIÓN

Si confesamos nuestros pecados,
Él es fiel y justo para perdonarnos los pecados
y para limpiarnos de toda maldad.

1 JUAN 1:9 NBLA

Hay algo increíblemente bello en la confesión ante Dios o ante otros. Se requiere vulnerabilidad y humildad. Da espacio a la realidad de saber dónde estamos y con lo que estamos lidiando mientras también admitimos que queremos hacerlo mejor. Permite que otra persona intervenga y nos ayude, nos ame, y podamos rendirle cuentas cuando lo busquemos.

No está de moda hablar de la confesión, pero es una parte necesaria de ser conocida. Cuando confesamos nuestras faltas y defectos a Cristo, Él es fiel y justo para perdonarnos. Él nos conoce muy bien, y hace espacio para todos. Él suple nuestros riesgos vulnerables con la profunda compasión de su corazón. Él nos cubre con su poderosa misericordia, y somos más fuertes en la luz de su amor.

Jesús, sé que no hay razón para mantener nada oculto de ti. No quiero que el orgullo, el temor o la vergüenza me mantenga estancada en áreas en las que tú tienes poder para intervenir en mi vida. Te lo confieso a ti, porque confío en ti.

DECIDIR EN TU CORAZÓN

Cada uno debe decidir en su corazón cuánto dar;
y no den de mala gana ni bajo presión,
«porque Dios ama a la persona que da con alegría».

2 Corintios 9:7

No hay una estrategia correcta para la generosidad en nuestra vida. Nos gusta un buen sistema y un plan de tres puntos para pasar del punto A al punto B, pero Jesús enseñó más en parábolas que resaltaban los valores guía de nuestra vida que mediante reglas rígidas.

Si queremos dar con autenticidad, no miremos lo que están haciendo nuestras vecinas o amigas para imitarles; decidamos lo que es bueno para nosotras. Deberíamos dar no porque nos sintamos presionadas a hacerlo, sino buscar en nuestro interior para encontrar la cantidad (o tiempo, talento u objeto) que esté en consonancia con nosotras. Siempre que demos, ya sea mucho o poco, hagámoslo de manera voluntaria y alegre, porque eso refleja a Dios.

Jesús, me encanta que nunca eres reticente a la hora de ofrecer tu misericordia. Tú no ayudas de mala gana a los que te lo piden, sino que lo haces con disposición y con gozo. Quiero dar del mismo modo. Gracias por este cambio en mi pensamiento.

SEGUIR CONFIANDO

Por lo tanto, no desechen la firme confianza
que tienen en el Señor. ¡Tengan presente
la gran recompensa que les traerá!

HEBREOS 10:35

¿Cómo fue para ti cuando conociste a Jesús por primera
vez? ¿De qué estaban llenos esos primeros días después
de que Cristo hizo brillar la luz de su amor en tu vida?
¿Eras más osada en tu fe que ahora? ¿Estabas más
dispuesta a acercarte a otros con compasión?

Sea cual sea el caso, y en lo que haya cambiado en tu
vida, espero que sigas confiando con osadía en el Señor
para todo lo que necesites. El cambio es inevitable y no
una falta. Jesús aún no ha terminado de derramar su
misericordia en medio de los detalles de tu historia. Incluso
lo que te parece que se ha malgastado, para Él no se ha
malgastado. Prosigue hacia el presente amor de Cristo a
través del Espíritu hoy. Él te ama tanto ahora como nunca
te ha amado, y siempre te amará.

Jesús, sigo escogiendo confiar en ti. Tú eres mi confianza.
Aunque todo lo demás se ponga patas arriba, tú
permaneces constante. Fortalece mi corazón en tu amor,
y guíame en tu gracia.

QUÉ ALEGRÍA

¡Oh, qué alegría para aquellos a quienes
se les perdona la desobediencia,
a quienes se les cubre su pecado!

SALMOS 32:1

Cristo te ha librado de las garras del pecado y de la muerte. Te ha liberado de las mentiras de la vergüenza y del temor que buscaban controlarte y hacerte pequeña. ¿Qué harás con esa libertad? Hagas lo que hagas, no te olvides de la alegría que viene con ella.

Cuando acudes a Cristo, buscando su perdón y su ayuda, Él te cubre con misericordia. El Salmo 103:2 dice que se ha llevado tu pecado tan lejos como el este está del oeste. No hay fin en la compasión que nos ofrece, y cuida tiernamente de ti como un padre bueno y bondadoso cuida de sus hijos. Que la alegría de su amor se avive en tu corazón mientras meditas en cuán grande es su bondad para contigo.

Jesús, gracias por quitar mi pecado de tu vista. Tú no me echas en cara lo que ya has perdonado. Estoy muy agradecida. Cuando la vergüenza asome su fea cara e intente devaluar mi valía, recordaré lo que ya has hecho y me alegraré en la libertad que me pertenece.

MENSAJE PODEROSO

El mensaje de la cruz es ciertamente una locura para los que se pierden, pero para los que se salvan, es decir, para nosotros, es poder de Dios.

1 Corintios 1:18 rvc

El sacrificio de Cristo, su vida humilde, muerte y resurrección, es el poder de Dios manifestado en la tierra. El mensaje de la cruz es que el amor de Dios no conoce fin. No conoce las barreras, ni el punto donde termina. El sacrificio de Cristo eliminó cualquier barrera que existía entre Dios y la humanidad. A través de Cristo, acudimos al Padre sin culpa, mancha o temor.

Jesús es nuestro Salvador, y no hay nadie como Él. Como el Hijo de Dios, no pecó. Sin embargo, vivió la experiencia humana. Conoció el hambre, conoció el cansancio, y conoció la culpa que otros le echaron. Aun así, escogió venir. Escogió ofrecer misericordia. Escogió morir. Cuando la tumba no pudo retenerlo, escogió resucitar. ¡Que Dios tan poderosamente humilde y lleno de hermosa compasión!

Jesús, ¿podrías darme un mayor entendimiento del poder de tu amor que te impulsó ir a la cruz? Quiero conocerte más en espíritu y en verdad. Gracias por proveer un camino de ayuda, salvación y libertad.

COMUNIÓN EN EL CORAZÓN

En mi corazón atesoro tus dichos
para no pecar contra ti.

SALMOS 119:11 NVI

No basta con conocer a una persona mediante lo que decidió presentar en mensajes, fotos y pedazos muy seleccionados de su vida. Piensa en cuán diferente es conocer a una persona solo mediante las redes sociales en lugar de la vida real. Podemos tener nuestras ideas sobre cómo puede o no puede ser una persona basado en su perfil, pero no le conocemos en los momentos delicados.

Conocemos a las personas en los detalles de lo trivial y en los momentos bajos tanto como en los altos. Les vemos en las decepciones y los reveses tanto como en las victorias. Pasa lo mismo con conocer a Cristo. Podemos conocer acerca de Él, o podemos llegar a conocerlo verdaderamente en las rutinas de nuestros días. Tenemos comunión con su Espíritu, y tenemos su Palabra para dirigirnos. Que nos entreguemos al conocimiento real de Él y no solo a hacer suposiciones sobre Él basándonos en momentos populares.

Jesús, sé que tú experimentaste dificultades y experimentaste el dolor. Quiero conocerte en mi vida, caminar contigo, oír tu voz y confiar en tu gracia presente. Guardaré tu Palabra en mi corazón y viviré para conocerte más.

GOZO INCONTENIBLE

Que Dios, quien nos da seguridad, los llene de alegría.
Que les dé la paz que trae el confiar en él. Y que,
por el poder del Espíritu Santo,
los llene de esperanza.

ROMANOS 15:13 TLA

Tras haber decidido confiar en Cristo y en su poder en tu vida, que sea algo que no permanezca solamente en el espacio de tus pensamientos conscientes. Que Dios, que es la inspiración y fuente de esperanza, te llene hasta rebosar con gozo incontenible. Este tipo de gozo brota desde adentro y se mueve por todo tu cuerpo.

Que Él te llene para que reboses de su paz perfecta mientras confías en Él. Hay una paz profundamente asentada para ti al margen de lo que esté ocurriendo en tu mundo. Transciende el entendimiento y calma tus temores. ¡Que estés rodeada continuamente por el poder del Espíritu en cada área de tu vida hasta que irradies esperanza!

Jesús, quiero irradiar tu gozo y esperanza a medida que la luz de tu vida vive en mí. Quiero conocer la paz profunda de tu presencia que habita en mí. Espíritu Santo, rodéame hoy y anima mi corazón con esperanza.

MEJOR QUE LA VIDA MISMA

Más que vivir,
prefiero que me ames.
Te alabaré con mis labios.

SALMOS 63:3 TLA

La misericordia de Dios es poderosa. Es suficiente para salir de la tumba y derrotar a la muerte. La misericordia de Dios también es tierna y se preocupa de los más vulnerables entre nosotros con compasión. Si has experimentado la misericordia de Dios sosteniéndote cuando te estabas rompiendo en pedazos, entonces conoces su ternura.

Que puedas experimentar mayores medidas de su amor mientras meditas en su bondad hoy. Mira a Cristo, el jardinero de tu fe. Él plantó la semilla y también la cuida. Que descubras que, mientras te asocias con Él, también ves las huellas de su misericordia en lugares que ni siquiera sabías que existían. Él es así de bueno.

Jesús, tus misericordias hacia mí me han dado vida. Me han nutrido y restaurado. Confío en que hay incluso más por llegar; tú no quitarás tu mano de mi vida. ¡Te amo y te alabo!

DICIEMBRE

Dios es nuestro refugio y nuestra fortaleza,
nuestra segura ayuda en momentos de angustia.

SALMOS 46:1 NVI

ANCLA DE ESPERANZA

Tenemos como firme y segura
ancla del alma una esperanza.

HEBREOS 6:19 NVI

¿Cuál es esta esperanza firme y segura de la que habla el escritor de Hebreos? Es la fiel promesa que Dios hizo por medio de Cristo. Es la promesa de cumplir todo lo que Él dijo que haría. Hemos sido salvas por gracia, y la fe que ponemos en Jesús no puede ser movida, porque Aquel que nos llamó es fiel.

El ancla de esperanza mantiene nuestra alma conectada a la fidelidad de Dios, y Él nunca fallará. No abandonará sus promesas, ni a su pueblo. Él cumplirá cada promesa que ha hecho, y lo hará con poder y misericordia. Al fijar nuestros ojos en Él en este día, que nuestras almas conozcan la esperanza profunda y duradera que nos pertenece.

Jesús, gracias por tu fidelidad. No tengo que preguntarme si tú cumplirás o no tu palabra, pues sé que lo harás. Tú eres leal en amor y firme en la verdad. ¡Aleluya!

BENDICIONES DESBORDANTES

Me honras ungiendo mi cabeza con aceite.
Mi copa se desborda de bendiciones.

SALMOS 23:5

El Salmo 23 comienza con David diciendo: «El Señor es mi pastor; tengo todo lo que necesito». Cuando le entregamos al Señor el liderazgo de nuestra vida y nos sometemos a su guía y su cuidado, no tenemos ninguna razón para preocuparnos o temer. Él es nuestro protector, quien guarda nuestra alma, y nuestro líder amoroso.

Ungir la cabeza de una persona con aceite es un acto ritual de derramar aceite fragante sobre ella, y normalmente significa una bendición ceremonial. El Señor nos ha bendecido derramando sobre nosotras el aceite aromático del Espíritu Santo. Él es nuestra cobertura, nuestra bendición y la fragancia de la bendición de Dios sobre nuestra vida. Tenemos bendiciones desbordantes en Él.

Jesús, gracias por tu Espíritu, el cual derramas libremente sobre quienes te aman. Tú eres mi pastor y mi guía. ¡Me encanta ser conocida como tuya!

ESPÍRITU TIERNO Y SERENO

En cambio, vístanse con la belleza interior, la que no se desvanece, la belleza de un espíritu tierno y sereno, que es tan precioso a los ojos de Dios.

1 Pedro 3:4

No hay nada de malo en valorar cómo nos mostramos al mundo. Ya sea mediante lo que vestimos, nuestro peinado u otras opciones personales, nuestro mayor valor no está en lo que presentamos exteriormente. La salud de nuestra alma tiene mucha más importancia. La verdadera belleza está en cultivar nuestro corazón con amor y paz.

Nuestro cuerpo envejece y cambia, pero nuestra alma solamente crece en complejidad y belleza a medida que madura a la luz del amor de Dios. En lugar de idolatrar la juventud, envejezcamos con gracia en nuestro cuerpo, nuestra mente, nuestro corazón y nuestra alma. Cuidemos los jardines de nuestros corazones con la ayuda del Espíritu Santo, y sigamos sanando en su amor restaurador.

Jesús, sé que tú valoras lo que hay en mi corazón y valoras el recipiente donde está. Que pueda ser sana en tu amor en cuerpo, alma y espíritu. Que esté llena de tu paz perfecta mientras me alineo con los valores de tu reino.

PON TU CORAZÓN

Pongan el corazón en lo que hagan, como si lo hicieran para el Señor y no para gente mortal.

COLOSENSES 3:23 BLPH

En esta temporada vacacional tan frenética, puede parecer que todo el trabajo que hacemos no es suficiente para avanzar. Hay recados que hacer, fiestas a las que asistir, trabajo que terminar antes del final del año, y muchas cosas más. Toma el versículo de hoy como tu indicación para que ralentices, hagas lo que puedas, y simplifiques el resto. Suelta aquello a lo que no puedes llegar. De hecho, puede que este sea un buen momento para reevaluar si todo lo que estás intentando hacer es necesario.

Toma un tiempo hoy para estar a solas con el Señor y pídele su perspectiva sobre tu agenda. ¿Cuáles son las cosas más importantes en las que enfocarte? ¿Qué puedes soltar? Cuando tengas una idea mejor de lo que tienes que hacer hoy, trabaja como si estuvieras colaborando con Jesús mismo. Pon tu corazón en lo que hagas y suelta el resto.

Jesús, quiero usar mi tiempo sabiamente y emplear mi energía con visión. Ayúdame a priorizar bien. No importa lo que haga, lo hago para ti.

SER CONSISTENTE

Cada uno debería seguir viviendo en la situación que el
Señor lo haya puesto, y permanecer tal como estaba
cuando Dios lo llamó por primera vez.

1 Corintios 7:17

Cuando alineamos nuestra vida con Cristo, eso no significa
que tengamos que renunciar a todo aquello por lo que
hemos trabajado en la vida. De hecho, el consejo de Pablo
a los creyentes en Corinto fue que siguieran viviendo del
modo en que lo hacían cuando Dios los llamó. Si tienes un
negocio, dirige ese negocio para Cristo. Si eres abogada,
deja que el poder transformador del amor de Cristo en ti te
empodere para trabajar a favor de la justicia.

No tienes que tener un ministerio en la iglesia para marcar
una diferencia en el reino. No tienes que cambiar toda tu
vida a fin de agradar a Dios. A menos que tengas claro que
necesitas cambiar a otra cosa, mantén el rumbo y, todo lo
que hagas, hazlo como para el Señor. Hay belleza en crecer
donde ya estás plantada.

*Jesús, gracias por comprender que mis dones, fortalezas
y bienes pueden utilizarse para servirte justamente donde
estoy. No tengo que estudiar en escuelas ministeriales
especializadas o en tierras lejanas para servirte. Te seguiré
donde estoy.*

TODO EN TODO LUGAR

La tierra es del Señor y todo lo que hay en ella;
el mundo y todos sus habitantes le pertenecen.

SALMOS 24:1

¿Cuán diferente se vería nuestra vida si viviéramos verdaderamente según la creencia de que todo lo que hay en la tierra le pertenece al Señor? ¿Tendríamos el corazón más abierto a quienes se ven diferentes a nosotras? ¿Estaríamos más dispuestas a ver la belleza en la diversidad en lugar de su amenaza?

Todo, en todo lugar, como dice el salmista, es del Señor. Todas las personas del mundo le pertenecen a Él: no solo tú, no solo yo. Su tierra no es solamente lo que pisan nuestros pies. Su gente no es solamente aquellos hacia quienes nos vemos atraídas naturalmente. Hay un mundo muy grande ahí afuera, lleno de diversas expresiones de la imagen de Dios, y podemos aprender a deleitarnos en ellas. Que nuestra mentalidad cambie de ser recelosas con las diferencias a ver la maravilla en ellas.

Jesús, tu amor me humilla, y me recuerda cuán grande eres tú cuando veo la inmensidad del mundo. Estoy contenta, porque tú no estás limitado por nada, y eso incluye mis ideas acerca de cómo te mueves. Tú eres tan vasto y glorioso como el mundo que me rodea, y más allá.

UNA ESPERANZA FIRME

Mantengamos firme la esperanza que profesamos,
porque fiel es el que hizo la promesa.

HEBREOS 10:23 NVI

El cumplimiento de nuestras esperanzas no se apoya en nosotras mismas. Jesús es la fuente de nuestra esperanza. Él es quien la sustenta, y cumplirá cada promesa que ha hecho. Él es absolutamente inmutable en amor, no es movido por las amenazas del mundo, y nuestras luchas no le intimidan. ¡Qué verdad tan hermosa y liberadora!

Nuestra confianza está en Cristo. Está en su misericordia. Está en su obra en la cruz, su resurrección de la muerte, y su próximo regreso. Él nos ha dado al Espíritu Santo como un sello de su promesa. Conocemos a Cristo más plenamente mediante la comunión con el Espíritu. Dondequiera que estemos, sea lo que sea que enfrentemos, nuestra esperanza está asegurada y las promesas de Dios están garantizadas.

Jesús, mi esperanza está en ti y no en mí misma. Ayúdame a no distraerme por mis limitaciones, y que pueda confiar en ti cada vez más. Arráigame en la realidad de tu amor, y líbrame de la ansiedad del temor. Confío en ti.

MI VALENTÍA

Entonces, Señor, ¿dónde pongo mi esperanza?
Mi única esperanza está en ti.

SALMOS 39:7

David introduce esta declaración de esperanza con
la comprensión de que, a menudo, aquello por lo que
trabajamos en la vida no se compara con Dios y su bondad.
En Salmos 39:5-6 leemos: «La vida que me has dado no
es más larga que el ancho de mi mano. Toda mi vida es
apenas un instante para ti; cuando mucho, cada uno de
nosotros es apenas un suspiro. Somos tan solo sombras
que se mueven y todo nuestro ajetreo diario termina en la
nada. Amontonamos riquezas sin saber quién las gastará».

Que podamos llegar a la misma conclusión que David al
considerar el alcance de nuestras vidas. Nuestra esperanza
única, más grande y verdadera está en Cristo. Tenemos un
ancla firme de esperanza en Él. Él no es movido por las
opiniones de este mundo, sino que es firme y verdadero, y
nunca nos dará la espalda. Él es mejor que nosotras, y más
fiel a su palabra de lo que nosotras lo somos a la nuestra.
Él es bueno, es fiel, y es nuestra esperanza inconmovible.

*Jesús, no hay nadie como tú. Mi vida no es sino un suspiro
en este vasto mundo y, sin embargo, tú me amas y cuidas.
¡Tú estás a mi lado! Que cada suspiro que doy en este día
esté lleno de la gratitud que rebosa de mi corazón.*

SATISFACCIÓN VERDADERA

Abres tus manos y a todos los seres vivos
les das lo que necesitan.

SALMOS 145:16 PDT

David declara anteriormente en este salmo tan hermoso y edificante que meditará en el glorioso esplendor de la majestad de Dios y en sus maravillosas obras. Sigamos los pasos de David en este día al considerar las maravillosas obras de Dios. Más concretamente, meditemos en el glorioso esplendor de su majestad por medio de la vida de Cristo.

Jesús es la fuente de nuestra satisfacción verdadera. Él tiene recursos para fortalecernos con su gracia, sostenernos en su misericordia, y satisfacernos con su paz. Él es mejor para nosotras de lo que nosotras lo somos mutuamente. Él está lleno de sabiduría para guiarnos a los caminos de su reino eterno. Tenemos todo lo que necesitamos en su poder de resurrección, y Él nunca nos dejará para que luchemos solas nuestras batallas.

Jesús, gracias por tu presencia a mi lado. En mis días más difíciles, recordaré lo que tú has dicho, lo que has hecho, y cómo has cumplido fielmente tu Palabra. No abandonaré la esperanza, porque mi alma conoce la satisfacción verdadera en la pureza de tu amor.

VESTIDAS DE AMOR

Sobre todo, vístanse de amor, lo cual nos une
a todos en perfecta armonía.

COLOSENSES 3:14

El amor une todos los valores del reino de Dios. El verdadero amor no es simplemente un sentimiento o una opción. Es el poder de Dios. Es más de lo que podemos imaginar, más fuerte de lo que podemos llegar a comprender y, sin embargo, es el camino al que Cristo nos llama.

Cuando Cristo declaró que toda la ley podía resumirse en la regla de oro de amar a nuestro prójimo como nos amamos a nosotras mismas (o preferirlos por encima de nuestros prejuicios), nos estaba invitando a una mayor comprensión de lo que cubre el amor. Seguramente, mantener la justicia es amar, compartir nuestros recursos es amar, y defender la verdad es amar. Que no nos limitemos en la comprensión del amor de Dios, porque es expansivo y transforma siempre nuestro corazón, nuestra mente y nuestra vida en la realidad superior del reino de Dios.

Jesús, no quiero limitar tu amor, ni tampoco quiero una definición obsoleta y pequeña de cómo es tu amor. Decido vestirme de tu bondad, misericordia y fortaleza. Te invito a que extiendas mi comprensión a medida que prosigo y escojo tus caminos antes que los míos.

EL DESEO DEL CORAZÓN

Dios mío, deseo que se haga tu voluntad;
llevo tus enseñanzas en mi corazón.

SALMOS 40:8 PDT

¿Alguna vez te has visto superada por el sentimiento que David describe en este versículo? *Dios mío, deseo que se haga tu voluntad*. Cuando meditamos en la Palabra de Dios, cuando buscamos conocer más a Jesús mediante los relatos escritos de su vida y sus palabras, nuestro corazón casi con toda seguridad crece en este deseo.

Sean cuales sean los deseos de nuestro corazón, hay sabiduría en permitir que la búsqueda de Dios nos impulse a conocerlo mejor. Cuanto más meditemos en su Palabra, más llegaremos a conocer cómo es Él. Mientras más comunión tengamos con Él en su Espíritu, más profundo será nuestro amor por Él. Que Él sea el mayor deseo de nuestro corazón; que seguir su guía amorosa sea la alegría de nuestra vida.

Jesús, no quiero seguir los caminos de quienes terminan en necedad y desesperación. Todas las riquezas del mundo no significan nada sin tu amor activo en mi vida. No quiero vivir simplemente para mí misma y mis deseos. Quiero satisfacerte a ti. Guíame, Señor.

COMPRENSIÓN CONSCIENTE

No actúen sin pensar, más bien procuren entender
lo que el Señor quiere que hagan.

EFESIOS 5:17

Vivir con sabiduría no sigue una senda prescriptiva. Se verá diferente para cada persona, y los sistemas de valores del reino de Dios motivarán a cada una en su propio camino. El fruto del Espíritu es evidente en todo aquel que entrega su corazón, su vida y sus decisiones a Cristo. Una vida que no se vive sin pensar nos conduce en propósito y pasión.

¿Entiendes lo que el Señor quiere que hagas? No tiene que ser un trabajo o un llamado específicos, pero esos pueden ser grandes dones de visión para nosotras. Lo que es más importante que lo que hacemos es cómo lo hacemos. Piensa bien en tus decisiones y permite que estén llenas del fruto del Espíritu que vive en tu interior.

Jesús, gracias por la sabiduría que me conduce a escoger cómo vivo pensándolo bien. No quiero ser llevada de tal modo por el ajetreo de mi vida que pase por alto las cosas importantes. Al mirarte a ti en este día, que la presencia de tu Espíritu me dirija y redirija en sabiduría y paz.

FUERZA Y PAZ

El Señor le da fuerza a su pueblo;
el Señor lo bendice con paz.

SALMOS 29:11

Cuando te encuentres cansada o débil, has de saber lo siguiente: el Señor puede darte fuerzas. Cuando tu corazón esté inquieto por la ansiedad de lo desconocido y la tristeza abrumadora de la injusticia en el mundo, que puedas descubrir que Cristo te bendice con paz.

Hay gracia suficiente para continuar en este momento. El amor y la bondad nos rodean para fortalecer nuestro corazón en la esperanza del reino de Cristo. Hay más de lo que se ve a simple vista. Hay más: amor que se extiende, esperanza que resucita la alegría, y fe que se aferra a la fidelidad de Cristo. Que en este día puedas encontrar todo lo que necesitas en la presencia viva del Espíritu de Dios en ti.

Jesús, dame tu fuerza y lléname de tu paz. Te necesito más de lo que puedo expresar con palabras. Mi corazón, mi esperanza y mi vida misma dependen de ti. Confío en tu presencia para fortalecerme y sostenerme. Confío en ti, Jesús.

EL MINISTERIO DE LA RECONCILIACIÓN

Y todo esto proviene de Dios, quien nos reconcilió
consigo mismo a través de Cristo y nos dio
el ministerio de la reconciliación.

2 CORINTIOS 5:18 RVC

Cristo nos ha purificado en la misericordia de su sacrificio.
¡Qué versículo tan poderoso! El versículo 17 de este
capítulo afirma que, si alguno está en Cristo, ya es una
nueva persona. Todo es fresco y nuevo. Desde este lugar,
como personas purificadas, como hemos sido reconciliadas
con Dios. Es también desde este lugar que nos ha sido
dado el ministerio de la reconciliación.

¿Cuándo fue la última vez que compartiste con otra
persona tu experiencia de fe y de comunión con Dios?
¿Has compartido un testimonio de su bondad y has
alentado a alguien en su amor? ¿Has compartido cuán
misericordioso, fuerte y fiel es Él? ¿Has dejado claro que la
invitación a conocer a Dios está abierta a todos? Estas son
tan solo algunas preguntas para avivar tu vida de oración
y pensar en cómo puedes participar en el ministerio de la
reconciliación de Cristo en tu vida.

*Jesús, gracias por tu amor purificador. Soy una nueva
criatura en ti, y vivo plenamente en tu misericordia. Afirma
mi corazón en la verdad de quién eres tú, y atrae a otras
personas hacia ti por medio de mi vida.*

UNA OFRENDA FRAGANTE

Acepta como incienso la oración que te ofrezco,
y mis manos levantadas, como una ofrenda vespertina.

SALMOS 141:2

Dondequiera que te encuentres hoy, sin importar
la grandeza de tu alegría o la profundidad de tu
desesperación, aprovecha la oportunidad para elevar
tu oración a Dios como una ofrenda a Él. No retengas tu
atención o tu experiencia. Él no está impresionado ni
sorprendido por ti. Tu Padre te conoce profundamente.

Que tu oración se eleve con una adoración rendida a
Aquel que te conoce bien. David escribió estas palabras
con una necesidad urgente de la ayuda de Dios. Si estás
desesperada por recibir ayuda de Dios, acude al lugar de
oración. Tal vez puedes leer el salmo de hoy completo.
Dirige tu corazón al Señor. Él está cerca.

*Jesús, gracias por tu ayuda en los momentos de
tribulación. Te ofrezco mis oraciones en la mañana y en la
noche. Cada vez que dirijo mi atención a ti, que sea como
un incienso fragante que asciende ante ti.*

PERTENENCIA SANTA

Por tanto, acéptense mutuamente, así como Cristo
los aceptó a ustedes para gloria de Dios.

ROMANOS 15:7 NVI

Todo aquel que clama al nombre del Señor recibe respuesta.
Todo aquel que pertenece al reino de Cristo le pertenece a
Él. En lugar de trazar líneas de división basadas en nuestras
diferencias, aceptémonos unos a otros con amor como
Cristo nos ha aceptado a cada una de nosotras.

Es un acto santo hacer espacio para los demás. Es piadoso
buscar las cosas que nos unen en lugar de lo que nos divide.
La gracia de Cristo es mucho mayor de lo que podemos
imaginar, y hay espacio para todas nosotras. Dejemos a un
lado la necesidad de competir, y busquemos en cambio
maneras de poder edificarnos y alentarnos mutuamente. En
unidad, encontraremos una mayor fortaleza.

*Jesús, gracias porque tú aceptas a cada persona que te
entrega su corazón. No quiero quedar atrapada en las
divisiones que se ven tan claramente. Quiero fomentar tu
paz, vivir en tu amor como mi motivación, y conocer la
fortaleza de ser parte de tu familia.*

MAYOR QUE LA TENTACIÓN

Las tentaciones que enfrentan en su vida no son
distintas de las que otros atraviesan.
Y Dios es fiel; no permitirá que la tentación
sea mayor de lo que puedan soportar.
Cuando sean tentados, él les mostrará
una salida, para que puedan resistir.

1 Corintios 10:13

Cuando estamos atrapadas en nuestras propias
experiencias, podemos sentirnos solas en lo que estamos
atravesando. Aunque los detalles de nuestras situaciones
y problemas pueden variar, nuestra respuesta sentida es
compartida. Sea lo que sea que enfrentemos, otra persona
ya lo ha atravesado. Cualquier dificultad que enfrentemos
ya ha sido enfrentada antes, y otros la están enfrentando
también ahora.

¡Eso no significa que te sientas pequeña! Significa que
hay una conexión. La experiencia humana está llena de
tentaciones a ceder al temor o la escasez, a apartar a otros
en lugar de invitarlos a acercarse, y muchas otras cosas.
Dios es fiel en nuestras tentaciones y nos muestra una
salida. Su amor nos da valentía para acercarnos, y nos da
fuerzas para perseverar.

*Jesús, agradezco la gracia de tu presencia y la comunión
con otros. Confío en ti para todo lo que necesito, y continúo
perseverando para seguir en tus caminos.*

LA ALEGRÍA ESTÁ EN CAMINO

El llanto podrá durar toda la noche,
pero con la mañana llega la alegría.

SALMOS 30:5

No podemos evitar el dolor en nuestras vidas. Es parte de la vida, y nadie puede librarse de él. En lugar de que este hecho nos desaliente, cobremos ánimo en las promesas de Cristo. Aunque el llanto dure toda una etapa de oscuridad, llegará la alegría con la luz del sol que se levanta sobre nuestras vidas. El sol brilla constantemente incluso cuando estamos en la oscuridad.

Igual que la tierra gira y vuelve a llegar la mañana, también nuestra vida gira y amanece sobre nosotras el alegre alivio de un nuevo día. ¡Esta es una gran esperanza! Si estás triste, no tienes que fingir que es la mañana; tan solo has de saber que llegará otra vez. La esperanza se levantará sobre las alas del amanecer, y serás renovada en el deleite de un nuevo día. Bajo esa luz, verás claramente lo que no puedes ver ahora. Aguanta.

Jesús, gracias por la promesa de una nueva alegría que llegará. Incluso mientras lloro, sé que el llanto no durará para siempre. Pongo en ti mi esperanza.

DOTADA PARA SERVIR

Dios, de su gran variedad de dones espirituales,
les ha dado un don a cada uno de ustedes.
Úsenlos bien para servirse los unos a los otros.

1 PEDRO 4:10

Todo don y talento que tenemos no es simplemente para nuestro propio uso. ¿Qué significado hay en la vida sin la conexión con otros? Del mismo modo que amamos a quienes tenemos más cerca y utilizamos nuestros dones para beneficiarlos, así también usemos nuestros dones para el bien mayor de nuestras comunidades.

Usamos bien nuestros dones cuando aprendemos a servirnos los unos a los otros en amor. Todo tiene un propósito en el reino de Dios. No hay actos de amor insignificantes ante los ojos de Dios. Todo importa. La misericordia marca una diferencia incluso si nadie más la reconoce. Dios toma nota, y Él recompensará nuestra fe. ¿Cómo puedes usar tus fortalezas en este día para servir a alguien en amor?

Jesús, tú eras conocido como quien servía a todos. Sé que el amor que sirve es el camino de la cruz, y es el camino de tu reino. Muéstrame cómo y a quién puedo servir hoy con bondad e intención.

LA GLORIA DE DIOS

La gloria, Señor, no es para nosotros;
no es para nosotros, sino para tu nombre,
por causa de tu gran amor y tu fidelidad.

SALMOS 115:1 NVI

Cuando vivimos con humildad en nuestro corazón, comprendemos que no importa qué clase de gloria o de notoriedad obtengamos en esta vida. Todo elogio pierde su lustre al final. Lo que se logra no satisface por mucho tiempo. Unámonos al salmista incluso en nuestras mayores victorias y digamos: «La gloria no es para nosotros, sino para tu nombre, Señor».

El Señor está lleno de amor y fidelidad para siempre. Cuando ponemos nuestra vida en consonancia con el reino de Cristo, le ofrecemos la gloria una y otra vez. Cualquiera que sea nuestra ganancia en esta vida es para la gloria de Dios. Cualquier cosa que nos lleve a arrodillarnos es también una oportunidad para que Dios reciba la gloria. Su gracia se perfecciona en nuestra debilidad. Cualquier cosa que enfrentemos hoy, cualquier triunfo o derrota, que sea todo para la gloria de Dios.

Jesús, no quiero sobrevalorar los elogios de otros, ni tampoco quiero minimizar la importancia de tu obra misericordiosa en mi vida. Te doy a ti la gloria, y te pido tu visión para transformar mi entendimiento y mi alabanza.

ÉL LO SEGUIRÁ HACIENDO

Él nos libró y nos librará de tal peligro de muerte.
En él tenemos puesta nuestra esperanza
y él seguirá librándonos.

2 Corintios 1:10 nvi

Dios ha librado a su pueblo, y los seguirá librando.
Vemos que eso sucede a lo largo de todo el Antiguo
Testamento. Israel necesitaba ayuda, no solo una vez sino
una y otra vez, a lo largo de su historia. Necesitaba a Dios
diariamente, y nosotras también lo necesitamos.

Por medio de Cristo tenemos una comunión íntima con
el Padre mediante el Espíritu. No tenemos que esperar
a que llegue el día en el que estaremos con Él cara a
cara para tener una relación con Dios. La tenemos ahora.
No desperdiciemos ni un momento más pensando que
estamos solas en nuestras pruebas. Nunca estamos solas.
Cristo nos ha librado, y continuará librándonos. Qué
realidad tan esperanzadora hay en Él.

*Jesús, no quiero hacer aparecer la fe como por arte de
magia. Quiero conocer la paz abrumadora de tu presencia
que edifica mi fe en ti. Creo que, así como has intervenido
antes, lo seguirás haciendo en tu fidelidad. Confío en ti.*

LO LLEVARÁ A CABO

El Señor llevará a cabo los planes que tiene
para mi vida, pues tu fiel amor, oh Señor,
permanece para siempre.
No me abandones, porque tú me creaste.

SALMOS 138:8

El fiel amor de Dios permanece para siempre. Desde el
amanecer del universo, cuando Dios habló y fue la luz,
hasta el final de esta era cuando Cristo regrese a la tierra,
el fiel amor de Dios continúa. No se mide por la lógica
humana, y no podemos contenerlo. Es mucho más grande,
mucho más puro, y mucho más poderoso de lo que
podemos comprender.

Los planes del Señor se llevarán a cabo en nuestra vida a
medida que confiamos en Él. Puede que no se vean como
esperamos, pero hablarán de su amor por nosotras. Sus
planes para nosotras son mucho mejores que los nuestros.
Ni siquiera sabemos cómo pedir lo que Él quiere para
nosotras, pero Él nos revela fielmente su bondad de todos
modos. Qué hermosa esperanza. ¡Qué hermoso Dios!

*Jesús, creo que llevarás a cabo tus planes para mi vida de
maneras mejores de las que puedo imaginar. Descubro que,
mientras más te conozco, menos se requiere para satisfacer
mis ambiciones. Tú eres mejor que la vida misma.*

UNA VIDA FIEL

He peleado la buena batalla, he terminado la carrera,
me he mantenido en la fe.

2 TIMOTEO 4:7 NVI

¿Qué sería necesario para que te hicieras eco de las palabras de Pablo al final de tu vida? ¿Cuáles son los valores impulsores de tu vida? ¿Por qué quieres ser conocida? ¿Cómo se muestra eso en tu estilo de vida diario? ¿Refleja el modo en que empleas tu tiempo donde quieres estar al final de tu vida?

Sean cuales sean tus metas, que conozcas la gran bondad de conocer a Dios. Que conozcas la gracia y la fortaleza de su presencia que te empodera para perseverar cuando tienes ganas de abandonar. Que conozcas la paz incomparable de saber que el Rey de reyes cuida de ti. Su amor es más fuerte que la muerte. Su misericordia es mayor que tus fracasos. Que la fidelidad de Cristo hacia ti sea alimento para la alabanza, y que continuamente rindas tu vida a su amor.

Jesús, cuando terminen mis días y mi vida se acerque a su fin, quiero ser conocida como alguien que vivió con el amor como mi mayor meta y mi mayor logro. Que mis relaciones reflejen la misericordia de tu corazón. Vivo para ti.

TODO CON AMOR

Y hagan todo con amor.

1 Corintios 16:14

En todo lo que hagamos, al mantenernos alerta a la verdad de Dios y aferrarnos firmemente a nuestra fe en Él, que seamos poderosas y estemos llenas de valentía. Que la bondad y el amor sean la motivación que está detrás de todo lo que hacemos. ¿Acaso no es ese el llamado de Cristo? No podemos exagerar la importancia del amor en nuestras vidas. No podemos subestimar el poder que tiene.

Si te encuentras rodeada de seres queridos esta Navidad, no olvides lo más importante que los une. El amor de Dios hacia nosotras al enviar a su Hijo nos muestra un destello del amor fiel con el que podemos colmarnos unos a otros. Todo lo que hagas en estas fiestas, hazlo con amor.

Jesús, recuerdo que viniste a la tierra, en carne y huesos siendo un bebé, y que viviste tu vida creciendo en el conocimiento del Señor. En el pináculo de tu vida y ministerio, seguiste recordándoles a tus seguidores la importancia del amor de Dios. Todavía lo haces; no devaluaré el poder que tiene tu amor.

CONSEJERO MARAVILLOSO

Pues nos ha nacido un niño, un hijo se nos ha dado;
el gobierno descansará sobre sus hombros,
y será llamado: Consejero Maravilloso, Dios Poderoso,
Padre Eterno, Príncipe de Paz.

ISAÍAS 9:6

El profeta Isaías anunció el nacimiento de Cristo en este pasaje tan familiar de la Escritura. Si has asistido a la iglesia durante el Adviento, probablemente hayas oído este pasaje predicado o cantado. La profecía nos dio una vislumbre de lo que sabemos que fue la vida de Cristo, el Mesías.

Al meditar en la primera Navidad cuando Jesús nació, que puedas comprender un poco más del maravilloso misterio de Cristo con nosotros. Emanuel. Dios con nosotros. Jesús es el Príncipe de nuestra paz. Es nuestro Consejero Maravilloso. Es Dios Poderoso como vemos mediante su resurrección. Es el Padre que vive para siempre, porque el Espíritu, el Hijo y el Padre son uno. Ofrécele la alabanza que brota de tu corazón. Hónrale con tu vida cada día.

Jesús, no quiero recordarte solamente en Navidad y Semana Santa. Quiero conocer el poder de tu vida en mí cada día del año. Gracias por venir a la tierra, por experimentar la humanidad, y por mostrarnos el camino al Padre. ¡Te adoro!

UNA BUENA VIDA

Estén alegres. Crezcan hasta alcanzar la madurez.
Anímense unos a otros. Vivan en paz y armonía.
Entonces el Dios de amor y paz estará con ustedes.

2 Corintios 13:11

Este versículo es una bendición de Pablo. Es una bendición
y palabras de ánimo al final de su segunda carta a los
creyentes en Corinto. Tras un día de celebración ayer, tal
vez tienes ganas de descansar y recuperarte hoy. Disfruta
este tiempo en lugar de dejar que te desaliente.

Siéntete alegre por lo que tienes. Sigue creciendo hasta
alcanzar la madurez; eso podría verse como darte espacio
a ti misma para limpiar, descansar, o pasar tiempo con
tus seres queridos. Anímense unos a otros. No dejes de
declarar palabras de vida a quienes te rodean. Vive en
armonía y paz. No permitas que los pequeños desacuerdos
eviten que se amen unos a otros. *Entonces el Dios de
amor y paz estará con ustedes*. Que puedas conocer su
presencia en medio de ti hoy.

*Jesús, gracias por tu presencia y tu bondad. Donde
pudiera sentirme desalentada hoy, te pido tu perspectiva
para cambiar la mía.*

CADA ANHELO

Señor, tú sabes lo que anhelo;
oyes todos mis suspiros.

SALMOS 38:9

Que tu corazón cansado pueda ser alentado sabiendo que Dios te ve hoy. Él conoce cada anhelo de tu alma. Conoce los deseos que has escondido allí. Conoce tu lucha, y está contigo en ella. Él no te ha abandonado, y nunca lo hará. Su fiel amor se acerca a ti con el afecto de su abrazo en este momento.

Para quienes no están cansadas, pero se relacionan con quienes están cargados, que puedas dar testimonio a quienes batallan sin intentar resolver sus problemas. Que sigas rodeándolos de apoyo y amor. Que puedas saber que, incluso en esa situación, estás reflejando el corazón misericordioso de Dios. Colabora con su corazón, porque Él no fallará.

Jesús, la decepción no es rival para tu amor. Cúbrenos con tu misericordia y quita nuestras cargas pesadas con la ayuda de tu presencia. Gracias.

SIN AVERGONZARTE

Esfuérzate para poder presentarte delante de Dios
y recibir su aprobación. Sé un buen obrero,
alguien que no tiene de qué avergonzarse y que explica
correctamente la palabra de verdad.

2 Timoteo 2:15

Cuando vivimos nuestra vida en sumisión a Cristo y a
su amor, dejando que su liderazgo gobierne nuestras
decisiones, no hay motivo para avergonzarnos. Cuando
estamos en consonancia con los valores del reino de Dios,
más de lo que nos preocupa lo que los demás piensen
de nosotras, estamos en la senda correcta de su amor.
No tropieces con las opiniones de quienes no importan.
Muéstrales amor, sí, pero no les des poder para hablar
a tu vida cuando realmente no tienen voz. Entrégate a
Dios. Vive con bondad, misericordia e integridad, y no te
preocupes por lo que otros puedan pensar. Tú eres quien
decides cómo vivirás, pero hazlo sin avergonzarte.

*Jesús, estoy muy agradecida por tu amor liberador.
Quiero vivir para tu reino sin vergüenza o culpa. Cuando
otros malentienden mis motivos, sé que tú no lo haces.
No me avergüenzo del evangelio de tu paz, y continuaré
siguiendo tu camino del amor entregado.*

UN REINO DE VERDAD

La rectitud y la justicia son el cimiento de tu trono;
el amor inagotable y la verdad van
como séquito delante de ti.

SALMOS 89:14

Dios no puede mentir. Él no nos manipula ni nos controla.
Él está lleno de justicia y de verdad. Él ve todo con
claridad, y no puede ser engañado. *La rectitud y la justicia
son el cimiento del reino de Dios.* No hay ninguna sombra
oculta en Cristo.

Aunque intentemos saber lo que es justo y verdadero,
entendemos solamente en parte. No vemos el fin desde
el principio como lo ve Dios. Es necesario tener humildad
para caminar en la luz de su verdad. Admite que siempre
hay más que aprender, más que conocer y más formas de
crecer. El reino de Cristo es inconmovible, y hay amor y
verdad en todo lo que Él hace. En lugar de seguir la senda
que otros están forjando, decidamos seguir a Cristo. Sus
caminos son mejores.

*Jesús, sé que el fruto de tu verdad está en el mundo. En
lugar de reglas rígidas, tú nos diste valores que seguir.
Nos dijiste que, si amamos verdaderamente a los demás,
estamos en consonancia con tus caminos. Te sigo a ti,
porque tú eres la verdad.*

EL MISMO DIOS

Dios trabaja de maneras diferentes, pero es
el mismo Dios quien hace la obra en todos nosotros.

1 Corintios 12:6

No nos quedemos demasiado perdidas en cómo obra Dios
en cada una de nuestras vidas. Dios siempre está haciendo
algo nuevo. No es un Dios que hace todo igual, y se deleita
en la diferencia y la diversidad. Él es creativo. En lugar de
buscar duplicados, miremos más allá de la superficie.

Dios dijo en 1 Samuel 16:7 que Él no ve las cosas como
nosotras las vemos. Las personas juzgan según las
apariencias, pero el Señor mira el corazón. En lugar de
juzgar a alguien basándonos en el modo en que hace las
cosas, busquemos en cambio el fruto de las cosas que
hace. En Mateo 7:20, Jesús alentó a sus seguidores a hacer
precisamente eso: «Así es, de la misma manera que puedes
identificar un árbol por su fruto, puedes identificar a la gente
por sus acciones». Recurramos directamente a la fuente y
confiemos en su sabiduría para conformar nuestras vidas.

*Jesús, confío en que tus caminos son mejores que los
míos. No es mi tarea juzgar a los demás; debo amarlos. Tu
sabiduría dice que el fruto de una vida entregada dará el
fruto de tu reino. Confío en tu obra en mi propia vida y en
las vidas de los demás.*

CUIDAR PARA SIEMPRE

El Señor cuidará tu salida y tu entrada,
desde ahora y para siempre.

SALMOS 121:8 NVI

Ahora que este año llega a su fin y reflexionas en él, que puedas hacerlo con los lentes de la gracia de Dios. Que puedas ver dónde te tocó la misericordia de Cristo, te sostuvo y te liberó. Que puedas alegrarte en las maneras en que su victoria es clara. Que puedas dar gracias por las áreas donde la perseverancia condujo a crecimiento y madurez.

Al mirar adelante al próximo año, tal vez con una expectativa esperanzada, que la confianza de Dios vaya contigo a lo desconocido. Él no te ha dejado, y no lo hará ahora. Que tengas visión y consistencia para crecer incluso más en su gracia en este próximo año. Sobre todo, que puedas conocer el amor que sobrepasa todo conocimiento y ser llena de toda la plenitud de Dios (Efesios 3:19).

Jesús, tú has cuidado mis salidas y mis entradas, y confío en que continuarás haciéndolo. Tu fiel amor me edifica y me hace crecer. Confío en ti, te amo y me deleito en ti. Gracias, Jesús, ¡por todo lo que has hecho y por todo lo que harás!